文史哲學集成

王常新著

文學評論發凡

文史哲出版社印行

國立中央圖書館出版品預行編目資料

文學評論發凡 / 王常新著. -- 初版. -- 臺北市
: 文史哲, 民84
面; 公分. -- (文史哲學集成 ; 352)
ISBN 957-547-987-4(平裝)

1. 文學 - 評論 - 哲學,原理 2. 文學 - 評論 - 研究方法

812 84013756

文史哲學集成 352

文學評論發凡

著者：王常新
出版者：文史哲出版社
登記證字號：行政院新聞局局版臺業字五三三七號
發行人：彭正雄
發行所：文史哲出版社
印刷者：文史哲出版社
台北市羅斯福路一段七十二巷四號
郵撥〇五一二八八一二彭正雄帳戶
電話：三五一一〇二八

實價新台幣四二〇元

中華民國八十五年一月初版

ISBN 957-547-987-4

王常新先生《文學評論發凡》序

文學之事，作者以外，雖然有思想、體裁、創作和鑑賞，但最受今人重視的，莫過於創作和鑑賞。二者之中，又可判爲文學作品、文學批評、批評理論和文學理論四類。此四類彼此依附，不可或缺。因爲文學理論指導文學作品，文學作品接受文學批評的裁判；而文學批評又必須受批評理論的領導。故文學理論凌駕各類之上，且爲批評理論樹立了裁判的標準。

文學理論之在我國，多以批評理論的建立爲主軸，對作品的實際批評反較忽略。如孔子興觀群怨的詩學觀，孟子知人論世和養氣知言的文章論，劉彥和徵聖宗經的文學思想，鍾記室詩歌美學的滋味說，韓昌黎古文論中的氣盛言宜和不平則鳴。甚而後來層見疊出的文話、詩話、詞話、曲話、小說話等，雖然千門萬戶，異采紛呈，但大致都遵循著這個不變的模式，爲中國文學理論的發榮滋長，放射出萬道霞光！

常新先生，河南人，樸實憨厚，治學有得，而於文學理論獨具會心。前曾以四年時光，成《臺灣詩人作品透視》，凡臺港兩地重要的文學作家和作品，只要經過他的評鑑，無不直探情源，各安其所。近又捧讀其新著《文學評論發凡》，全書十章二十八節七十三個子目，三百零二頁。從第一章〈文學評論的概念和歷史發展〉，到最後第十章〈文學評論家的成才條件〉，其中關於文學評論的性質、作用、任務、標準、方法、過程等，運用連貫、遞進的敘述筆法，將文學評論的有關問題，融一爐而冶之；並條其大凡，舉其綱目，立義選言，有本有源，指事說理，雜而不越，深得著述的體要。而第六、七、八章〈怎樣評論文學作品〉，尤爲本書重點所在。至於其提要鈎玄，推陳出新之處，俯拾即是，讀者善擇自得。所謂：「鴛鴦繡了從教看，且把金鍼度與人」者是也。

河南，古稱豫州，爲盛產大象之國。因爲地處四方之中，又美其名曰中州或中原。她背靠秦嶺，席枕太行，阡陌交通，雞犬相聞，這塊廣漠無際的黃淮平原，厚殖了中華民族五千年歷史文化的基業。她既是英雄豪俊稱王踐霸的競技場，也是文人才士齊足並馳的翰苑詞壇。約而言之：自漢初賈太傅著〈鵩鳥〉〈惜誓〉，上接風雅，下開馬班以後，除了於魏有詩文兩美的王仲宣，於晉有「鬼中董狐」的于令昇，於齊梁有詩論宗匠的鍾記室，於唐有比肩李白的杜子美，和領袖八家的韓昌黎。他們各以震古鑠今的著作，爲中國文壇樹立了歷史的豐碑；可是兩宋以後，千百年來，或因天災，或由人禍，以至大地失靈，人才寥落，昔日我中原人文發展的盛況，就像雲煙過眼，已闃然不聞！

一九九五年七月杪，我應北大文心雕龍國際學術研討會之邀來京。會後，偕諸友好自京西行，經大同、太原後　轉車南下，過臨汾、運城、永濟、平陸，越茅津渡、三門峽，夜宿洛陽牡丹大酒店。一路之上，雖然盛夏滔滔，然而永樂宮的壁畫、中條山的雄姿、黃河的滾滾濁流、嵩嶽的巍然聳翠，在路樹翻風，夕陽殘照下，益發引起我的思古幽情。

江山如畫，亦要才人吹捧，常新先生既有河南人的倔強脾氣，又有大象任重致遠的耐力，當此全國上下緊抓精神文明建設的時刻，他以文學評論鳴於著作之林，並丐序於我；我因其能發揚河南人刻苦耐勞的精神，從事文學理論研究，和實際作品批評，且有志於爲時代的鼓吹，做文化的旗手，特略攄感懷，並爲海內外讀此書者告。

王更生序於一九九六年元月十九日臺灣師範大學國文研究所研究室

文學評論發凡 目次

第一章　文學評論的概念和歷史發展

第一節　文學評論的概念和分類

一、甚麼是文學評論

一般人談起文學評論，或者說它是文人軼事的記載，或者說它是字句的考證，或者說它是教人以寫作方法，或者說它是對於作品的吹毛求疵，眞是衆說紛紜，莫衷一是。那麼，從事文學評論的學者又如何看待它呢？溫徹斯特（Winchester）在其所著《文學評論之原理》一書中說：「泛言之，評論者，即識者對於美術之欣賞，因以爲美術品格之定評者也。文學評論固僅用於文學，然評論功用之大概性質，則不問其所評者爲圖畫，爲雕刻，爲音樂，爲文學，固皆相同也。」①我們看溫氏的這一定義，說明了文學評論應以欣賞爲基礎，離開了對文學作品的具體感受，就沒有文學評論。同時它又說明，文學評論不能在欣賞階段裏足不前，而應該對文學作品的價值作出判斷。這一定義指明了文學評論與政治評論、思想評論的區別，是符合形式邏輯「被定義對象＝屬十種差」的公式的。但我們覺得還不滿足，那評定品格的標準是甚麼呢？定義沒說清楚，似乎僅憑評論家個人的欣賞趣味就能對文學作品作出正確的判斷，這自然是不正確的。

比較一下，盛士保（Saintsbury）較能準確地揭示文學評論的性質和特點。他說：「評論家不忘評論爲審判之義，斯能稱其職矣。一己之好惡，雖不能謂爲非評論，然而非審判之道也。泛泛之褒貶，雖或偶合，而其理由不具，終不得爲評論。必通盤籌劃，深考其得失，詳察其同異，屬辭比事，類別而品鑑之，斯吾所謂評論耳。」②這就是說，根據個人鑑賞要求不能得出正確的判斷；就算碰巧說對了，並沒說出理由，也稱不上評論。只有經過認眞研究後作出的品評，才能稱得上眞正的文學評論。由此可見，盛士保的定義強調了文學評論是科學活動這一性質特徵，較之溫徹斯特的「泛言之」論，是強多了。

不過，嚴格地說，盛士保這段話叫做詮釋說明較爲符合實際，因從言簡意賅要求，它的概括性就差了。

我認爲文學評論的概念可作如下的表述：文學評論是運用一定理論觀點，對文學現象進行體驗、評判、探討的科學。

我們既然說的是文學評論，不是科學評論、歷史評論，那它的評論對象就是文學現象。所以別林斯基在《論〈莫斯科觀察家〉的批評及其文學意見》中明確斷定：「一切不直接以美文學爲對象，而是以與之有某種關係的事物爲對象的批評性探討，都不是批評。」③

這樣的評論不是評論家對於文學現象的感性認識的報告，也不是個人好惡的任意宣洩；它是運用一定的文學觀點對文學作品進行研究，對文學規律進行探討。所以別林斯基在上引的文章中又說：「批評的目的是把理論應用到實際上去」④，「批評不是藝術和科學之間的中介者和調解者；它是理論對實際的應用，是那個被藝術所創造，而不是本身創造藝術的科學。」⑤這就是說，不運用某種理論觀點的文學評論是不存在的。雖然評論家的理論修養有高有低，但他的評論總是自覺或不自覺地運用著某一觀點。

同時，文學評論既是評論文學，而不是評論其它，所以它不能脫離文學的特性——形象和情感。它必須以形象的感受和情感的體驗爲起點，而不能像評論哲學、政治那樣從理性到理性。另一方面，它也不能停留在感受、體驗的階段，而應通過一系列的研究步驟，對文學現象予以評價，對文學規律予以總結。所以策辛在《漢堡劇評》第十九篇中說：「眞正的藝術批評家不從自己的鑑賞趣味中引出規律，而是按照事物的自然本性所要求的規則來形成自己的鑑賞趣味。」⑥這就是說，文學評論不能滿足於就事論事，而應從個別現象入手，探尋出具有普遍意義的文學規律。

文學評論的概念有廣義和狹義之分。狹義的或稱文學評論或逕稱文學批評，一般文學理論書籍都是使用的這一概念。意義稍寬的稱文學評論，如以群主編的《文學的基本原理》就說：「文學評論是總括文學批評和文學理論而言的。」⑦他的理由是文學理論與文學批評的關係極爲密切；文學批評實際上是一定理論的具體運用，文學理論對創作的指導作用，往往要通過文學批評來實現；文學批評的實踐可以檢驗、豐富和發展文學理論。在文學史上，優秀的文學批評大多總結了文學創作的經驗，概括了文學創作的規律，帶有很強的理論色彩。意義最廣濶的是美國蒲克的解釋，她在其所著的《社會的文學批評論》中說：「對於一件文學作品，以一切有關的事實爲參考而閱讀解釋之，是爲批評。由此種閱讀解釋而構成種種法則，也是批評。更依據此等法則而論列特件文學作品，也無非批評而已。」⑧她自己也感到這樣一來，「批評」的含義過於廣泛，所以改稱爲「批評的閱讀」、「批評的理論」和「批評的裁判」。不過中國社會科學院文學研究所主編的《文學評論》雜誌，卻好像是同意這種觀點的。它所發的稿件除了文學理論和文學批評外，關於注釋、疏解、參證、考據的內容也不少。

我認爲對文學作品的注釋等屬於批評的準備，不能算文學批評；所以蒲克的含義過於寬泛。一般的文學批評的定義把文學批評與文學理論區別開來當然不錯，但不如結合起來統稱文學評論好。因它們之間的聯繫確實密切，文學史的事實也表明兩者聯繫確難分割。「中和爲美」，還是採取折衷爲好。

「批評」的希臘文爲Kritikos，有「判斷」的意思。英文爲Criticism，是「批評、評論」；「責備、批判」等義。在一般人，一提「批評」，好像就指的批評錯誤，是鬥爭的武器，這與「批評」本義「有好說好，有壞說壞」不同。就這一點來說，也以用「文學評論」代替「文學批評」爲好。

在我國，評論是評述、議論的意思。《廣雅・釋詁三》：「評，平也。」王念孫疏證：「評者，《玉篇》：『評，平言也。』《淮南子・時則訓》：『是故上帝以爲物平。』高誘注云：『平，正也，讀評議之評。』評，與平通。」按我國訓詁學術語，評，平爲通假字，假其音，並假其義，音同而義亦隨之，評就是平正。所以《文心雕龍·論說》：「評者平理。」就指明評要把道理說得公平持正。再《說文·言部》：「論，議也。」《文心雕龍·論說》：「述經敘理曰論。」又說：「論也者，彌綸群言，而研精一理者也。」論，就是敘說道理，並通過各方面的分析，把道理說得深透。所以說，從寫作學角度講，評論是評述、議論的文章，屬於議論文的範疇。由於文學評論研究的領域是藝術中用語言作爲媒介的門類，所以我們說，文學評論是評議文學現象的文章。

二、文學評論的分類

如前所述，文學評論就大的範圍而言，分成文學理論和文學批評兩部分。總結創作經驗，探討文學規律，使文學創作日趨自覺，這對繁榮文藝是十分重要的工作。亞里士多德的《詩學》，雖然是部殘缺不全的著作，但他在這部書中提出了當時很進步的藝術觀點，對西方產生了深遠的影響，因此車爾尼雪夫斯基說「他的概念雄霸了二千餘年」。劉勰的《文心雕龍》，體大思精，沈約贊其「深得文理」，在我國古代也一直起著理論規範的作用。我國的文學評論工作者如能在若干年內掌握當代文學的規律，寫出中國當代的《詩學》和《文心雕龍》，定將使當代文學出現長足的進步。這當然是功德無量的事。不過，文學理論，正像所有理論一樣，是來源於實踐。文學創作是基本的實踐活動，作家們在長期的創作實踐中積累了一些經驗，文學評論家們在長期的評論實踐中把握了一些規律，在這個基礎上，各家切磋琢磨，才能形成有系統的文學理論。由此可知，文學理論的概括總結需要具備多方面的條件，需要用較長的時間，花較多的精力，而這對青年習作者來說難度是較大的。因此，本書雖然是既談文學理論，又談文學批評，但把重點放在後者。這是需要說明的。

文學評論的分類法多種多樣。

㈠按照評論的目的分

茅盾在《「文學批評」管見一》中，談到關於目的的紛爭時，舉出了「科學的批評論」、「評判的批評論」、「欣賞的批評論」三種。關於第一種他說道：「有人說文學批評是『說明』一件作品或一個作家；持此說者被呼爲科學的批評論者，如泰納（Taine）等人便是。」⑨

按泰納主張以科學精神批評文學，即從種族、環境、時代三方面來觀察文學。認爲批評的任務是闡明事實，不是作出判斷。這種批評的好處是避免主觀的獨斷，但缺點卻很多，這是因爲他是用自然界的規律來解釋文學現象，把社會的人等同於草和樹木。他所謂的民族特性是指先天的、生理的、遺傳的因素，這是超階級的抽象概念；他所謂的環境包含地理的因素，不能說明同一民族的文學在相同土壤、氣候條件下所發生的變化；他所謂的時代包含文化的因素，好像如空氣一般的氛圍，不能反映出先進階級的力量和未來的發展趨勢。總之，他像研究植物學一樣來研究文學，不是從社會的經濟基礎、階級關係來探討社會發展與文學規律，因而不可能獲得正確的答案。

舉例說吧，研究一部作品，科學的批評論者就說明作者的祖先怎樣、愛人怎樣，子女怎樣，朋友怎樣，環境怎樣，信仰怎樣對作品做外部的記綠和說明。這樣當然不能說明作品的價值。

胡適的《紅樓夢考證》就屬於這種批評。考證的結果，他認爲《紅樓夢》的作者是曹雪芹，曹雪芹家先是豪華後是衰落。《紅樓夢》就是曹雪芹的「自敘傳」，曹雪芹就是賈寶玉，曹頫就是賈政。這樣的批評對於我們了解文學作品的內容當然有些用處，但和文學批評的要求就距離太遠了。

這個名稱還容易使人產生誤解。因爲通常我們談到科學的批評，是指運用馬克思主義的立場、觀點和方法來分析評價文學現象的文章。而泰納等所主張的科學的批評，不過表明他們想把文學批評作爲一項科學活動來對待。實際上他們的批評並不科學。爲了正名，還是用「社會學的批評」這個名稱爲合適。一則西方資產階級學者原先就給了它這個名稱，再則可以把它和馬克思主義的文學批評區別開來。

關於第二種批評，茅盾是這樣說的：「有人說文學批評是『品評』一件作品或一個作家；持此說者被呼爲評判的批評論者，自亞理士多德（Aristotie）以來，此派最多。」⑩

評判的批評，又稱「裁判的批評」，也有人稱其爲「獨斷」。評判的批評認爲批評的目的不在說明作品的各種事實，而在於對文學作品的品性作出判斷。它的判斷的標準就是過去的文學的標準和某種定律。例如卡斯特爾維屈羅在《亞里士多德〈詩學〉的詮釋》中提出了他對《詩學》部份內容的理解，認爲悲劇中情節應爲有機整體、行動應發生在同一地點，時間應限制在一晝夜甚至十二小時，這就是情節（行動）地點、時間須保持各自的整一、一致的「三整一律」。布瓦洛在《詩的藝術》中就提出來作爲法國古典主義的規則，他寫道：「但是我們，對理性要服從它的規範，／我們要藝術地布置著劇情發展；／要用一地、一天內完成的一個故事／從開頭直到末尾維持著舞台充實。」⑪這表明布瓦洛是以是否服從古典規範來作爲品評作家的標準的。

鍾嶸的《詩品》就屬於這種批評。《詩品》又名《詩評》，它有品第和評選兩重意義。就品第言，他將一百二十二名詩人分爲上、中、下三品，克服了過去的批評家「並義在文，曾無品第」的偏頗。他根據甚麼標準判斷優劣呢？在討論賦、比、興的應用時，他說道：「宏斯三義，酌而用之，干之以風力，潤之以丹彩，使味之者無極，聞之者動心，是詩之至也。」這就是他評詩的標準——風骨與文彩的結合。就評選言，他稱「陳思《贈弟》……惠連《擣衣》之作，斯皆五言之警策者也。此謂篇章之珠澤，文采之鄧林。」這就把精煉扼要、含蓄動人的文例作選集看。

裁判是文學批評不可缺少的構成要素，文學批評不可能沒有對於作品價值的判斷。但我們反對擺著裁判官架勢的武斷或獨斷的批評家，反對那不是根據科學標準作出的錯誤的判斷。即以《詩品》而論，他將陸機、潘岳置之上品，將陶淵明這一偉大的田園詩人列爲中品，而將曹操這位建安文學的頭面人物置之下品，就可看出鍾嶸雖反對形式主義，但品評時仍有偏重形式的傾向。

關於第三種批評，茅盾說：「有人說文學批評是『欣賞』一件作品，是要把作品內蘊藏一切好處解釋給同時代的人聽；持此說者被呼爲欣賞的批評論者，如蓋忒斯（Cates）等人便是。」⑫

賞鑑一部作品時拋開利害的考慮，只去尋找作品的優點，這樣就可使人性的偉大通過批評表現出來。這是欣賞的批評論者提出己說的意圖。這一點，在蓋忒斯的解釋裡是看不清楚的。蒲克說：「據蓋次（即蓋忒斯——引者）所解釋，賞鑑的批評似乎是混合科學的批評和印象的批評而成一種更圓滿更深入的賞鑑的經驗。批評家要賞鑑一件藝術作品，必先查考它的歷史的出處和心理的起源；但是我們曉得他所以如此的目的，『並不在說明（如科學的批評）那件作品，也不在判斷（如裁判的批評）那件作品，是在欣賞那件作品；是在證實那作品所集於己身的種種好處，是在想像中將這種好處解釋給當時的人聽。』」⑬蓋忒斯只是說明欣賞的批評目的是欣賞作品，而不是說明和判斷作品，至於抱著甚麼態度去欣賞，他卻沒說。而這個問題，阿諾德卻是說得很清楚的。他在《當代批評的功能》一文中寫道：

> 這些法則（指批評的法則——引者）可用一語來說：做到超然無執。怎樣才算是不偏不倚呢？遠離實踐；斷然服從本性的規律，也就是對於所接觸的全部事物展開一個精神的自由運用；堅決不讓自己去幫助思想的任何外在的、政治的實際的考慮，然而不少的人總被這些考慮所牽連。但是批評和這些考慮確實沒有絲毫關係。批評的任務，正如我已經說過的，是祇要知道世界上已被知道和想到的最好的東西，然後使這些東西爲大家所知道，從而創造出一個純正和新鮮的思想的潮流。⑭

怎麼把作品的好處解釋給別人聽？不要管政治，不要考慮實際利害，讓人性隨心所欲地自由奔放就行了。這就是持欣賞的批評觀點的批評家的「實際考慮」。

與欣賞的批評接近的是印象派批評，它認爲宇宙變動不居，一切眞實都是相對主觀的，所以客觀判斷是不可能的，只能把握一瞬的印象、個人印象。由此可見，它是毫無客觀標準的批評。在這一方面欣賞的批評較它爲優，因欣賞的批評反對僅憑自己一時的感覺批評作品，主張尋求作品「歷史的出處和心理的起源」等事實。

這兩種批評表現在我國古代文學批評中就是詩話、詞話和評點。

這兩種批評對作品的認識停留在個人的感受、體驗、鑑別、欣賞階段，所以難免「論甘而忌辛，好丹而非素」⑮，把個人的觀感硬塞給讀者，導致以「偏見」冒充「發現」，所以這樣的評論難以給作品以公正的評價。批評是科學，沒有系統地分析研究對象，沒有廣泛深入地探索與對象有關的材料，結局只能如此。

自然，對這種批評決不能一概否定。有了多年創作活動實踐的老作家，感受力、理解力很強的評論家，他們的感受、體驗、認識常常是很深刻的，即使不夠全面，對讀者和作者都是有啓發的。例如茅盾的《讀書雜記》，是他讀了近百篇小說後所寫的欣賞式的評論。他在小序中說：「當時隨手札記，或長或短；既以志點滴之印象，自非就整體而論斷，甚不全面，概可想見。」我們僅就其中不到三百字的對楊蘇的《沒有織完的筒裙》的評論來說，它抓住了作品抒情詩的特色，濃厚的地方色彩，沒有故事而人物形象栩栩如生，故意相似的風光描寫有如民歌的重奏加以褒獎；同時也指出了《新生活的光輝》這個集子將這篇文章連排，而不是每段空行的錯誤。這短小的評論，給人以科學與詩的完美結合的感覺，應該說是具備了美的批評的規格的。

㈡按照研究的具體對象分

1.文學的宏觀研究

這類文章包括文學思想評論和文學運動、文學創作的歷史總結。它的理論性較強，概括性較大，對文學的浪潮可起推波助瀾的作用。如茅盾一九二〇年寫的《現在文學家的責任是甚麼》中，明確提出了「文學是爲表現人生而作的。文學家所欲表現的人生，決不是一人一家的人生，乃是一社會一民族的人生。」⑯茅盾在二十年代說的這句話即使在今天，對某些人恐怕還能夠震聾發聵，君不見有些作家不還陷在「表現自我」的泥沼中嗎！再如覃子豪，這位臺灣詩壇的播種者，在現代派掀起詩壇極大混亂時期所寫的一些論戰文章⑰，廓清了現代詩給予人之困惑與迷惘，對臺灣詩壇發揮了極大的影響。他那「新詩目前極需外來的影響，但不是原封不動的移植，而是蛻變，一種嶄新的蛻變」，使多少詩人端正了方向。

2.作家作品論

這類文章闡明作家所走過的曲折艱辛的歷程，分析作品的思想和藝術價値。既幫助作家不斷地前進，使他能創作出更多更好的作品；又幫助讀者深入地理解和欣賞作品，使他們能得到教益和愉悅。

在作家論方面，既有一二十萬字的系統的作家論，又有短僅萬餘字的專題的作家論。前者即作家評傳和作家傳論，以及雖未用評傳、傳論命名，但卻具有評傳性的專著，如王中忱、尙俠的《丁玲生活與文學的道路》。這種評傳，既是傳記與理論雜交，又是藝術分析的結晶。它把作家的生平、思想和各個時期的創作加以評述，讓我們完整地認識作家的生活和創作道路。如范伯群、曾華鵬合寫的《冰心評傳》，將冰心六十餘年的創作生涯劃分為六個階段，每個階段作家的生活、思想、創作都作了評述，這就幫助讀者能從時代背景、思想意義、藝術特色、社會反響等方面了解作家及其作品，從而認識某一作品在作家整個創作鏈條中屬於哪個環節，具有怎樣的審美價值。

專題的作家論，如鍾敬文的《作為民間文藝學者的魯迅》⑱。這種作家專論，可說是特寫與理論的結合體，同樣也是藝術分析的結晶。它把作家思想或藝術的某個側面作出評述，讓我們側重地了解作家在某方面所創造的精神財富。如曾鎮南的《深沉而廣濶地反映時代風貌——張賢亮論》⑲，它不是全面地、系統地詳述作家的生活和創作，而是就作家的精神氣質與其小說創作的內在聯繫，作家的創作全貌與他所處的時代的關係及其發展的趨勢，作家的美學追求三方面著眼，說明張賢亮把社會主義時代的風貌深沉而又廣濶地反映在他的小說藝術中。

作品論也是一樣，既有全面論述作品的思想和藝術特色的，也有僅就作品的局部重點剖析的。一般來說，評論不應該面面俱到；因為這樣的文章不容易寫得深刻精彩。但對於新出的作品或不論就內容還是形式方面都爭議較大的作品，也不是不能而且有必要作全面的評論。如楊沫的《青春之歌》出版後，巴人寫了《談小說〈青春之歌〉》⑳，後來，郭開的文章引起了關於《青春之歌》的討論，茅盾就寫了《怎樣評價〈青春之歌〉》㉑巴人和茅盾的這兩篇評論都從思想內容和藝術表現兩方面指出了作品的長處和不足。文章雖短，論述卻很全面。再如臺灣著名詩人，文學評論家文曉村所寫的《〈覃子豪全集〉評介》㉒，除略寫了「《覃子豪全集》之梗概」、「詩人覃子豪生平」、「翻譯及其他」、「永恒的懷念」外，重點評介了覃子豪的詩作與詩論，充分論述了覃子豪詩歌的內容和風格特色，成就和不足，以及詩論的發展、體系和重要觀點，它在臺灣詩歌發展史上所產生的深遠影響。由此可見，這是一篇涵蓋豐富、見解獨到的力作。

抓住作品的特點進行評論，可以使文章寫得深刻動人；突出重點予以評述，更可使文章透闢有力。所以很多評論文章都從某一側面入手，或從思想意義，或從人物塑造，或從結構安排，或從語言運用來剖析作品，務期深透。以評論《阿Q正傳》的文章爲例，周立波的《談阿Q》是分析阿Q這個人物的，徐中玉的《〈阿Q正傳〉的語言藝術》是分析作品的語言的，周建人的《關於阿Q這一人物的來源》是分析典型是根據怎樣的原型塑造的，甘競的《略談〈阿Q正傳〉的情節提煉》是分析作者在生活的基礎上，捏塑現實、虛構故事的本領，支克堅的《關於阿Q的「革命」問題》㉓是分析魯迅對阿Q的「革命」所持的否定態度。這些評論，都根據自己對作品的眞知灼見來定題，因而都不是人云亦云，而是獨出創見。

就作品的局部寫文章一般是用較短的篇幅，把問題談透，但對於長篇巨著的局部要談深談透，有時也需要多費些紙張，甚至寫成洋洋大觀的論著。例如王朝聞的《論鳳姐》，就長達五十萬字（當然我們可以說，它開頭結尾都不是論鳳姐，中間也論及其他人物；並且論鳳姐時是著重論述曹雪芹如何塑造典型人物的方法，但就算全文的一半是把鳳姐當做一個社會的人來評論，也有二十多萬字）。爲甚麼一部長篇小說中的二流人物要花費如許的筆墨呢?原來作者把這個人物嚼得很細,因而剖析入微。他談到曹雪芹對這個形象的態度,分析了形象的性格及其變化,她的才智、思想方法、惡行,作家是怎樣運用細節和心理描寫等藝術手段刻劃她,等等。可見評論的質量不在篇幅的長短,而在深入獨到的藝術分析。

3. 創作論

這類文章談的是文學的基本知識或創作的基本道理,如深入生活,提煉主題,安排結構,錘煉語言等問題。這種評論對幫助作家掌握創作規律,克服不良傾向,有很大的指導作用。如魯迅的《關於小說題材的通信》㉔就深刻闡述了作家改造世界觀的重要意義,世界觀對處理題材的決定作用,作家必須寫自己所熟悉的生活以及不斷地開拓題材的領域,應該有嚴肅認眞的創作態度(「選材要嚴,開掘要深」)等問題。這就是魯迅對當時的文學青年沙汀、艾蕪的「授業解惑」之作。

又如吳濁流在《漫談文化沙漠的文化》中,給我們介紹了我們祖先的遺產——印象描寫和抽象描寫,這對那些祇崇拜「洋」技巧的作家,是有更大的教益的。㉕

再如老舍的《甚麼是幽默》是談風格的文章。它告訴我們幽默與滑稽不同,它應有思想性與藝術性,不像滑稽只爲逗人一笑。又告訴我們幽默與諷刺是分不開的,幽默的作家須有極強的觀察力與想像力,須極會掌握語言文字,須有極強的正義感。最後作者告訴我們:「不會幽默的人最好不必勉強要俏,去寫幽默文章。」「更須注意:我們譏笑壞的品質和壞的行爲,我們可絕對不許譏笑本該同情的某些缺陷。」㉖老舍是以寫幽默見長的專家，他的這些經驗之談對學寫幽默文章的作家，無疑是會起指路作用的。

4.批評論

這類文章談鑑賞、評論文學的一般規律。它研究的是如何鑑別、評論文學作品（諸如用怎樣的標準、怎樣的方法來研究作品等），以及如何掌握文學的特性，使其充分地發揮社會功能的問題。這種評論對指導讀者鑑賞文學作品和作家認識自己作品的成敗得失有如良師益友。如《文心雕龍・知音》就指出作品的風格多樣，或激昂慷慨，或委婉含蓄，或文彩華麗，或立意新奇，批評家不能以一己之好惡，來評論多彩多姿的作品；又指出批評家須有博大精深的學問和公正無私的態度，然後按照「六觀」的方法從語言深入思想感情，就可以對作品作出公允的評價。這篇文章是全面論述批評問題的專題論文，它所提出的批評標準和方法，即使在今天仍有其指導意義。

巴金在一九三四年發表的《批評家》一文，批評一些人祇憑著自己的政治立場和一時的印象就對作家或作品任意褒貶。他指出「做一個批評家並不是容易的事情。」「一個批評家應該理解藝術的基本原理，也應該豐富地體驗生活，同時還應該充分地了解他所批評的作品的內容。」㉗從批評家的修養和批評的方法立論，切中時弊。這言簡意賅的文章在今天何嘗失去它的現實意義！現在，不是還有既不懂藝術規律，也缺乏生活體驗，同時又不對作品進行深入研究就提筆著文的「批評家」麼？

㈢按照表現的形式分

1.專題論文：即專門研究某一文學現象的文章。這種論文要通過運用文學的基本原理來剖析文學現象，總結出某些帶規律性的東西。因而它要求掌握充分的材料，進行全面、深入的研究，論證要嚴密，理論性要強。例如何其芳的《論阿Q》是論阿Q這個不朽典型的專題論文。文章開頭，他就介紹了對這個人物的幾種不同的解釋，並指出這些解釋都不圓滿，接著他引述魯迅對阿Q精神的批評，從而說明「阿Q精神的確似乎並非一個階級的特有現象」㉘接下去他再指出「阿Q性格的解釋問題，實際上是一個典型性和階級性的關係問題。」許多解釋者之所以解釋不圓滿，就因爲他們「以爲典型性就等於階級性」㉙。在分析了不能僅僅依靠階級和階級性這些概念來解決文學上的複雜的問題後，作者總結出了帶指導性的方法論：「研究文學作品中的人物，正如研究生活中的問題一樣，是不能從概念出發的，必須考慮到它的全部的複雜性，必須努力按照它本來的面貌和含義來加以說明，必須重視它在實際生活中所發生的作用和效果，必須聯繫到文學歷史上的多種多樣的典型人物來加以思考。」㉚

2.文學隨筆：這是文筆生動的小型文學評論。它常常通過具體事物的描述，深入淺出地議論文學現象，因而知識性強，趣味盎然。秦牧的《藝海拾貝》就是這種小型文學評論的結集。如其中的《並蒂蓮的美感》一篇，論述的是「離開了思想的美，就沒有藝術的美。」在文中，作者用「買櫝還珠」的故事，批評了形式主義的美學觀點。接著又用並蒂蓮、雙飛蝶能引起人們的美感，而罌粟花、血吸蟲則不能的事實，來說明「美感任何時候都是以一定的思想內容爲基礎的。」㉛作者的這種寫法，不僅使自己的議論堅實有力，而且擴大了讀者的文學視野，而這一切是通過「寓理論於閒話趣談之中」來實現的。

3.序跋：這是由作者自己或與作者作品關係密切的人寫的文學評論，包括書前的序（敘）、小引、前記和書後的跋、後記兩部份（在古代也有把序列在書末的，如《史記・太史公自序》、《文心雕龍・序志》，即是如此）。它除介紹作品著作的意圖、作者的情況外，還對作品進行評論，並闡述有關理論問題。優秀的序跋還對文學的本質特徵、創作方法、鑑賞和批評等方面有深刻的認識。例如明代無礙居士㉜的《〈警世通言〉敘》，開頭就提出了小說創作中眞與假的關係問題，他認爲「人不必有其事，事不必麗其人」。這就是強調藝術應當虛構，不應照搬生活。又提出「事眞而理不贗，即事贗而理亦眞。」意思是說，作品的情節不管是眞實的事件還是虛構出來的故事，都應該表現出作者所認識的「眞理」。當然，他所說的「理」是封建地主階級的政治、道德觀點。不過，我們將這「理」的階級實質加以改造，就可看出，他認爲文學作品的情節要爲表現生活眞理服務，之所以要虛構情節，就是要更鮮明突出地表現生活的眞理。這也就接觸到文學創作的規律，即通過現象的典型化以反映生活的本質和規律。應該承認，在十七世紀初葉，作者能對文學創作規律有這樣的認識，還是難能可貴的。

4.評點：就是評論和圈點。這是我國獨創的評論形式。它的體例一般是開頭有個序，序之後是讀法，有如總綱，然後是總評和眉批、夾批、旁批，對作品從內容到形式加以分析評論。而評點作者認爲最重要最精彩的詞或句子則加以圈點，以吸引讀者的注意。這種形式的突出優點是：評論是從作品實際出發，而不是從空洞的概念出發：評論者是在反復揣摩、品味後才動筆的，藝術分析細緻深入，不乏眞知灼見。如《紅樓夢》第二十回寫寶玉正和黛玉說話，湘雲走來笑道：「二哥哥，林姐姐，你們天天一處玩，我好不容易來了，也不理我一會兒。」黛玉笑道：「偏是咬舌子愛說話，連個『二』哥哥也叫不出來，只是『愛』哥哥『愛』哥哥的，回來趕圍棋兒，又該你鬧『么愛三四五』了。」對於這段對話，脂硯齋評道：

可笑近之野史中，滿紙羞花閉月，鶯啼燕語，殊不知眞正美人方有一陋處，如太眞之肥，飛燕之瘦，西子之病，若施於別個不美矣，今以咬舌二字加之湘雲，是何大法手眼，敢用此二字哉！不獨不見其陋，且更覺輕俏嬌媚，儼然一嬌憨湘雲立於書上，掩卷合目思之，其「愛」「厄」嬌音如入耳內，然後將滿紙鶯啼燕語字樣，塡糞窖可也。（庚辰本）

在這段話裡，脂硯齋提出了「缺陷美」這個嶄新的美學觀念，也就是通常所說的「美人痣」的美。由於是美的整體形象身上的細部的醜，所以它不僅不破壞整體的美，而且給這種美賦以現實感、生命力、獨特性，從而能使形象更富於誘人的魅力。由此也可看出我國的評點，並不都是印象式的評論，而有不少是閃射著理論的光彩的。

5. 詩（詞）話和論文詩（詞）：這是以札記和詩詞的形式寫成的文學評論。它們的共同特點是寓理論於形象之中，即通過取譬設喻，用形象化的語言作爲象徵批評。由於它以形傳神，立象盡意，所以能將作者和詩詞的活潑潑的生命完整地保存下來。我們通過反復揣摩，透過形象，「神遇」其意，就會感到它很有些道理。但也由於它籠統概括，所以解人難索，對於讀者領會眞意帶來很大的困難。如宋代敖陶孫的《臞翁詩評》評魏晉詩人說：「魏武帝如幽燕老將，氣韻沉雄。曹子建如三河少年，風流自賞。鮑明遠如飢鷹獨出，奇矯無前。謝康樂如東海揚帆，風日流麗。陶彭澤如絳雲在霄，舒卷自如。」㉝僅用了三言兩語，就抓住了詩人的特色，使我們不得不佩服評論者的識見和才力。但是杜甫的《戲爲六絕句》是杜甫自況還是告誡後生？衆說紛紜，莫衷一是，這就因爲「轉益多師是汝師」中的「汝」字指代不明。杜甫是古今並重，還是厚古薄今？又因爲「不薄今人愛古人」的讀法不知是上四下三還是上二下五而無法定於一尊。這眞是有一利必有一弊！

當然，上面所講的缺點主要是對於我國古代篇幅短小的詩話和論文詩而說的，並不包括現代詩話和國外的長篇論文詩。如臺灣著名女詩人涂靜怡的《怡園詩話》，是女性中的第一部詩話集。她議論了二十位詩人和十八位詩人的詩，見解精闢，可讀性強。再如法國詩人、古典主義文學理論家布瓦洛的《詩的藝術》，就是用詩寫成的洋洋大觀的理論著作。它系統地論述了文學創作和評論的一些基本原則，這就不是我們前面的概括所能局限的了。

此外還有對話體（如《柏拉圖文藝對話集》）、提要式（如《四庫全書總目提要》評論文學書部份）等。由於篇幅關係，就不一一介紹了。

根據評論的方法或風格爲標準，又可以分出許多類別，同樣的原因，我們也不再贅述。

第二節 文學評論的歷史發展

文學評論是隨著創作實踐的發展而發展的，但同時它還要受到當時社會的哲學、政治、藝術等其他因素的影響。所以，它的發展有其自身的歷史過程。就我國的情況說，大致可劃分為三個階段：

一、萌芽時期

從先秦到兩漢時代的文學評論，由於只是認識到詩這一體裁，尚未將科學論文與文學性散文區別開來，所以理論是片斷的，零碎的，不成體系。評論作品也常常是停留在鑑賞的印象、直感的判斷階段。

《易．乾文言》說：「修辭立其誠」。「誠」即「眞實」，這就是說，文章是用來表現眞實的思想感情的。《書．堯典》說「詩言志」。《易．繫辭下》說：「聖人之情見乎辭」。這都說明思想感情是內容，言辭是形式，形式要為內容服務。《易．家人》說：「言有物」。《易．艮》說：「言有序」。這是說文章既要有充實的內容，又要有合度的形式，要求文章內容和形式的統一。這些言論都表明當時人們對文學的性質有了初步的認識。

《論語．陽貨》說：「詩可以興，可以觀，可以群，可以怨；邇之事父，遠之事君；多識於鳥獸草木之名。」《論語・雍也》說：「質勝文則野，文勝質則史；文質彬彬，然後君子。」這表明孔子對文學的獨特的社會作用和作家的文化修養已有所認識。

墨家的論「辯」，是我國論說文寫作理論的發端。《墨經・小取》指出：「夫辯者，將以明是非之分，審治亂之紀，明同異之處，察名實之理；處利害，決嫌疑。」這就是說，論辯說理的目的是明辨是非，以利國家的治理；判明事物的同異，審察名實是否相副；興利除弊，防患於未然。這表明墨家很重視論說的目的性，對於如何議論說理，亦即它的客觀規律，和論者應有堅持眞理、修正錯誤的態度，以及論證的技巧，墨家也均有科學的概括。除去它狹隘的功利主義和實用主義，墨家在邏輯學和寫作學上的貢獻是應充分肯定的。

西漢時，《毛詩序》提出了「六義」說，從內容上區分詩的體裁爲「風、雅、頌」，從表現手法區分爲「賦、比、興」。從鄭玄對《周禮・春官》「（大師）教六詩」注看，「比興」已接觸到詩歌的形象思維問題。東漢王充，突出的貢獻在於強調作家要有獨創性。他在《論衡・自紀》篇中說：「飾貌以強類者失形，調辭以務似者失情。百夫之子，不同父母；殊類而生，不必相似，各以所稟，自爲佳好。」這就說，世上既沒有相同的事物，文章也不應人云亦云。

在《詩經》中我們可以看到最早的文學批評：「吉甫作誦，其詩孔碩，其風肆好，以贈周伯。」（《大雅・崧高》）《左傳》中記載吳公子季札聽了《周南》、《召南》後贊嘆道：「美哉！」這都是對作品所作的肯定的評價。到了孟子，他注意到文學的特點，提出了「知言」、「以意逆志」、「

知人論世」等評論作品的原則，並以之評論《詩經》中的某些作品，如「故說詩者，不以文害辭，不以辭害志；以意逆志，是為得之。」如以辭而已矣，《雲漢》之詩曰：「周餘黎民，靡有孑遺。信斯言也，是周無遺民也。」（《孟子·萬章上》）這就是說評論作品不能孤立地看別字句，而應著眼全篇，注意誇張手法這些文學的特點，從而探討作家的創作意圖，掌握作品的主旨。

王充評論司馬相如和揚雄的辭賦說：「文麗而務巨，言眇而趨深，然而不能處定是非，辨然否之實；雖文如錦繡，深如河漢，民不覺知是非之分，無益於彌為崇實之化。」（《論衡·定賢》）這就指出內容與形式不相副稱的形式主義作品收不到良好的社會效果。但王充對文學特點的認識反不及孟子，他把《淮南子》中記載的共工怒觸不周山、羿射九日等神話故事斥為虛妄（《論衡·對作》），把誇張手法也加以否定，如認為荊軻以匕首擲秦王中銅柱入尺為不合事實（《論衡·儒增》）。所以直到漢末，文學評論也還未進入「自覺時代」。

二、成熟時期

魏晉南北朝時期，文學評論隨著文體的發展和辭賦的繁榮，進入了魯迅所說的「自覺時代」。這個時代的旗手就是曹丕，他所吹響的第一聲號角，就是《典論·論文》。

曹丕把文章尊為「不朽之盛事」，把文學和文學家的地位提到前所未有的高度，這種價值觀自然會極大地促進文學的發展。他又提出「文以氣為主」，提倡華麗壯大的文氣，這就接觸到文學的風格問題，而且是在橫掃儒家傳統的溫柔敦厚的詩教。曹丕談到文體問題，提出了「詩賦欲麗」，這是非常精當的，表明他對形式美的重視。他又提出「文非一體，鮮能備善」，指出不能對作家求全責備，這也是非常重要的批評原則。總之，正由於他在文學評論的道路上披荊斬棘，劉勰才能夠寫出體大思精的文學評論的專著。

西晉的陸機對創作規律作了全面的研究，寫出了中國文學評論史上第一篇完整而系統的文學理論——《文賦》。

《文賦》的最大貢獻是探討了構思問題，強調了想像在創作中的作用。所謂「精騖八極，心遊萬仞」，讓精神馳騁在這極高的境界，所謂「籠天地於形內，挫萬物於筆端」，把宇宙萬物都通過文字表現出來；而「其致也，情曈曨而彌鮮，物昭晰而互進。」文思潮湧時，感情越來越鮮明，形象越來越清晰。這就是說，在構思過程中，作家一時一刻也沒有離開形象，可見他已接觸到形象思維。因爲高爾基說過：「想像在其本質上也是對於世界的思維，但它主要是用形象來思維，是『藝術的』思維。」㉞

南朝梁劉勰的《文心雕龍》，是一部集大成的文學評論專著。它「體大思精」，既廣泛地討論文學創作和批評的一系列問題，又有許多卓越的創見，是我國文學評論史上具有劃時代意義的傑作。

劉勰強調在繼承的基礎上創新，「望今制奇，參古定法。」（《通變》）反對拋棄傳統，一味趨新。這對那些「崛起論者」把古典詩詞和民歌貶得一文不值的怪論不是早就痛加針砭了嗎！

在創作過程中，形象思維與抽象思維是交互爲用的。《神思》篇所說的構思時精神與物象交融，引起了激烈的情感變化，在描摹外物形貌時，同時思想也予以應答（「神用象通，情變所孕，物以貌求，心以理應。」）這說明抽象思維能幫助作家正確地認識生活，表現生活。既充分重視形象思維在創作過程中的重要作用，又反對「非理性」。劉勰的這一見解是怎樣的高瞻遠矚啊！

和劉勰同時的鍾嶸，寫了評論五言詩的專著《詩品》，他根據文體發展的觀點，肯定了「五言居文詞之要，是衆作之有滋味者也。」認爲它在描繪物象和抒發感情方面有充分的表現力。這是很有眼光的評價。

如何寫作抒情詩呢？他反對引經據典，主張直抒胸臆：「觀古今勝語，多非補假，皆由直尋。」這對當時「文章殆同書抄」的頹廢風氣力加抨擊，是富於戰鬥精神的。同樣的，他反對聲病，主張「口吻調利」的自然音節，也是對推動當時的詩歌創作起積極的作用的。

以《戲爲六絕句》開創了以詩論詩的詩聖杜甫，繼承了陳子昂的現實主義傳統，但他的觀點更爲全面。「別裁僞體親風雅，轉益多師是汝師。」他親近風雅，別裁辭賦，但他並不一概地反對齊梁。「庾信文章老更成，凌雲健筆意縱橫。」他推崇庾信晚年的詩賦有沉鬱感人的筆力，這種具體分析，批判繼承的態度是實事求是的、科學的。

韓愈提出「文以明道」，反對專講形式的四六駢文，明確地提出要寫「言之有物」的文章。同時，他又重視形式，提出「言必己出」、「文從字順」，與柳宗元一道領導了唐代的古文運動，開拓了散文表現現實生活的領域。

與元稹掀起了「新樂府運動」的白居易，繼承了詩歌的現實主義傳統，明確地提出了「文章合爲時而著，歌詩合爲事而作」（《與元九書》），強調了創作要反映現實。他又說：「感人心者，莫先乎情，莫始乎言，莫切乎聲，莫深乎義。詩者，根情、苗言、華聲、實義。」又很重視詩歌的感情因素。他還提倡語言的平易通俗（「其言直而切」）和具有音樂美（「播於樂章」）爲我國詩歌的大衆化、口語化奠定了堅實的基礎。

晚唐詩人司空圖的《詩品》，用象徵比擬的手法對各種風格作了概括，成爲耐人咀嚼的藝術精品，爲文學評論的形象化提供了範例。又在《與李生論詩書》中提出鹹酸之外的「韻外之致」。雖有形式主義之弊，但對詩的含蓄之美，卻是揭示了一些眞諦的。

唐代的文學以詩文爲主，近體詩的完成爲研究詩歌風格論提供了豐富的材料；古文運動的發展，使韓柳有意識地探討了古文的內容和形式上的革新，但這時文學評論研究的領域和表現形式還沒有很大的突破。

北宋的歐陽修，是宋代古文運動的主將。他繼續發揮了韓愈的學說，例如「道勝者文不難而自至也」（《與吳充秀才書》），「然則非詩之能窮人，殆窮者而後工也」（《梅聖俞詩集序》）。他主要的貢獻，是寫了《六一詩話》，開創了以小品這一簡便靈活的形式論詩這一全新的文體。

蘇軾的貢獻主要在於論述了「詩畫合一」的理論：「味摩詰之詩，詩中有畫；觀摩詰之畫，畫中有詩。」（《書摩詰藍田煙雨圖》）理由是兩者都講求形神兼備：「邊鸞雀寫生，趙昌花傳神。」（

《書鄢陵王主簿所畫折枝二首》）寫出鳥雀生動的情態，傳出花精神，這就不是兒童之見；寫詩一樣，否則「定非知詩人」。再是「故畫竹先得成竹於胸中，執筆熟視，方見其所欲畫者，急起從之，振筆直遂，以抒其所見，如兔起鶻落，少縱即逝矣。」（《文與可篔簹谷偃竹記》）這就是說要意在筆先，詩也一樣，應該如「山川之有雲，草木之有華實，充滿鬱勃而見於外。」（《南行集敘》）否則無病呻吟，怎能動人！

南宋陸游的詩論，強調要從現實中尋找材料，不能死抱書本。他教導兒子說：「紙上得來終覺淺，絕知此事要躬行。」（《冬夜讀書示子聿》）又《示子遹》說：「汝果欲學詩，工夫在詩外。」「詩外」指甚麼？「君詩妙處吾能識，都在山程水驛中。」（《題蕭彥毓詩卷後》）就指的生活實踐。閉門造車不行，閉門造詩也不行。

在宋代，體系最爲完整的著作，要數嚴羽的《滄浪詩話》了。他在《詩辨》這一部份根據詩歌「吟咏情性」的特點，非常公允地批評了南宋文壇上的兩種主要創作傾向。他說：「夫詩有別材，非關書也；詩有別趣，非關理也。然非多讀書、多窮理，則不能極其至。所謂不涉理路、不落言筌者，上也。」前面的話反對江西詩派的「以才學爲詩」，後面的話批評「四靈」與「江湖詩人」的「清苦之風」。這表明他認識到詩歌要有「水中之月」的「興趣」，就要會用書，會說理。他的理論主張，成爲明代擬古主義和清代「神韻說」的先聲。

金代詩人元好問作《論詩三十首》，側重品評作家和流派。他主張眞誠、自然，反對僞飾、賣弄：「

一語天然萬古新，豪華落盡見眞淳。南窗白日羲皇上，未害淵明是晉人。」他推崇陶潛不像晉代一般詩人崇尙華麗，而能把眞情實感寫得質樸自然。對於蘇軾，他雖很崇拜，但也能一分爲二，既褒又貶：「金入洪爐不厭頻，精眞那計受纖塵。蘇門果有忠臣在，肯放坡詩百態新？」既肯定蘇詩精純的一面，又批評他逞弄才華的一面。這種態度是實事求是的。

元代的文學評論沒有甚麼建樹，比較著名的是楊維楨。他曾說：「詩者，人之情性也。人各有情性，則人各有詩也。」（《李仲虞詩序》）這是「性靈」的主張。又說：「學詩於晚唐、季宋，而欲上下陶、杜、二李以薄乎《騷》、《雅》，亦落落乎其難哉！」（《趙氏詩錄序》）這又說的是不能離「格調」。明代的前後「七子」和公安派的文論都受到他的影響。

從魏晉直到元代，對文學特點的認識已很充分。文學評論的著作也如汗牛充棟，創作論、文體論、批評論各方面也都有建樹，而文學評論本身的形式也齊放異彩。可以說，它已從幼兒進入到成年了。

三、繁榮時期

明清時期，由於通俗文學的戲曲、小說的登上文壇，並取得輝煌的成績，所以文學評論也從詩、詞、文的狹小圈子裡沖了出來，於是出現了各種不同的戲曲觀和小說觀。這時，文學評論已進入花繁果盛的時代了。

明代李贄是小說評點的開創者之一，金人瑞發展了他的理論，形成了相當完整的體系。諸如小說創作的目的性、小說與歷史著作的區別、典型性格的塑造、人物與環境的關係、情節的傳奇性和現實性、語言的形式美等等，金人瑞都做了創造性的論述。如《水滸傳序三》說：「《水滸》所敘，敘一百八人，人有其性情，人有其氣質，人有其形狀，人有其聲口。」又在《讀第五才子書法》中說：「如今卻因讀此七十回，反把三十六個人物都認得了。任憑提起一個，都似舊時熟識，文字有氣力如此。」這就是說，典型性格是特殊性的表現，是熟識的陌生人。再如他批武松打虎一段說：

讀打虎一篇，而嘆人是神人，虎是怒虎，固已妙不容說矣。乃其尤妙者，則又如讀廟門榜文後，欲待轉身回來一段；風過虎來時，叫聲「啊呀」翻下青石來一段；大蟲第一撲從半空裡攛將下來時，被那一驚，酒都做冷汗出了一段；尋思要拖死虎下去，原來使盡氣力手腳都酥軟了，正提不動一段；青石上又坐半歇一段；天色看看黑了，惟恐再跳一隻出來，且掙扎下崗子去一段；下崗子走不到半路，枯草叢中鑽出兩隻大蟲，叫聲「啊呀，今番罷了」一段，皆是寫極駭人之事，卻盡用極近人之筆，遂與後來沂嶺殺虎一篇，更無一筆相犯也。

這是金人瑞爲《水滸傳》第二十二回寫的一段回首總評。這段評論表明金人瑞的現實主義美學觀點：寫英雄人物的勇力神威，要寫得合乎「人情」，不應「神化」「神人」，而應「人化」「神人」。這就是「用極近人之筆」「寫極駭人之事」，把離奇駭人的情節寫得眞實可信。試看他的藝術分析多麼細緻：武松見到榜文知道眞的有虎，首先想到的是打退堂鼓，並不是逞英雄；及至看到老虎，是驚呼「啊呀」，並沒喊「來得正好」；在這裡金人瑞又通過夾批明確指出：「有此一折，反越顯出武松神威；不然，便是三家村中說子路，不近人情極矣。」這就是說，《水滸》對武松打虎的描寫是合情合理的，是眞實的；正是因爲武松打虎的過程中有過猶豫，正是因爲他打死老虎不是輕而易舉；打死老虎後感到渾身力氣使盡，手腳都酥軟了，這才更顯出武松的神威。我們看到，這樣的評論既幫助讀者細緻地體會作品的妙處，又總結出指導創作的美學觀點。所以在我國文學評論史上，金人瑞的地位，是不能視而不見的。

公安派強調獨抒「性靈」來反對前後「七子」的模擬，雖重視創新，而立論偏頗。葉燮在《原詩》中從主、客觀兩方面的結合著眼，指出客觀世界的理、事、情紛紜萬狀，不能用幾條僵死的法則來牢籠；詩人本身的才、膽、識、力決定詩作的高下，特別重要的是識見，即思想水平。這樣的分析就把理論放置在唯物主義的牢固根基上。

明代文人對戲曲或講究聲腔，如沈璟的「吳江派」；或注重詞采，如湯顯祖的「臨川派」。他們都不重視舞台效果。清代李漁在王驥德研究的基礎上，更強調戲曲的「本色」。他在《閑情偶寄》中把戲曲與其他文學作比較時明確地說：「傳奇不比文章，文章做與讀書人看，故不怪其深；戲文做與讀書人與不讀書人同看；又與不讀書之婦人小兒同看；故貴淺不貴深。」（《忌塡塞》）有這樣的觀點，所以他對金人瑞批評《西廂》的意見很不以爲然，認爲金人瑞還不懂得戲曲的特點。

對於戲曲的結構，李漁提出了「立主腦」、「減頭緒」、「密針線」的觀點，就是要突出主旨和關鍵性情節，删除旁枝末節，注意照映埋伏，使人物事件不致前後矛盾。這些意見對當時的戲曲發展都有很大的指導作用。

但李漁的戲劇理論有根本性的錯誤，就是把戲劇用來「消愁」和「爲聖天子粉飾太平」。

接受了歐美關於小說理論的梁啓超，在《論小說與群治之關係》一文中，已經在進行創作方法的研討了。他說：「小說爲文學之最上乘也。由前之說，則理想派小說尚焉；由後之說，則寫實派之小說尚焉。小說種目雖多，未有能出此兩派範圍外者也。」雖然這種說法不確切，但他把浪漫主義與現實主義引入理論研究的領域，開創之功還是不應抹殺的。

他還對小說的美感教育作用進行了分析，指出小說有熏、浸、刺、提四種作用，雖然這種分類很難找出明確的界限，但總的來說，他充分地肯定了文學作品通過形象對讀者進行潛移默化的教育的特點，這對小說的發展是起了很大的推動作用的。

王國維的《人間詞話》是他的廣通衆藝的藝術論，他不滿意於清代的詞作，認爲他們沒有接觸到文學的特徵——形象，於是他首標「境界」之說：「詞以境界爲最上，有境界則成高格，自有名句。」，「境界」有時他又稱「意境」。與一般文論不同的是，王國維從抒情詩的特點出發，特別提出了境界中的感情因素。他說：「境非獨謂景物也。喜怒哀樂，亦人心中之一境界。故能寫眞景物、眞感情者，謂之有境界；否則謂之無境界。」如能做到「其言情也則沁人心脾，其寫景也必豁人耳目」，即情景交融，使人能如歷其境，獲得深切的感受，這就是有境界，就是不隔；否則就是無境界，就是隔。那麼怎麼才能寫出有境界、不隔的作品呢？王氏認爲：「詩人對宇宙人生，須入乎其內，又須出乎其外。

入乎其內，故能寫之；出乎其外，故能觀之。入乎其內，故有生氣；出乎其外，故有高致。」這無異是說，作家要深入生活。因爲深入了才能熟悉，也才能描繪得活龍活現。同時作家也要超越於生活，因爲超越了才能冷靜地觀察、判斷，才能表現出高情雅致。這一考察，是閃射著辯證法的光彩的。

王國維還比梁啓超前進了一步，他不僅認識到現實主義與浪漫主義的不同，而且認識到它們彼此滲透的關係。他說明「有造境，有寫境，此理想與寫實二派之所由分，然二者頗難分別。因大詩人所造之境，必合乎自然；所寫之境，亦必鄰於理想故也。」這是很有見地的。

當然王國維的理論中叔本華等資產階級唯心論的成份很重，有不少錯誤觀點。但把文學評論從封建時代推到資產階級時代，這個歷史功績還是應該肯定的。

一九〇七年，也就是《人間詞話》脫稿的前三年，魯迅寫成了《摩羅詩力說》這充滿戰鬥力量的論文。「五四」之後，馬克思主義的文學評論隨著十月革命的炮聲運進了我國，於是，文學評論又跨進一個新的歷史時代了。

【附　註】

① 景昌極、錢堃新譯，商務印書館，民國十三年，一頁。

② 轉引自溫徹斯特《文學評論之原理》，十五頁。

③④⑤ 《別林斯基選集》第一卷，滿濤譯，上海譯文出版社，一九七九年版，三二四、三四八頁。

⑥張黎譯，上海譯文出版社，一〇〇頁。
⑦見該書四九七頁。
⑧商務印書館，民國十五年版，三一頁。
⑨《茅盾文藝雜論集》上集，一〇〇頁。
⑩《茅盾文藝雜論集》上卷，一〇〇頁。
⑪第三章，轉引自吳蠡甫主編之《西方文論選》上卷，二七九頁。
⑫《茅盾文藝雜論集》上集，一〇〇頁。
⑬《社會的文學批評論》一〇一—一一頁。
⑭《西方文論選》下卷，八一頁。
⑮江淹《雜體詩序》。
⑯《茅盾文藝雜論集》上集，三頁。
⑰收在《論現代詩》、《未名集》兩部詩論集中。
⑱《紀念魯迅誕生一百周年學術討論會論文選》，湖南人民出版社，七四—九二頁。
⑲《文學評論》，一九八四年第一期。
⑳《文藝月報》，一九五八年四月號。
㉑《茅盾評論文集》（上）二七三—二八二頁。

㉒《橫看成嶺側成峯》，東大圖書公司，一九八八年，三一一一一頁。

㉓田澤芝編《〈阿Q正傳〉論文選》

㉔《二心集》。

㉕《臺灣作家創作談》，海峽文藝出版社，一九八五年版。

㉖《老舍論創作》，二六六頁。

㉗《巴金論創作》，四五〇頁。

㉘㉙《何其芳選集》第二卷，三三七、三四〇頁。

㉚《何其芳選集》第二卷，三四五頁。

㉛見該書二六—二八頁。

㉜或說是馮夢龍自己的化名，參看袁行雲《馮夢龍〈三言〉新證》，載《社會科學戰線》（吉林）一九八〇年第一期。

㉝魏慶之《詩人玉屑》卷二。

㉞《談談我怎樣學習寫作》、《論文學》，人民文學出版社，一九七八年版，一六〇頁。

第二章　文學評論的性質和作用

第一節　文學評論的性質

性質指事物的本性、特質。文學評論是對文學現象的認識和評價。對文學現象的規律性的認識是怎樣得來的呢？對作家和作品的評價根據甚麼樣的標準呢？這認識和評價能否叫人信服呢？這認識和評價表述得是否引人入勝呢？把這些問題弄清楚，也就明確了文學評論的性質了。

《墨子・大取》有一段話很清楚地說明了論文的性質：「三物必具然後足以生……夫辭以故生，以理長，以類行者也。立辭而不明於其所生，妄也。今人非道無所行：雖有強股肱而不明於道，其困也可立而待也。夫辭以類行者也；立辭而不明於其類，則必困矣。」這就是說，要確立一個理論觀點，一定要具備「故、理、類」這三個因素。一個論點如果沒有根據，不能言其「故」，那就是胡說八道。在論證中一定要遵循某些原理，否則就要受困。「辭以類行」，是說論證要以類比推理的方式進行。而類比推理就是用同類事物比較，通常也就通過比喻來進行論證。《小取》篇：「譬也者，舉他物而以明之也。」這都說明，議論文既要說理，使之具有令人信服的力量；又要會說理，使人被它吸引住。這與我們要談的就很接近了。

一、科學性

文學評論主要是評作家作品，對於作品的認識和評價離不開對於形象的認識和情感的體驗。如果我們對作品所描繪的生活畫面一無所知，對作家透過這形象所傳達出來的感情一無所感，也就是說不運用自己的想象，把握作品的底蘊，從而得到賞心悅目的藝術享受，當然談不上對文學作品的認識和評價。這就是說，文學評論離不開文學鑑賞。但是，文學評論不能就此止步，因爲停留在鑑賞階段是不能對作品作出深刻的認識和正確的評價的。比如魯迅的《我的失戀》，寫所愛的人贈給我百蝶巾、雙燕圖、金表索、玫瑰花，我回贈她貓頭鷹、冰糖葫蘆、發汗藥、赤練蛇。最後所愛的人「從此翻臉不理我，不知何故兮——由她去罷。」我們讀完這首詩，雖然能夠體會到作者反對把愛情看得高於一切的思想，但對於以貓頭鷹還報百蝶巾，總覺得有點隨意湊趣。不過，如果我們翻翻資料，看到許壽裳的《我所認識的魯迅》，知道這首詩是諷刺失戀詩盛行這不良風氣的，而貓頭鷹等物都是魯迅喜愛或常用的東西，就會認識到魯迅還是一本正經地寫作的。這就是孟子的「知人論世」說。可見，只有認眞地研究作品，同時研究作者，研究當時的歷史情況，總之，詳盡地占有材料，細密地分析研究，才可能使評論做到正確、深刻。所以普希金說：「批評是揭示文學藝術作品的美和缺點的科學。」「

它是以充分理解藝術家或作家在自己的作品中所遵循的規則、深刻地研究典範作品和積極觀察當代突出的現象爲基礎的。」①這就說明：文學評論是以文學現象爲研究對象的一門科學。它以文學創作的特點和規律作爲評論的準則，它需要評論家付出艱苦的勞動，既研究作品又研究社會生活。

但是，對文學評論是否爲科學的活動，並不是沒有爭議的。有的說文學評論不過是靈魂在傑作中探險，有的說是主觀的任意發揮，有的說是藝術活動。

外國有句俗話說「談到趣味無爭論」。這句話用來指文藝欣賞是可以的，用到文學評論領域就不合適了。魯迅說批評家都有圈子，或者是主觀的圈子，或者是客觀的圈子，沒有圈子的批評家是「怪漢子」。談到評論就有爭論，因爲文學評論必須有客觀的標準。這標準不是由誰任意制定的，而是根據對於文學的內在與外在的規律的正確認識而制定的。作爲文學欣賞是允許有偏愛的，而文學評論則不允許有偏見。作爲欣賞，你喜歡「大江東去，浪淘盡，風流人物」也好，你喜歡「楊柳岸，曉風殘月」也好，可以隨心所欲。但作爲評論，就不能以主觀的好惡爲標準，而要有完全客觀的標準。有了客觀的標準，評論工作者就有了堅強的脊梁和智慧的眼睛，評論時就能做到既不「愛同憎異，貴乎合己，賤乎殊途」②，又能「衆心非而不從，故喪黜其僞，而存定其眞。」③就是說，既不是喜愛合自己口味的作品，厭惡與自己趣味不同的作品，完全以自己的嗜好爲轉移；又能做到不盲從多數人的錯誤意見，而是廢除其虛僞的，保存審定其眞實的。總之一句話，根據客觀標準對作品作出科學的評價。比如王蒙在粉碎「四人幫」後，創作了不少運用「意識流」手法的作品，如果從個人口味出發，喜歡看有曲折動人情節的讀者可以不看他的作品；但如果要寫文學評論，那也不能不認眞地看下去，並根據客觀標準給他的探索以實事求是的評價。

至於認爲文學評論是藝術活動，雖有其合理的因素（這點下文將要論及），但整個說來還不很恰當。關於這一點，卡爾佛登說得很好：

> 至於批評，則無論斯賓嘉恩和門肯的學說如何抗議，它終於是科學而不是藝術。但我們並非說批評就是跟物理學那樣精密的一種科學，也並非說它確立了甚麼不移的法則或公理，卻說它的方法是科學的方法，而不是藝術的方法。批評這個字，原於希臘語 Krinein，就是判斷或審辨的意思，而凡判斷，無論在它根底裡用著多少的推理，總是一種理智的作用，而不是感情的作用。在施行判斷時，我們所做的事就是解剖，權衡和評價——這是跟藝術創造判然不同的一種理智及科學的活動。④

這就說明，文學評論這種科學活動，既不同於憑感情來進行創造的藝術，也不同於以確立不可變易的公理、定律爲目標的物理學。它是一種主要用科學的理智而不是藝術的感情來判斷作品的特殊的科學活動。

科學性的含義，簡括地說應具備這兩方面的內容：

㈠它是一種科學活動，需要評論工作者進行大量的調查研究工作，反復地進行醞釀，精心的寫作，不斷地修改，爲此付出艱辛的勞動，不是一拿到作品，淺嘗輒止，就能夠作出準確的評價。

㈡它是一種科學活動，需要評論者遵循客觀的評論標準，用科學的尺度去衡量作品，從而判明它們的優劣；而不能根據個人的趣味，合口味的就褒揚，不合口味的就貶抑。

二、理論性

在上引的卡爾佛登的一段話中，已經談到了理論性這一問題。文學評論不排斥以情感人，但更重要的是，它要以理服人。也就是說，它應通過概念、判斷和推理，反映客觀事理，使評論具有雄辯的邏輯力量。

文學理論，是對文學現象中帶有規律性的問題的認識，是指導文學創作的，它具有理論性自不待言。

如前所述，文藝隨筆、評點、序跋等各種形式的文學評論也都具有理論性。

先看一段影評：

周揚同志講：現實主義就是入情入理。只有入情入理，喜劇性才會更強烈。影片有幾處地方就不夠入情入理，因而就顯得不眞實。譬如：………馬天民把東西送去之後，人家請他到房間裡去坐，他是不應該進去的；他進去就不自然，因爲一來按紀律他不應該受人酬謝，二來他今天是要去相親的，女方已經等了他一天啦，盡管是爲公忘私，可已經好幾次失約，這從禮貌上講也過不去。盡管喜劇需要某些帶偶然性的情節，但這一情節選得不很順當，尤其不可允許的是失約幾次最後到了女方家裡，女的做了菜自己端出來，興致蠻高特意請他吃飯，拿一般人之常情來說，吃得再怎麼飽，總也得多少吃一點，接受人家的好意，斷不應該說：「我已經吃過飯了」，沒有那麼傻的求婚者，這只能說明馬天民這個人不懂禮貌。當然，這一情節的安排是爲了引起後面的矛盾：女方生氣了，最後他父親出來才扭轉這一局面。這種處理單從男女求愛來說那也是失敗的。

這是失禮的，不通人情的，這些地方就不入情入理，也就不是現實主義。⑤

這是田漢評《今天我休息》這部喜劇片說的一段話。在這裡，田漢不是就事論事，而是就事論理。他不是停留在經驗知識階段，而是上升到科學理論階段；他不僅指出影片在情節的選擇上沒做到入情入理，以及得出這一論斷的理由，而且指出情節不入情入理，就不是現實主義。這樣，評論通過分析和綜合，就總結出帶規律性的東西，具有普遍的指導意義。

再看何其芳評歌劇《劉三姐》的幾段文字：

《劉三姐》的突出的思想意義在於強有力地表現了勞動人民的力量和氣概……文學藝術是完全允許而且應該對事物的本質加以誇張的。就這個意義上說，《劉三姐》正是一個符合革命現實主義和革命浪漫主義相結合的創作方法的作品。並不一定要把她神話化或者一定要採取某些傳說中的奇異的情節和結尾才是浪漫主義。⑥

在這裏，何其芳不只論述了《劉三姐》的思想意義，而且站在理論的高度，指出浪漫主義並不一定非要使人物神話化和情節離奇化。他又指出：「這種對於民歌的作用和力量的誇張，也是可以用革命現實主義和革命浪漫主義相結合的方法來解釋的。這種誇張不應該受到非難，因爲它不但有現實的基礎，而且還相當有分寸，它並沒有把藝術這種武器誇張成爲眞正可以致敵人於死亡的武器，最後殺死莫海仁的並不是劉三姐的山歌而是李小牛的弓箭。」⑦這又說明「兩結合」方法的表現手法之一是誇張，誇張既要有現實的基礎，不能說「廣州雪花大如席」；又要掌握分寸，不能誇張到山歌可以滅國或興邦。這些論述既是對文學創作經驗的總結，其指導範圍當然不限於《劉三姐》這一部歌劇。

英國的塞謬爾、約翰遜博士認爲：批評的目的在於「建立原理，把意見深化爲知識」，在於發現「基於恒定而明顯的眞理之上的評價原理」，在於運用規則作爲「參悟的工具」⑧。田漢和何其芳的作品論，既運用了已有的理論，又建立了原理，因而達到了相當的理論高度和深度，具有普遍的指導意義。

現在一般讀者比較喜歡看作家們寫的文學評論，這是由於作家們深知創作的甘苦，評論寫得中肯、生動，可讀性強。就這一方面說，他們優於評論家。但是，不容諱言，某些青年作家在談自己的創作與評別人的作品時，所使用的概念卻與文藝科學的含義有別。對這種「非理性化」當然不應該予以嘲笑，但對他們提出加強理論色彩的要求，應該說並不是過份的。

之所以要提出這一要求，是因爲「批評的目的是把理論應用到實際上去。」別林斯基的話在今天並沒有過時。

別林斯基在《一八四七年俄國文學一瞥》中還指出：「駁斥別人的意見，是可以、並且應該的，如果你認爲這些意見不對的話；可是，第一必須言之成理，其次必須端莊鄭重。」⑨這說明，文學評論應該用眞理服人，要通過擺事實講道理來駁斥別人的意見或樹立自己的觀點，不能武斷、粗暴、簡單從事。

蔡英俊的《李賀詩的象徵結構》⑩一文，就是既運用中國的傳統理論——「知人論世」，又運用西方的文學理論——波特萊爾的象徵主義來認識李賀的傑作。作者在文中，聯繫到李賀的身世，指明「對現實界既乏投入，再加上多愁多病不第不達，這位敏感的悲觀論者，成爲不能適應環境的人，只有逃遁於超自然的想象世界和歷史記憶之中，膨脹成神話性的宇宙幻滅論，而在『游仙』與懷古的幻境中訴說他夢囈的語言。」接下去作者又利用象徵主義來解釋李賀詩的險奇，他說道：

> 如果我們承認波特萊爾的理論，「詩人從感官世界取得材料，爲他自己或他的夢冶鑄一個象徵的視景；他要求於感官世界的是，給他手段以表達他的靈魂」。那麼，我們是不是可以大膽地宣稱：李賀的內心世界是被層層的神秘象徵所籠罩？李賀的幻滅感更添加了他對神鬼世界的「永恒」的追尋？而李賀的永恒理念又是一種變相的形態？——神話的追尋、原始的憧憬，散發出森寒淒冷的氣氛。

就這樣，作者得出結論：「李賀，他的詩的表現，即是他個人靈魂思想的表現，他的寫景詩、應酬詩（二者的比例很小）、游仙詩、咏古詩，都強烈地烘襯出他個人的呻吟哀嘆。」應該承認，作者對李賀及其詩作的評價，可說是觸到癢處了。

理論性的內容可概括爲：

㈠它要總結出帶規律性的東西，表達出一個理論原則，使評論超越對象的狹小圈子，具有普遍的指導意義。它不能就事論事，把評論局限在感性經驗的藩籬內。

㈡它不僅要提出正確的觀點，還要通過「擺事實、講道理」來論證這個觀點，做到言之成理。它不能搞強詞奪理，靠武斷來壓人。

三、藝術性

前面我們談到，把文學評論純粹作爲藝術看待是錯誤的觀點，但它也有合理的成份。因爲文學評論研究的是文學現象，而文學是自有其區別於其他科學的特徵的；所以文學評論不能不受到它所研究的對象的影響。基於這一點，法國的勒美脫爾說：「若把批評當做學說，則不免誇大，當做科學，則決不能完備，所以它似乎有僅僅成爲一種藝術的趨勢——這便是一種欣賞書籍的藝術，一種增富並提純人們由書籍接受的印象的藝術。」⑪文學評論本有指導欣賞的作用，讀者從作品獲得的印象比較貧乏，不夠深刻，評論家幫助他們「增富並提純」，這自然會把文學作品中作者所表現的形象體系鮮明而又強烈地展示給讀者，這就是文學評論具有藝術性的因緣。

日本的飛鳥井雅道在岩波書店刊行的《文學》一九八三年四期的「文學廣場」欄內發表短論，認爲文學內部具有一種不定型的、用邏輯的語言難以表述的部份，這部份有著引人的魅力。這種魅力，由作品中人物的姿態本身所造成。而日本戰後的文學批評，自從伊藤整以後，變得極爲重視邏輯性，這當然是件好事；但過於強調理論這方面，而回避表現感覺世界，就難以接近文學的魅力。飛鳥井雅道所批評的現象在我國的文學評論界也是存在的。我們不少評論家寫的文章，講究理性，條理清楚，邏輯性強，這當然也是優點；但寫得呆板、枯燥，給人以結構模式化的感覺，使人不願卒讀。可見，像創作一樣，加強評論的個性是非常重要的。

德國人刻耳把文學評論的藝術性強調到不恰當的程度，說出了走極端的話：「我相信唯有那種本身便是一件藝術作品的批評才有價値，因若它本身便是一件藝術品，那麼雖至它的內容已經不能立腳，題材已經霉爛之後，也仍舊可以感人的。」⑫我們今天當然不主張這樣的「速朽」的文學評論，但他如此強調評論文章應該寫得有藝術性，卻是我們應該吸收的合理的內核。

著名美學家朱光潛在《漫談說理文》中說：「我不相信文藝創作絲毫不須講理，不用抽象思維；我很相信說理文如果要寫好，也還是要動一點情感，要用一點形象思維。準確、鮮明和生動的要求應該說也適用於說理文。」⑬

著名作家沙汀說：「批評文章也應該有自己的風格，它本身就是一篇好的散文，吸引人，使人喜歡看。」⑭

可見中外名家都認爲文學評論應該寫得有藝術性。事實上，許多優秀的文學評論是具有這種品格的。陸機的《文賦》用韻文來寫，把一篇完整而有系統的文學理論文章，寫得具有詩一般深邃的意境。拿他描繪構思過程的一段來說吧：在開始的時候，想像的翅膀張開了，它可以上天入地，超越時空，在極短暫的時間內，古往今來，天淵下泉，都被它看到摸著。文思如噴泉湧現時，詞藻像從天而降的飛鳥那樣駿爽。思慮阻塞時情狀迥然不同，吐辭艱澀，像從深淵裡拽出游魚。創作講究獨創性，無論是思想還是言辭，都不應蹈襲前人。這段話實在寫得太妙了：「傾群言之瀝液，漱六藝之芳潤」，一個「傾」字，一個「漱」字，用得多麼準確生動，把作文倉庫儲備豐富時，群言精華任意驅遣的狀態情貌無遺地刻劃了出來。「若游魚銜鈎，而出重淵之深；浮藻連翩，而墜曾雲之峻。」其中兩個比喻，用具體的形象將抽象的創作過程中的兩種情況作了逼眞的描摹。「謝朝花於已披，啓夕秀於未振」，同樣起到了這種增強表現力量、引導讀者聯想的效果。

形象如此鮮明，音節又極和諧的這篇賦，我們完全可以把它拿來當文學作品閱讀、欣賞，難怪昭明太子要把它選進《文選》了。

許多優秀的文學評論，除了形象鮮明之外，還具有強烈的情感性。特別是魯迅的文學評論，筆端常飽含強烈的愛憎之情。如《白莽作〈孩兒塔〉序》中的一段：

這《孩兒塔》的出世並非要和現在一般的詩人爭一日之長，是有別一種意義在。這是東方的微光，是林中的響箭，是冬末的萌芽，是進軍的第一步，是對於前驅者的愛的大纛，也是對於摧殘者的憎的豐碑。

一切所謂圓熟簡煉、靜穆幽遠之作，都無須來作比方，因爲這詩屬於別一世界。

這篇文字是魯迅於逝世的當年所寫，雖然病魔纏身，但魯迅的感情還是那樣的熾烈。他採用博喻的手法，一連用了六個比喻也就是六種形象來贊揚白莽的詩集，稱頌它給黑暗的中國帶來了一線光明；它呼嘯著射向吃人的野獸；它給苦難的祖國人民帶來了春的氣息；鼓勵著他們向統治階級的營壘進攻；它高舉著熱愛革命先鋒的大旗；它樹起了憎恨壓迫者的巨碑。這字字行行，充溢著魯迅對勞動人民文學的深摯的情意。雖然當時他正處在明明暗暗的刀和筆的圍剿之中，用了「別一世界」這樣一些曲折的筆法，但那些形象的文字同樣使我們感受到他那跳動的脈搏和深情的呼喊。

正像文學創作貴在獨創一樣，文學評論要求具有獨創性。詩人兼評論家李廣田說：「一個批評者不僅應當是一個最好的欣賞者，還必須是一個創造者。他不但要在自己心裡把作者的創造再創造一番；就連他所寫的批評文字，也應當是創造的，也就是說，他不應當只是用了些呆板的格套，叫人讀起來毫無興味，他更不應當只是因襲或模仿，叫讀者感到在他的筆下完全是浮詞濫調，毫無新鮮氣息，總之，他不但應當在批評文字中把作者的作品復活起來，並且要藉了他的批評使讀者感覺得更多，理會得更深，使讀者願意一再去讀那作品，而在讀者心中引起更多的創發來。」⑮文學評論能寫得鮮明生動，熱情洋溢，但如果只是撿拾別人的陳芝麻、爛穀子，從內容到形式都不能給人以新鮮之感，就不會引起人們的審美探究。這就是說評論者缺之創造性，閱讀者就更無創造性。《南史・顏延之傳》載鮑照論謝靈運與顏延之的不同風格說：「謝五言如初發芙蓉，自然可愛；君詩如鋪錦列繡，亦雕繢滿眼。」生動的比喻具體地說明了兩種創作個性，這就是創造。後來司空圖寫《二十四詩品》，對各種不同風格的構擬都採用這種手法，這就是理論上的創新。因爲通過這種具體形象的比擬，可以把抽象的風格論寫得像文學作品，使人讀來「如飲醇醪」。再如他的《與李生論詩書》所說：「文之難而詩之難尤難，古今之喻多矣，而愚以爲辨於味，而後可以言詩也。江嶺之南，凡足資於適口者，若醯非不酸也，止於酸而已；若鹺非不鹹也，止於鹹而已。華之人以充飢而遽輟者，知其鹹酸之外，醇美者有所乏耳……近而不浮，遠而不盡，然後可以言韻外之致耳。」這「味在鹹酸之外」的「韻外之致」說是發前人所未發的創見，它告訴我們文學創作要做到「言不盡意」，而不能「意盡於句」，要有含蓄之美，而不能止於鹹酸。鍾嶸在《詩品序》中提出了「指事造形，窮情寫物，最爲詳切」的「滋味說」，司空圖進而提出了鹹酸之外的「味外味說」，這就是發展，就是創造。

讓我們小結一下吧，文學評論的藝術性表現在：

㈠形象性：用準確、鮮明和生動的語言，描畫出可以視聽、觸摸的形象，使文學評論做到文理結合，而不是用抽象的、乾巴巴的文字，空泛說理，以艱深飾淺薄，使人讀之感到淡乎寡味，有如嚼蠟。

㈡情感性：作者對評論對象充滿感情，寫來神采飛揚，淋漓盡致，把自己的人格、性情寫進了評論文章，使它做到了情理結合；而不是用完全「客觀」的「零度風格」，冷冰冰地、不痛不癢地念念有辭，給讀者的探求激情潑冷水，使人望而卻步。

㈢獨創性：作者對評論對象有自己的創見，在表達方面有個人的風格。或是見人之所未見，發人之所未發；或是用新鮮活潑的話語，獨具特色的寫法：總之給人以新鮮感；而不是嚼別人吃過的饅頭，人云亦云，沒有一點「門里」之見，只有「門戶」或「門外」之見；或者是千篇一律的格套，千部一腔的「美人如花」的陳詞濫調。

作者諄諄，讀者昭昭，有賴於我們把文學評論寫成評論文學。對文學評論的藝術特性，我們切不可視而不見。因爲，縱使文學評論的科學性與理論性很強，但缺乏藝術性，缺乏藝術的魅力，讀者就不會對它感興趣，而它的社會作用就難以充分發揮。

第二節　文學評論的作用

文學評論是評論文學現象的。文學創作總是由人——作家來創作；作品寫出之後，也總是要給人——讀者看。因此，討論文學評論的作用，可以從作家與讀者兩方面來考察。

一、作家是歡迎評論家的

作家最怕的是，作品寫出之後，沒人說話。既沒人說好，也沒人說壞，像一顆石子丟在水裡沒有反應。之所以有些作家不歡迎評論家，是因爲有些評論家的評論不公正。公正的評論家是作家的良師益友，作家怎會不對他產生由衷的感激之情呢？楊沫在《談談林道靜的形象》說道：「最初我在描繪林道靜身上的某些缺點時，對她的認識，遠不像經過報刊上關於《青春之歌》討論以後這樣明確、清楚。甚至於對她的某些小資產階級感情還多少有些共鳴。因爲自己思想感情的限制，使自己不能站得更高，看得更遠，也就不能對她的內心世界揭示得更加深刻有力。」⑯既然通過報刊討論，自己對人物形象的認識提高了。我們想想，楊沫會不感謝參加討論的茅盾、巴人等人嗎！英國文豪蕭伯納在創作了劇本《聖女貞德》後，想請電影明星英格麗．褒曼扮演劇中角色。誰知褒曼說她不喜歡這個劇本，並指出蕭伯納把聖女貞德寫得太聰明了，不眞實；貞德的語言是精彩的，但沒有個性，她說的不是自己的話，而是蕭伯納的話。聽了褒曼的批評，蕭伯納心悅誠服。她把這個「黃毛丫頭」請進屋，進行了友好的交談。臨別時，年過九十的蕭伯納拒絕別人扶助，掙扎著站起來送褒曼出門，還熱情邀她再來串門。一個有世界聲譽的大作家，對一個並不是評論家的女演員的正確批評意見，這樣重視，這樣感激，可見作家是多麼需要評論家了。

評論家對作家的創作進行評論，可以提高作家的創作才能和質量。葉聖陶在《文藝談》中說：「批評家用分析的方法衡量其各部之是否完美，更以整個的印象而批判其是否深凝，據其所得，撰爲評論。這就是文藝家一面光明澄澈的鏡子……文藝家恍然有悟，即據此而修正自己的作品，凡諸缺點，去之務盡，於是以示人則更能動人，論其價值則視前更好了。」作家需要「鏡子」，需要「磨刀石」。鏡子可以照出作品的缺點，磨刀石可以使鋼刀鋒利——提高自己的創作水平。評論就是鏡子和磨刀石，所以作家歡迎評論家。

當作家猶豫彷徨時，當作家徘徊歧路時，他們更需要評論家為他們沿路種植起樹籬，點燃火把，來為他們指路了。

「五四」以後，中國新文學多是寫個人瑣事的「身邊小說」，在一九二一年，寫男女戀愛的小說，竟占題材總數的百分之九十八以上，作家們忽略了廣濶的社會生活，特別是對「第四階級」即無產階級生活的反映。為此，茅盾提出作家要「到民間去」，魯迅提出作家「最好常到外面去走走，看看社會上的情形」。他們的這些意見，對於推動「作家的視線從狹小的學校生活以及私生活的小小波浪轉移到廣大的社會的動態」⑰，起到了重要的作用。

但是，錯誤的文學評論也會給作家帶來災難；這時，也需要正確的文學評論幫助他們擺脫困境。例如俄國作家果戈里在出版了《密爾格拉德》和《小品集》之後，有的評論家要他在刻劃上層社會方面試試筆力，有的攻擊他不該描寫人類的骯髒後院不愉快的圖畫。面對這些批評，果戈里惶惑不安，不知所措。是別林斯基先後寫了《果戈里的〈小品集〉和〈密爾格拉得〉》、《論俄國中篇小說和果戈里的中篇小說》兩篇文章，肯定他的作品「屬於我們文學中最不平凡的現象之列」⑱，並作了詳盡的分析，這才使他受到了鼓舞，堅持現實主義，從而創作出《欽差大臣》等優秀作品。我國女作家茹志鵑寫出了《百合花》，先後投遞給幾個刊物，均被退回。後來在《延河》上刊登了，又被某些評論說成調子「低沉」，並說作者已經走到「危險的邊緣」。這樣的評論無異於判定作品和作者的「死刑」。後來幸虧茅盾發表了《談最近的短篇小說》一文，用很大的篇幅評介了《百合花》，肯定了它的「清新、俊逸」的風格，並給予高度評價：「我以爲這是我最近讀過的幾十個短篇中間最使我滿意，也最使我感動的一篇。」⑲正是茅盾這位文學海洋中的優秀領航員，給了茹志鵑巨大的勇氣，引導她勝利地到達了一個個新的港口。

五十年代，一批有膽有識的年輕人，獨立思考，大膽探索，敏銳地捕捉住現實生活中的新矛盾，創作了一批「干預生活」的作品，給當代文壇帶來青春的氣息。以王蒙的《組織部新來的青年人》爲例，它通過對劉世吾等典型形象的塑造，提出了中國共產黨的肌體遭到侵蝕的問題。它又通過林震由單純到成熟的生活歷程的描寫，刻劃出一個五十年代的闖將的形象。這篇小說反映了組織部門所存在的問題，它本是作家對祖國一片赤誠的表現。這份對於時代思考的答卷以及它的作者，本應受到肯定、鼓勵；可是，由於「左」的思潮的影響，這些優點被擱置一旁，而某些處於從屬地位的缺點被無限上綱，作品因而成爲「毒草」，作家也被錯劃成「右派分子」。可見沒有正確的文學評論，作品和作家都會受到不公正的待遇。而且，它不只影響到一篇作品和一個作家；它的消極結果是：使許多作家面對大量存在的現實矛盾噤若寒蟬，助長了粉飾現實的歪風。

「四人幫」橫行時期，所謂文學評論幾乎成了棒打作家的代名詞。「四人幫」的爪牙們利用「文學評論」，動不動就對作家進行討伐；而對「瞞和騙」的「幫派文藝」，則給予廉價吹捧。這既給作家帶來了更大的災難，又嚴重敗壞了文壇的風氣。影響所及，使得作家一聽到評論家的批評就產生反感，眞可謂流毒深遠。

粉碎「四人幫」以後，文學評論開始走上正軌，恢復了它的本來面目，對推動文學的發展作了出色的貢獻。但是，由於有些行政領導不懂文藝，而有些評論家的頭腦也還沒有完全擺脫「左」的思想體系的束縛和影響，所以面對著複雜曲折的人民內部矛盾，就出現了干涉太多的偏向。

從文學發展的歷史我們可以看到，我國十九世紀的文學作品之所以寫得那麼好，文學創作之所以那麼繁榮，是與別林斯基、車爾尼雪夫斯基、杜勃羅留波夫等人的文學評論分不開的。我國文學的發展，也是由於茅盾、魯迅、郭沫若等人在澆花鋤草方面付出了辛勤的勞動。至於毛澤東的許多文學評論，在中國文學史上所作出的巨大貢獻，更是人所共知的事實了。

以上是從文學評論對於作家的影響方面來考察文學評論的作用，下面我們再來看看它對讀者會有些甚麼影響。

二、對讀者的影響

讀者也像作家一樣，是非常需要評論家的。這是因爲不同的讀者對同一篇作品會有不同的解釋。到底哪一種解釋更接近眞理呢？又根據甚麼說這一判斷更準確呢？這就是說，一個認眞的讀者不會滿足於自己的想像力，他也想對作品作出價値判斷，還想對正確的和錯誤的評論本身作出價値判斷。正是因此，在一八三九年十月，別林斯基擔任了《祖國紀事》評論欄的主編以後，彼德堡與莫斯科的一些熱愛文學的青年，一到每月的二十五日，就到咖啡館打聽《祖國紀事》到了沒有。原來，他們焦急地等待著閱讀別林斯基的評論文章。這自然因爲別林斯基的評論文章寫得好。但毫無疑問，它同樣表明讀者愛文學評論也如同他們愛作品一樣。

具體地說，文學評論之所以對讀者有吸引力，是因爲它解釋、說明作品，滿足了讀者想了解作家的主觀思想和作品的客觀思想的需要。

文學是通過形象和感情表現生活的，那「象外之意」非常深刻、含蓄，不僅是一般讀者，即使是作者本人也很難清醒地認識到並加以準確的說明。

例如《紅樓夢》第四十四回寫鳳姐過生日，因喝多了酒回房休息，在穿堂撞著了替賈璉「偷雞摸狗」擔任「警戒」的小丫頭，她怒火中燒，一連給了小丫頭兩耳光，打得小丫頭兩腮紫脹，還不解恨，又把平兒的簪子拔下，向小丫頭嘴上亂戳。這一描寫主人對奴僕肆虐的情節，眞實地再現了封建社會壓迫者與被壓迫者的階級關係。但曹雪芹是沒落的地主階級出身，並不是階級論者。他根本不懂階級分析法，他決不會意識到他的作品在揭示階級對立；當然，他既然寫出這些內容，就是他藝術地感覺到了。

曹雪芹也深知一般讀者不容易讀懂他的作品，「滿紙荒唐言，一把辛酸淚，都云作者癡，誰解其中味。」（《紅樓夢》第一回）我們之所以能讀懂《紅樓夢》，解得其中之「味」，不能不感謝許多「紅學家」的辛勤勞動。同樣，奥斯特羅夫斯基寫作《大雷雨》，也並沒認識到主人公卡傑林娜體現了俄羅斯這個「黑暗王國的一線光明」。劇作的這一深刻的社會意義，是杜勃羅留波夫發掘出來的。

再如海明威的《老人與海》中的主人公漁夫桑蒂雅各，既是一個不屈不撓的老頭，又很孤獨。他爲甚麼會有這樣的性格呢？當代美國詩人兼文學評論家馬爾科姆．考利告訴我們，這是由於這頭「老獅子」在戰爭中多次負傷，後又遭遇兩次飛機失事，於是使得海明威這位有非凡才能的人，常爲病痛所苦，因而性格狂暴多疑；所有這些，都反映在他的作品中，使得他的作品具有獨特的風格。正是因此，人們把評論家所寫的文學評論，稱做讀者與作者之間的橋梁。⑳

之所以文學評論能吸引讀者，還因爲它判斷、檢驗作品同生活的聯繫，滿足了讀者想通過作品來認識生活、理解生活的需要。

文學是通過形象和感情來表現生活的。爲甚麼我們不滿足於觀察現實生活，而要閱讀文學作品呢？這就是因爲文學作品並不就是現實生活，它比現實生活更高、更典型、更眞實，也就是達到了藝術的眞實。所以評論家就應該通過自己的文學評論向讀者揭示作品同生活的聯繫：作家是怎樣從生活中選材的？是不是反映了生活中某些本質的方面？他要把生活引向何處？方向是不是正確？

比如蔣子龍的《喬廠長上任記》發表後，反應非常強烈。有的譽爲「社會主義的百花園裡」「光彩奪目的鮮花」，有的雖不明說這篇小說是大毒草，但說它「沒有反映生活本質」，也就把它貶抑得相當低了。

事實上，小說並不是「沒有反映生活本質」，而是反映了，而且反映得很深刻、更獨特。

在現實生活中，並不是每一個單位都有「四人幫」的爪牙的，「造反派」中的每一個成員，甚至頭頭，也並不都是「三種人」。喬光樸不怕別人說他「右傾」，不怕別人說他看裙帶關係庇護「幫四人」，這種膽識是難能可貴的。把老幹部冀申看做阻擋「四化」的障礙，把「火箭幹部」郗望北看做熱心「四化」建設的幹將，這正是看到了生活的複雜性和人物性格的豐富性。所有這些都表明小說作者憑著銳敏的生活觀察力和獨特的藝術表現力，深刻地反映了生活中的某些本質方面。我們決不能根據主觀的臆測來質問作者：「難道生活是這樣的嗎？」

如果文學評論的作者能夠像上面所說的那樣幫助讀者擺脫流行觀念的束縛，從而認識到生活的複雜性，他就等於在作品所反映的生活與現實生活之間架起了一道橋樑。這就是文學評論的又一功能。

文學作品不同於科學讀物，它是使人賞心悅目（既受到啓迪，又得到愉悅）的精神產品，它通過作者的情感和客觀的形象爲我們展現出一個美的意境，給人一種美的享受。雖然每個正常的人對於文學的美都有一定的感受力，但是其水平卻有高下之分。馬克思說：「如果你想欣賞藝術，你必須成爲一在藝術上有修養的人」㉑。我們要欣賞文學作品的美，除了提高自己的文學修養，另一個途徑就是依靠文學評論來作爲自己的指導教師。關於這一點，別林斯基在《瑣事瑣談》一文中說得很好：「美文學感受力在一個人身上是被美文學作品本身發展起來的，因此，雜誌應該向它的讀者提供美文學作品的標本；其次，美文學感受力是被美文學的分析和理論所發展和形成起來的，因此，雜誌又應該提供批評。」㉒這就是說，提高美文學感受力的途徑有二：一是多讀美文學作品，一是多讀好評論文章。特別是對那些不易理解、難以欣賞的文學作品的美，更少不了評論家的幫助。例如普希金晚期詩作的隱秘的美，一般的藝術眼光是不易發現的，但別林斯基可使普希金的詩所給予我們的快感大大的增加，而且使我們對於那些詩的瞭解更加深刻。再如張秀亞，這位曾獲臺灣中國文藝協會第一屆文藝獎章和第一屆中山文藝獎的著名作家，曾爲著名畫家王藍先生的某畫題詩，名曰《秋池畔》，這首詩的美經過文曉村先生的評析，讀者便容易領略了。文曉村在分析了該詩的句法與結構外，有這樣一段：

> 「色與光在唼喋／詩與音樂在出沒」，「唼喋」一詞，原是形容水鳥吃東西的聲音，這裡借作色與光密切結合的樣子，兩句都是明寫畫面之美，暗喻畫家筆法之高明，前句意謂著色見光，相得益彰；後句是詩與音樂，流露畫中，如同游魚，不時出沒一樣。也使人想到王維的詩中有畫，畫中有詩的美譽，以及詩、畫、音樂同源的古風。㉓

詩人在藝術形式上的考究、精緻，一般讀者或許不易發現，現在經過文曉村的一番評析，我們看到了這首詩的意象美，我們讀作品的興味更濃了，因爲我們也嚐到第一口的蜜了。

冰心的抒情散文《綠的歌》，寫得非常精巧。表現在哪裡呢？范昌灼的《優美的「青春之歌」》告訴我們：

> 這支歌，洋溢著詩情，蘊含著哲理。它不是一般習以爲常的直抒情懷，也不是簡單的寄情於物或寓情於景，而是借對一種色彩景象——「綠」的感受、認識和理解，抒發作者對於「個人、社會、國家、民族、人類」的「青年時代」，尤其是「人生中的青年時代」的贊美之情。這樣的感情，健美、高尚，在今天，具有深遠的社會意義；這樣著筆抒寫，可謂別開生面，獨辟蹊

徑。㉔

劉大櫆在《論文偶記》中指出：「理不可以直指也，故即物以明理；情不可以顯出也，故即事以寓情。即物以明理，《莊子》之文也；即事以寓情，《史記》之文也。」一般散文的寫法是「即物以明理」或「即事以寓情」，也就是平常所說的「托物喻理」或「融情於事」。而冰心這篇散文之所以美，就在於它的獨創，即借對「綠」的感受、認識和理解來抒情。從這篇賞析中，我們看到了作品的美，它爲文學作品的美與美的鑑賞者之間架起了一座橋樑。

錯誤的作品會腐蝕讀者的靈魂。爲抵制這類作品對讀者的惡劣影響，單靠行政命令禁止閱讀是無濟於事的，魯迅用個巧妙的比喻說出了一個好辦法：

> 青年爲了要看虎狼，赤手空拳的跑到深山裡去固然是呆子，但因爲虎狼可怕，連用鐵柵圍起來了的動物園裡也不敢去，卻也不能不說是一位可笑的愚人。有害的文學的鐵柵是甚麼呢？批評家就是。㉕

虎狼是要吃人的，但用鐵柵圍起來的虎狼就不能吃人了。壞作品是會害人的，但批評家指出它害人之處，它就可以充當我們的反面教員了。就像將老虎關進了鐵柵，它吃人的本領無從施展一樣。

對於有害的作品，如果能抓住它的要害，突出它的低劣和醜惡，作品原先的迷人之處將立刻喪失殆盡，讀者原先愛不釋手的寶貝馬上變成不屑一顧的敝屣了。魯迅寫了《張資平氏的「小說學」》一文，把一些青年所崇拜的三角戀愛小說專家揭露無遺。他寫道：「現在我將《張資平全集》和『小說學』的精華，提煉在下面，遙獻這些崇拜家，算是『望梅止渴』云。」

「那就是——△」㉖

內容貧乏，格調低下，藝術拙劣。這就是張資平某些小說的要害。青年們明白了這一點，對他的小說的興趣當然會銳減。歐陽文彬編完《葉聖陶論創作》之後，寫了《打開文藝寶庫的鑰匙——代編後》一文，在文中他也談到：自己小時候迷上了武俠小說，竟到了手不釋卷的地步。但後來看了葉聖老的《要認眞閱讀》，就覺得讀這些小說毫無興味了。由此可知，先進的文學評論對指導讀者閱讀是有巨大作用的。

近來有論者提出文學評論工作者不要充當教師的角色，而只能做作家與讀者的朋友。這一觀點恐怕不夠正確、全面。自然，文學評論工作者不應擺出導師的架勢，居高臨下，頤指氣使，對作家與讀者發號施令。但是，他們作爲「導師」，正像作家作爲人類靈魂的工程師一樣，並非是自己好爲人師，而是責無旁貸。他們有責任指導作家與讀者，因爲他們從事的是文學評論這工作。「以友情爲重」容易影響評論的客觀性，還是「嚴師益友」的雙重身份最好發揮文學評論的職能。既然我們都同意作家是人類靈魂的工程師，又有甚麼理由非要反對文學評論家是作家和讀者的導師呢！

【附註】

① 北師大編《文學理論參考資料》（下），一二四五頁。

②葛洪《抱朴子外篇・辭義》。
③王充《論衡・自紀》。
④《文學之社會學批評》，傅東華譯，上海華東書局，民國十九年，一二三六頁。
⑤《田漢論創作》，四九六頁。
⑥《何其芳選集》第二卷四二二—四二三頁。
⑦《何其芳選集》第二卷，四二四頁。
⑧雷納・韋勒克《近代文學批評史》第一卷，一二〇頁。
⑨《別林斯基選集》第二卷，五〇八頁。
⑩《中外文學》，一九七五年十二月號第四卷第七期。
⑪轉引自硫威松《近世文學批評》，傅東華譯，商務印書館民國二十二年版，四一頁。
⑫轉引自硫威松《近世文學批評》，一四六頁。
⑬見《朱光潛美學文學論文選集》。
⑭《漫談評論工作》，《文藝報》，一九八二年第二期。
⑮《談文藝批評》，《李廣田文學評論選》，八七頁。
⑯《文藝論叢》第二集，二五一頁。
⑰《中國新文學大系・小說一集導言》和《茅盾文藝雜論集》，(上)，五三一頁。

⑱《別林斯基選集》第一卷，一二八頁。
⑲《鼓吹集》，作家出版社，一九五九年，二四五頁。
⑳蕭蕭評洛夫《無岸之河》的評論，事後向洛夫印證，大致與作者寫詩時的思想相符合，有一部份則超越作者的思想。
㉑《經濟學—哲學手稿》何思敬譯，人民出版社，一一九頁。
㉒《別林斯基選集》，第一卷，三一九頁。
㉓《新詩評析一百首》，下冊，黎明文化事業公司，三三三頁。
㉔《名作欣賞》，一九八四年第三期。
㉕《準風月談·關於翻譯（上）》。
㉖《二心集》。

第三章　科學的文學評論的任務

文學評論是文學的一個組成部份。科學的文學評論，能催生優秀作家，使文學園地百花齊放。文學評論要想充分地發揮自己的作用，必須完成以下任務。

第一節　評論作品，提高文學創作水平和讀者的鑑賞能力

文學評論最基本的任務是評論文學作品，即「揭示文學藝術作品的美和缺點」（普希金語）。通過評論文學作品，評論家扶持、獎掖作家，批評、指導作家，讓他知道大眾有怎樣的需求，他的作品有甚麼樣的社會效果；同時指導讀者的鑑賞，培養他們健康的文學趣味。

一、科學地評價作品

美國文學評論家蒲克說：「批評家的第一種職務，便是要做一個好讀者，更由此而對他所讀的書

的價值求得一種結論。這種職務，便是從前的一切批評學說也差不多都已承認。」①事實確是如此，這從文學評論的歷史可以得到印證。

但是，要給文學作品一個科學的客觀的評價，並不是一件容易的事情。我國晉代的葛洪在其所著的《抱朴子外篇・辭義》中早就指出：「夫文章之體，尤難評賞。」文學史實也證明他的論斷的正確。即使是某些很有眼光的評論家，有時也會對優秀的作家和作品作出錯誤的判斷。舉例說吧，像陶淵明這樣一位偉大的田園詩人，劉勰寫了一部歷評各代著名作家的專著《文心雕龍》，卻無片言隻字涉及到他。鍾嶸《詩品》把以往詩人分為上、中、下三品，將他僅列於中品。齊、梁時「永明體」的領袖沈約寫《宋書》，看中了他的品行，將他列在《隱逸傳》；但瞧不起他的詩，所以在《宋書・謝靈運傳論》中，上至屈原、宋玉，下至潘、陸、顏、謝，歷舉了著名詩人，其中也不見他的名字。直到梁昭明太子蕭統採他的詩入《文選》，並為他編集作序，他才在文學史上有了較高的地位。

蕭統評價陶淵明，說他的「文章不群，辭彩精拔，跌宕昭彰，獨超衆類，抑揚爽朗，莫之與京。橫素波而傍流，干青雲而直上。語時事則指而可想，論懷抱則曠而且眞。」這才是對陶淵明作品的不刊之論。

郭沫若在談到發現優秀作品的時候說：「文藝是發明的事業，批評是發見的事業。文藝是在無之中創出有。批評是在砂之中尋出金。批評家的批評在文藝的世界中贊美發明的天才，也正自贊美其發見的天才。」②郭沫若要求文學評論擔負起「發見」優秀作品的職責，他自己是身體力行的。他的文學評論是具有「在砂之中尋出金」的品格的。一九三五年到一九三七年，李劼人創作了《死水微瀾》、《暴風雨前》、《大波》等三部長篇小說，反映了從一八九四年中日戰爭到一九一一年四川保路事件這一歷史時期的現實生活，塡補了我國小說在反映近代史方面的一個空白。這三部小說無論就思想內容還是就藝術形式來看，都是當時的優秀之作。但是奇怪的是，當時的文壇對這三部小說卻沉默不語。郭沫若慧眼識英雄，寫了《中國左拉之待望》一文，稱贊李劼人是「健全的寫實主義者」，稱三部小說是「小說的近代史」③，充分地肯定了作家和作品。

再如蕭紅的《馬伯樂》續稿（即《馬伯樂第二部或《馬伯樂》中篇），許多研究者都沒有提到，原因是他們根本不知道這部作品的存在。而《香港文學》主編，著名學者劉以鬯先生，則在《蕭紅的〈馬伯樂〉續稿》中指出這部九萬字的作品，是蕭紅最後發表的作品。這對研究蕭紅，是大有裨益的。④

像這樣見人所未見，發掘出被埋沒的著名作家和優秀作品的文學評論，是獨具慧眼的高水平的文學評論。它能推動時代的文學浪潮滾滾向前，促使文學研究更趨深入，它是科學的文學評論奮力以求的目標。

具有「發見的天才」眼光的文學評論，還應該高瞻遠矚，能看到作家的創作在思想內容和藝術形式兩方面的特色，看到它給文學園地增添了甚麼新的光彩，展現了怎樣的前景。可惜過去一段時間裡的文學評論，除了部份具有遠見卓識的評論家的文章符合這樣的要求外，一般都流於僅作些政治鑑定而絕少藝術分析，或只是泛泛的介紹，而不是具有恰當分析的評論。現在，情況是大有不同了，在拋掉了疑慮之後，評論家們多能注意全面地具體地分析作品，並以高屋建瓴的態勢俯察個別的優秀成果。如朱寨評張賢亮《綠化樹》的文章，在剖析作品的獨立成就時，就指出了以下幾點：

長期以來，文學創作受文學理論的影響，只注意了典型性格的個性化，對於典型環境的「這一個」少有問津，而張賢亮的作品，給文學帶來了他特有的藝術境界，《綠化樹》中的這個荒原孤村，更加有濃厚的生活情趣和藝術的魅力。

《綠化樹》的藝術描寫也是獨特的。這裡沒有高大或渺小的人物，沒有重大的社會矛盾衝突，沒有離奇驚險的故事情節，沒有凌空的高論和人工的懸念，沒有離開現實的人和現實生活的藝術誇張。而在章永璘這個青年知識份子的靈魂裡卻進行著自我意識的激烈搏鬥，在馬纓花、謝隊長、海喜喜這些平凡、樸拙、粗獷，甚至粗俗的普通勞動者的身上卻有驚人的心靈閃光，在表面看來不過是日常生活瑣事的描寫中，卻顯示著一個人靈魂的高尚或卑下。

最後作者向我們預報了文學創作界的最新信息：「《唯物論的啓示錄》將是一部眞正的長篇。它的誕生又預兆著一個新的創作勢頭的來臨。從它我們看到史詩般的長篇巨製在臨盆前的陣痛中。」⑤

像這樣的文學評論，就稱得上是高水平的價值判斷了。

但是有一個問題也值得注意，就是不要從一個極端走向另一個極端。過去一段時期，我們有些文學評論接近於政治評論和思想評論，習慣於用政策條文和乾巴巴的概念來對待文學作品，過多地分析思想內容，差不多沒有藝術分析。這自然對文學事業的發展絕少裨益。因爲它不曾沉入文學的土壤，沒有把握文學所特有的反映生活的豐富性和複雜性，沒有觸摸到形象的靈魂和血肉，沒有玩味結構、語言的技巧，當然也就不可能對作家作品提出切中肯綮的意見。這樣一種隔靴搔癢式的文學評論理應反對，這是毫無疑義的。但是，我們看到評論界也存在著另一種錯誤傾向，那就是對作品的思想內容有所忽略，而過於重視藝術分析；在進行藝術分析時，又往往過於強調藝術形式的美。這樣一來，就使得思想上有錯誤的作品易於在群衆中廣爲流傳，而產生不好的效果。

二、澆花除草

文學評論不僅要擔當起發現天才的任務，使優秀之作不被埋沒；還要擔當起培養作家，特別是青年作家的任務，以及剷除惡草、剜「爛蘋菓」以幫助作家、指導讀者的任務。

過去，把文學評論簡單地規定爲澆花除草，這是不全面的。這是由於把作品一刀切爲「香花」和「毒草」兩半的形而上學指導思想所造成的。事實上，文學作品除了「香花」和「毒草」之外，還有「爛蘋果」，在它們內部也可劃分出不同的等級，總之是不能「一刀切」。

魯迅在一九二五年就明確指出：「批評家的職務不但是剪除惡草，還得灌溉佳花，——佳花的苗。譬如菊花如果是佳花，則他的原種不過是黃色的細碎的野菊，俗名『滿天星』的就是。」⑥在這方面的他爲我們樹立了光輝的榜樣。

對於優秀的創作成果，從思想和藝術兩方面加以闡明，就是對作者的扶持與鼓舞。他的《蕭紅作

《生死場》序》評價《生死場》說：

但卻看見了五年以前，以及更早的哈爾濱。這自然還不過是略圖，敘事和寫景勝於人物的描寫，然而北方人民的對於生活的堅強，對於死的掙扎，卻往往已經力透紙背；女性作者的細緻的觀察和越軌的筆致，又增加了不少明麗和新鮮。精神是健全的……⑦

這段話，不僅指出了蕭紅作品的成就與不足，而且指出了它藝術上的特色。這樣就不僅能幫助作家認識自己作品的質量，從而揚長避短，提高創作水平；而且能幫助讀者正確地欣賞作品，從中吸取有益的營養。

高爾基也是這樣。從一九〇八年旅居意大利的加普里島以後幾十年間，他從未間斷對初學寫作者的指導工作。他閱讀他們的稿件，哪怕是最幼稚的稿件，他都認眞地閱讀，並誠摯地提出自己的看法。如他看了某青年作家的《瑣事》後，就寫信給這位青年，指出：「這短篇是失敗的。因爲作品中各人物的處理是粗糙而乾燥無味的。他們沒有臉孔，沒有眼睛，也沒有表情。完全是眼睛不能看見的。」⑧在信中，高爾基還指出作者遣詞造句方面的毛病。爲了幫助青年作者，他指出病因是作者受到自然主義的影響。他的可貴之處在於他不僅指出病因，還從理論和技巧方面給青年作者開出藥方：他告訴這位作者，藝術眞實不同於生活眞實，它既不脫離生活眞實又高於生活眞實，它是典型化了的；他還告訴這位作者，如何典型化，以及要深刻注意短篇的形式和語言，等等。對於幼稚的作者的失敗之作，這樣誠懇地提出意見，自然有助於初學寫作者從迷誤中得救，在艱難中成長。高爾基的這一工作，正是培根、整枝、澆花。

臺灣著名詩人、文學評論家覃子豪先生在其詩作《詩的播種者》中寫道：「火的種子是滿天的星斗／全部殞落在黑暗的大地／當火的種子燃亮人類的心頭／他將微笑而去，與世長辭」前輩詩人對於提攜後進，培養青年詩人，眞是竭盡心力。

粉碎「四人幫」以後，我國文學進入了初步繁榮的新時期。在這個時候，新人新作不斷湧現。面對著這欣欣向榮的文壇，昔日的闖將王蒙不僅自己創作了一大批運用新的藝術手法的小說，爲新時期的文學進行了勇敢的探索；同時，這位中年作家也向老一輩的文學導航員學習，給予青年作家以強有力的支持。憑著敏銳的藝術觸角，他迅速地抓住了青年作家的特點。他評王安憶，說「她常常用一種單純甚至是天眞的語調，去探尋生活深處、人心深處、社會關係深處的細微信息」，對於她的缺點，王蒙也明確指出：「她的作品好像缺少一點東西，缺少一種眞正能夠振聾發聵或使讀者如醒醐灌頂的精神力量。」⑨他評張承志說：「他的作品的特點在於一種抑制不住的火熱的情思」；「有一得必有一失，過濃的主觀色彩使張承志筆下的生活不那麼平靜可觸，語言、感情和思考都顯得用力太過。」⑩這些眞知灼見，既鼓勵了作者，又引導了作者。它不是無原則地吹捧，使作者飄飄然忘乎所以；也不是劈頭蓋腦地指責，使作者昏昏然無所適從。它完全是魯迅所期望的「誘掖獎勸」的批評。

對於「惡草」也必須「剪除」。在我們生活的時代，封建主義的遺毒、資本主義弱肉強食的思想，還在不斷地侵襲著人們包括作家的頭腦，誰也不能打包票說作家創作出來的成品不存在失誤和問題，也不能用行政命令規定不許翻譯國外的觀念偏差的作品。所以，「剪除惡草」還不能「壽終正寢」。

何況，評論文學作品也不限於評論當代的作品，還包括評論已往的各個時代的作品，例如封建時代俞萬春的《蕩寇志》，就是站在反動立場，歌頌剝削階級，誣蔑人民大衆的「惡草」，也在「剪除」之列。

當然，一般來說，作家都對自己的社會責任有自覺的認識，都想拿出優秀的精神產品給讀者以啓迪和溫馨，所以，「灌溉佳花」，應是科學的文學評論的主要任務。

三、剜「爛蘋果」

精神生活領域的現象是複雜的。在文學作品中，既有佳花、惡草，還有那介於二者之間的產品——優點與缺陷都較突出的作品。對這類作品，評論家更要下氣力。因爲正確地評價它們，對作家和讀者都有很大的益處。魯迅把這一工作，比爲剜「爛蘋果」。我們應重視這一工作：一方面因爲它很重要，又一方面因爲它比評論其他作品更艱難，像拾荒一樣，需要用心，又很辛苦。

如冰心發表於一九二一年的小說《超人》，也是既有積極作用又有消極影響的作品。從治療青年悲觀厭世的頹廢情緒來說，它是有積極作用的；但從開出的藥方看，則又有消極影響。所以茅盾在《中國新文學大系》小說一集導言》中指出：「《超人》發表於一九二一年，立刻引起了熱烈的注意，而且引起了模仿……並不是偶然的事。因爲『人生究竟是甚麼』？支配人生的，是『愛』呢，還是『憎』？

在當時一般青年的心裡，正是一個極大的問題。冰心在《超人》中間的回答是：世界上人『都是互相牽連，不是互相遺棄的』。」⑪茅盾緊接著指出這個答案是錯誤的：對於人生問題，一部份青年「則已認明了這問題的解答靠了抽象的『愛』或『憎』到底不成。」⑫茅盾的論述已經把《超人》的成績和問題指明，但沒有具體申說：他的《冰心論》雖有闡述也不夠詳盡。爲了免除讀者的翻檢之勞，請讓我引其他學者的兩段論述：

> 冰心由於世界觀的局限，當時還不可能具有馬克思主義的認識論，而有些唯心主義的傾向……在她單純幼稚的心靈裡，便產生了「愛」創造宇宙，引導人生，愛主宰一切，愛就是生活，只要深沉執著地愛就能解除痛苦、得到光明前途的結論。作者思想上的這種局限，給作品塗上了不健康的思想色彩。但撇開這一點，作者否定何彬的冷漠、頹唐，鼓勵和肯定他從「自我」中掙扎出來，重新關心社會，面向人生，這對當時的一部份青年仍有積極的教育作用。⑬

> 《超人》的確堪稱冰心早期的代表作，一方面它是冰心的「問題小說」的繼續；另一方面，卻又是冰心人生觀——「愛的哲學」初步釀成而宣揚愛的「福音」的標誌。《超人》可說是處於這兩根軌迹延伸的交錯點上。⑭

一篇作品有好有壞，實事求是地指出來，對作者（如果還健在的話）和讀者都有好處。評論家不應爲尊者諱，把一個本來爛了一部份的「蘋果」說成香艷無比的「佳花」。

前一段時期，我們看到有一些青年作家，出於吸收新鮮思想的良好願望，創作出一批產品。由於他們缺乏辯證思想，鑑別能力不強，因而在創新的探索中出現了一些缺陷和失誤。對此我們既不該「無限上綱」，一棍子打死；當然也不能不加以正確的引導。

「爛蘋果」的價值也不是相等的。因爲爛掉一大塊和只爛了一個小洞畢竟不同。所以，對於「爛蘋果」同樣不能「一刀切」，而應該是「幾刀切」。精神勞動的產品──文學作品是不能像機器零件一樣作出精確的百分比的統計，但總應該有所區別。「剜爛蘋果」的工作雖然很辛苦，但只要有心，總可以找出那爛掉的地方。把它剜去後，可貢獻給讀者以有益的營養。同時，幫助作家寫出無愧於時代的佳作。

四、表達優秀讀者的意見

在前一章我們談了文學評論對讀者的指導作用，說明了文學評論可以幫助讀者正確地理解作品，提高讀者的鑑賞能力。這裡我們要談的是：爲了更好地指導作家和讀者，文學評論家應準確地把握當代讀者的審美信息。

車爾尼雪夫斯基說：「批評是對一種文學作品的優缺點的評論。批評的使命在於表達優秀讀者的意見，促使這種意見在人群中繼續傳布。」⑮阿．托爾斯泰也說：「人民，就是藝術的法官。至於批評的使命，則是作人民的高度藝術要求的一個表達者。」⑯他們的話表明，文學評論在評論文學作品時，要表達人民的「高度藝術要求」而不是「一般藝術要求」，更不是「低級藝術要求」；要表達「

優秀讀者的意見」而不是「一般讀者的意見」，更不是「庸俗讀者的意見」。

爲甚麼要這樣做呢？我們知道，作家是非常關心讀者的鑑賞的，他追求的是自己的作品能深深地感染讀者，像杜甫那樣「語不驚人死不休」。爲了做到這一點，他就必須了解讀者的審美需要。而評論家的任務，就是把讀者的審美信息傳達給作家。所以，評論家是否準確地把握了當代讀者的審美信息，是否表達了優秀讀者的意見，就至關重要了。正是因此，香港著名學者劉以鬯先生在《文學價值與市場價值》中指出：「一般讀者不接受《香港文學》，並不等於《香港文學》不受知識界與嚴肅文學工作者的重視。」並莊嚴地重申：「在繼續辦下去的時候，本刊仍將堅持『文學不是商業』的觀點，用文學價值（不是市場價值）去衡量作品的優劣。」⑰

前一時期，《崛起的詩群》的作者自認把握住了當代青年的審美信息，說青年們「直接干預生活的政治性興奮消逝」了，現在追求的是「反寫實反理性」的「潛意識衝動」等「現代派詩美觀念」，因此，現代派詩歌已成爲一股「不可遏止的現代文學潮流」。自然，時代變了，人們的生活節奏、審美趣味也會隨之變化。這樣，文學的各種體裁樣式也應該適應這種變化，以便文學更好地發揮它的社會功能。但是，當代青年追求的到底是哪種作品呢？我們並不否認，有些青年是喜歡這些叫人不懂或似懂非懂的詩，喜歡描寫帶刺激性的色情和凶殺的作品。但是，大多數的青年，優秀的讀者卻不是這樣，他們愛看的是感情健康、有思考價值和文學價值的讀物。這說明，要求文學作品幫助自己全面地反思歷史，正確地觀察現在和科學地預見未來，從而激勵自己在爲人類進步事業的奮鬥中獲得審美愉悅。這才是當代青年、優秀讀者的審美信息。

在《喬廠長上任記》出世後，有的人公開批評指責，甚至否定作者。但具有卓見的評論家稱喬光樸爲我們的「當代英雄」。這一光榮的稱號，不僅鼓舞了生活中的強者，而且激勵著廣大作家去創造更多的當代英雄形象。這種評論之所以會對讀者和作者產生巨大的影響，就是由於他們看到作品發表後很快在廣大讀者中流行開來，聽到了廣大群衆「歡迎喬廠長上任」、「希望喬廠長從作品中走出來」的呼聲。

文學評論作爲作家文學創作的社會信息反饋器，要想高效能地發揮控制作用，必須迅速及時而又準確無誤地發出信息。既快且準的信息可以使作家迅跑在正確的創作軌道上。如前所述，一個作家走在正確的道路上，文學評論不能把他向後拖，而應替他鼓掌加油。相反，有的作者出現了失誤，文學評論不能替他打氣，而應及時發出警報，使他能迅速撥正航向。如果不是這樣：或者是向作家發出錯誤的信息，或者遲遲地不表態，或者哼哼哈哈，說些模棱兩可的話，這就會妨礙作家進入最佳的「競技狀態」，無法刷新文壇的「紀錄」。

祇有掌握了信息，才能發出信息。怎樣才能把握到優秀讀者的審美信息呢？

要想正確地把握讀者的審美信息，必須了解一定社會的審美信息，是一定社會實踐的產物。作爲一種情感現象，它離不開人們對社會生活的認識。由於生活的豐富多彩，所以決定審美信息的因素也是複雜多樣的：這裡有經濟和政治因素，還有歷史傳統、民族習俗、生理特徵、心理和教養等因素，但其中起決定作用的是經濟和政治因素。所以，我們不能離開人民大衆建設新生活的實踐來考察他們的審美信息。

要正確地表達人民的高度藝術要求，要表達優秀讀者的意見，應俱有正確的文學觀。有人說：「寧可創作爲一千人所理解的陽春白雪，也不願爲八億的下里巴人去創作。」這種論調能代表人民的高度藝術要求嗎？這種論調是表達了優秀讀者的意見嗎？顯然不是。我們用顯微鏡一照，就可看出持論者對人民表現出貴族老爺的態度。他不願用文學爲廣大群衆服務，因而他無視他們的要求，要寫那只爲極少數人所欣賞的高級文藝。難道那一千人就是優秀讀者？像這樣機械搬用「物以稀爲貴」的邏輯是不能令人信服的。文學還是應該做到爲廣大群衆所喜聞樂見，所以我們認爲還是要提出學習趙樹理。劉以鬯是先生也說：「重視趙樹理的小說，因爲趙樹理用大衆的語言寫出具有民族風格的小說。」⑱

有了辯證的觀點，才能避免片面性。我們不能像西方「接受美學」的創導者那樣，單純強調接受的一面，以致使文學聽任接受者的需要和興趣的擺布，追求「市場價值」、「票房價值」以迎合和媚悅大衆。評論家應該對讀者加以分析，應該找出優秀的讀者，讓優秀的讀者的意見來推動作家的創作，促進文學的發展。這樣，文學評論工作者才算盡到了幫助作家和讀者的責任。

第二節　總結創作經驗，探討文學規律，促進文學的發展

文學的發展，除了社會經濟、政治的影響之外，更重要的因素是看創作經驗積累得是否豐厚，文學規律認識得是否深刻。因此，文學評論要促進文學的發展，就不能不在作家作品論的基礎上，研究某些作品何以能取得較大的成就，某些作家何以能迅速成長；同時還要研究當前的文學運動有些甚麼特點，它有甚麼規律性，有關部門應該怎樣領導文學運動，才能推動文學的發展。所以總結創作經驗，探討文學規律，也是進步的文學評論的基本任務。

一、加強宏觀研究，總結創作得失

一般的作家作品論，常常是就作家論作家，就作品論作品，因而不能說明作品內容和形式上有哪些新的因素，何以說它是創新。反之，如果我們能把一篇作品放在許多同類作品中，把一個作家放在同時代的許多作家中來考察，我們對作家作品的認識必定會深刻，把握得必定更準確。所以在微觀研究的基礎上，加強宏觀研究，對總結創作經驗，探討文學規律是非常重要的。

高爾基在《論文學》中有兩段話就是談的這個問題，應該引起我們嚴重的注意。他說：

然而，評論一個文學家，並不等於是評論文學，並且，決不是任何疾病都能由外科醫生治好的。批評家把某一部作品從整個文學中割裂和截斷的時候，他就會對作者孤立地進行批評，並把主題——這個作者和許多別的作者所共同的主題縮小了。

我覺得，如果我們的批評家每年能夠根據文學界一年來所發掘的主題，給讀者——群眾——一篇文學概觀，那是非常有益的。這是批評界的一個嚴肅的、重大的和必然的責任；這種概觀的社會教育意義不需要證明。⑲

高爾基在這裡明確指出評論一個作家並不等於評論文學，評論一部作品不能把它游離於整個文學之外；他同時明確地指出對文學作宏觀上的研究，是評論界嚴肅的、重大的、必然的責任。高爾基這樣說，肯定是導因於非常贊賞別林斯基的每年一度的文學概觀。我們可以想到從一八四〇年起，到一八四七年止，別林斯基連續八年寫每年一度的文學概觀，絕對不是出於偶然，而是充分認識到這種概觀的價值的。

在我國，茅盾是重視寫這種季度、年度或更長一些時間的文學概評的作家。他將文學史家、文學理論家和作家「三位」集於「一體」，寫出了有很高理論價值的文章。但是，我們看到其他的一些「概評」、「綜述」的文章，往往是羅列一些文學現象，因而有「宏觀不宏」之嫌。

我國的新文學，已有七十多年的歷史了。這段時期歷史發展的階段性，就值得我們研究。例如就主旨而言，從魯迅到趙樹理到高曉聲，就存在著關於改造國民性問題的貫串線索。再就青年題材而言，盧新華的《傷痕》對青年在林彪、「四人幫」統治下的悲慘命運和感傷情緒作了眞實的表露，觸動了社會的「傷痕」。這種直面現實人生的作品是值得贊許的，它表明了新的一代已經覺醒，他們對自己所生活過的那個惡夢般的時代作出了控訴式的情感批判。禮平的《晚霞消失的時候》，寫了兩個主人公。女主人公南珊面對著無法避免的災難，祇好從虛幻的宗教中獲得慰藉。這一選擇，充分地反映出那個時代的殘酷性。男主人公李淮平，本來也是一個好學上進的青年，原先他對南珊也有著純眞的友情。可是在狂熱情緒的支配下，他參加了對南珊一家的迫害，善良的本性被扭曲，青春的歲月被蹉跎。這一悲劇，則深刻揭露了那個時代的欺騙性。

接著，作家們從歷史轉到了現實。他們看到，現實中既有封建性的倫理道德，資產階級的價值觀點，也有新生活的光輝。於是他們開始了對新的生活因子的探求。張辛欣的《在同一地平線上》，思考著如何評價青年人的奮鬥道德，作家知道男主人公有醜惡的一面，但同時又同情他、諒解他、袒護他。這表現出作家也是一個迷惘的女性，怎樣的道德才能爲自己帶來眞正的幸福，她還沒有找到明確的答案。

後來，有些作家終於找到了新的東西，他們不再迷惘。李存葆的《高山上的花環》，塑造了八十年代最可愛的人——梁三喜、靳開來、趙蒙生、雷凱華等英雄群象。他們雖有各種各樣的缺點，卻更加符合生活的眞實。而在血肉橫飛的戰場上能義無反顧，視死如歸，則鮮明地展現出他們熱愛祖國和人民的美好心靈。這時，昂揚而又樂觀的調子代替了陰鬱的悲劇性的氣氛，對新生活和新的道德觀念的明確肯定，代替了認識的偏差。

下面我們看看丁帆、徐兆淮的《新現實主義小說的掙扎——關於近年來一種小說現象的斷想》⑳，這篇論文將「新現實主義小說」這個概念提出與「舊現實主義小說」相區別，是認爲這批新作家的新小說，不再像過去重表現的作品那樣強調眞實和典型；他們筆下的眞實有時在局部上會出現卡夫卡式的變形與誇張，有時在局部上出現了喬伊斯式的生活意識流程；他們追求生命原生狀態和生命律動的感覺，卻又不乏自身的哲學思考和豐厚的社會思想內涵。接下去，文章結合具體的作品加以解剖，指明它們基本保存了故事小說的情節鏈，但沒有貫穿始終的、有明顯因果鏈條的中心情節，而往往是一些散在的、自成單元的瑣碎小故事拼合而成，造成一種立體敘述的效果。與現代派小說不同的是，它經過讀者的重新組合，可以還原成形，而現代派小說則根本無須考察其故事和情節的完整性，根本就不能還原成形。由於這一點，「新現實主義小說」可以得到更多讀者的認同。同時這種小說還保留了現實主義的戲劇性衝突特徵，使之賦有深廣的社會內涵；又吸收了先鋒派小說「內心獨白」的特長，打破了線形結構方式，而以多頭，散亂的結構方式進行多層次、多指向的掃描和幅射。如葉兆言的《五月的黃昏》、李曉的《天橋》等。

文章指明不棄細節，然而在細節描寫中嵌入奇特而鮮活的感覺，甚至融入「內心獨白」和「意識流」，也是兩種現實主義的區別所在。如劉恆的《伏羲伏羲》、王安憶的《崗上的世紀》。

就人物描寫看，這些小說不注意性格的固定性及其發展脈絡，而是注重寫「顫動」的變異的人物，因而人物具有兩重性或多重性，給人以「陌生化」和「複義」的感受。如莫言的《透明的紅蘿蔔》、方方的《白霧》。

景物描寫在這類小說中被徹底地拋棄了，這表現出作家對這種技巧的鄙視。

至於描寫視角，文章指出「新現實主義小說」中出現的「我」，既是敘述者，又是小說中的重要人物，但總體來說，還是採用了敘述者大於人物的全知敘述視角。

文章最後指出：「新現實主義小說」所有的作家都是以生命的悲劇意識來抒寫現代中國人的生存狀態的，包括那些表面上是以幽默調侃的喜劇形式而構成的卻是生命悲劇內容的作家作品。並且指出，「其實在這一點上他們是毫無二致地繼承了魯迅的現實主義精神的。」

這篇評論，對一種新的小說現象進行了解讀的嘗試，所論雖不盡正確，還是有其獨到的見解的。

二、研究領導文學工作的經驗與教訓

任何一個國家的統治階級及其政黨都要領導文學，關鍵在於必須按照文學規律領導文學。在文學發展史中我們可以看到：黨政部門按照文學規律領導文學時，文學就迅速發展；違背文學規律領導文學時，文學就陷於停滯狀態。因此，研究領導文學工作的經驗與教訓，也是科學的文學評論的任務。

毛澤東的《在延安文藝座談會上的講話》，提出了一系列科學的文藝理論原則和文藝方針政策，使我國文藝事業得到空前普及和提高；但其中也有一些不恰當的提法，阻滯了文藝事業的發展。對於這一文獻，就有再學習再認識的必要。

例如毛澤東在談到文藝與生活的關係時，提出了社會生活是文藝創作的唯一源泉這個科學的命題。在論述這一命題時，他強調了這樣幾點：1.社會生活對文藝創作的最終決定作用。2.這種最終決定作用並不排斥作家的主觀能動性。3.生活是「源泉」，它既是「粗糙的東西」，又是「最生動、最豐富、最基本的東西」。4.因此，文藝家要投身到人民群衆的火熱鬥爭中去。5.文藝家必須創造出既源於生活又高於生活的具有典型性的作品。

自一九四二年以後到建國初期，黨政部門按照這一思想領導文藝，大批文藝家投身到人民鬥爭的洪流，使得文藝獲得長足的發展。但是，就是在這個講話中，毛澤東也有一些提法不夠確切，從而對文藝產生了不良的影響。關於這一點，胡喬木在《當前思想戰線的若干問題》中闡述得非常清楚。他說：

長期的實踐證明，《講話》中關於文藝從屬於政治的提法，關於把文藝作品的思想內容簡單地歸結爲作品的政治觀點、政治傾向性，並把政治標準作爲衡量文藝作品的第一標準的提法，關於把具有社會性的人性完全歸結爲人的階級性的提法（這同他給雷紅天同志的信中的提法直接矛盾），關於把反對國民黨統治而來到延安，但還帶有許多小資產階級習氣的作家同國民黨相比較，同大地主大資產階級相提並論的提法，這些互相關連的提法，雖然有他們產生的一定的歷史原因，但究竟是不確切的，並且對於建國以來的文藝的發展，產生了不利的影響。㉑

我們的黨政部門在領導文學的過程中，確實有過缺點錯誤，像過份強調文學要配合政治任務，用行政命令指揮文學創作；錯誤地批判「寫眞實」，使文學遠離現實生活，不敢觸及時弊；不重視「文學是人學」的特點，看到文學作品抒寫了人的七情六欲，就扣上「人性論」、「資產階級情調」的帽子，使文學把「親子之愛」、「男女之情」視作禁區……但是，我們也應看到，建國以後黨政領導的許多指示還是強調要按文學規律來領導文學的。如毛澤東關於寫詩問題致陳毅的信（一九六五年七月二十一日），就反復強調「詩要用形象思維」。形象思維是文藝的共同規律，在這封信發表前，文藝界某些人正在把它作爲「修正主義的理論」在批判。肯定形象思維就是肯定文藝有自己的特殊規律，這就爲探討文藝規律和進行藝術分析提供了理論基礎。再如周恩來一九六一年《在文藝工作座談會和故事片創作會議上的講話》，更明確地指出：「文藝同工農業生產一樣，有它客觀的發展規律。當然，文藝是精神生產，它是頭腦的產物，更帶複雜性，更難掌握。」他同時強調：「任何藝術不掌握規律，不進行基本訓練，不掌握技術，是不行的。」不過，值得惋惜的是，當時這些重視文藝規律的指示並沒有得到或沒有很好地得到貫徹。

總的來說，從中國作協四次大會以後，黨政部門對文藝的領導大爲改善。引人注目地重申創作自由和社會責任問題，這不是偶然的，這是研究了文學創作規律，是客觀規律的總結和體現。當然，這並不是說一些做實際工作的人員，和做理論宣傳的人員，在執行政策時不存在任何問題，也不是說在理解和宣傳政策時沒發生任何偏差。比如有的作家聽從生活的呼喚，按照自己對於生活的本質和趨向的正確認識寫出作品時，反受到不應有的指責；這就沒有很好地貫徹「創作自由」的原則。再如當前文學創作中值得注意的三種現象：庸俗文學對文學事業的衝擊；淘盡文學的社會性以追求藝術性；熱衷於寫抽象的人性，削弱了愛國主義。這也是沒有正確理解「創作自由」所致。因爲我們所說的創作自由要遵循共同的社會準則，我們的文學在任何時候都要注意加強社會效益。

可見，只有不斷地總結領導文學的經驗和教訓，才能促進文學的繁榮發展。

第三節　堅持「雙百」方針，開展平等討論

矛盾是無時不在，無處不在的。矛盾法則是事物的普遍法則。在文學事業中，正確與錯誤是對立的統一，眞善美與假惡醜是相比較而存在。恩格斯在《反杜林論》的第一編《哲學》中說：「思維的至上性是在一系列非常不至上地思維著的人們中實現的；擁有無條件的眞理權的那種認識是在一系列相對的謬誤中實現的；二者都只有通過人類生活的無限延續才能完全實現。」㉒這就是說，正確的認識與錯誤的認識是聯繫在一起的，沒有錯誤就沒有正確。錯誤的認識對正確的認識的形成是有一定意義的。再者，客觀世界與人的認識能力是變化發展的，人對客觀世界的認識是隨著歷史和人們認識能力的發展而發展的。因此，任何正確的認識都衹有相對的意義，不能把它們看成終極的眞理。這一點在第三類科學——哲學、藝術中表現得更爲明顯。因此，對於文學上的是非優劣，就不能採取行政命令的辦法，而應該貫徹「百花齊放、百家爭鳴」的方針，通過藝術界的自由討論去解決，通過藝術的實踐去解決。

一、反對錯誤傾向，實現評論自由

同創作應當是自由的一樣，評論也應當是自由的。沒有科學的、說理的、高水平的評論，文學的發展是不可能的。

作協四大以後，「百花齊放、百家爭鳴」的方針繼續得到承認和貫徹；但是，不容諱言，它同時也不斷遭到干擾和反對。有些人頭腦中還殘存著封建主義思想作風，他們把「雙百」方針與「資產階級自由化」看作同義語，因而常愛用行政干涉的辦法來對待富有獨創精神的作家和評論家，不時發出一些違背文學創作規律的「左」的簡單粗暴的指令，輕率地拍板決定作品的生死，從而妨礙了創作和評論的發展。由此可見，要堅持「雙百」方針，一定要克服「左」的錯誤傾向。祇有這樣，才能解放思想，才能自由地表達自己對文學現象的獨立觀察和思考。

現在，一方面確實還有「左」的錯誤傾向，例如有些人認爲對外開放、對內搞活經濟是「發展資本主義」；另一方面，也確實有右的錯誤傾向，例如有些人經不起資產階級腐朽思想的侵蝕，宣揚資產階級自由化。他們辦黃色小報，發表投合部份讀者低級趣味的作品。對此，該不該進行批評呢？如果我們並不批評，反而吹捧，能說評論是自由的嗎？

現在都在談論文學評論落後於文學創作，落後的原因很多，不能批評有錯誤傾向的作品，也是原因之一。可見，要實現評論自由，也不能不反對右的錯誤傾向。

只注意防「左」反「左」，而不注意防右反右，或者反之，都是不對的。至於在甚麼時候甚麼問題上防「左」反「左」，或防右反右，應實事求是，對具體問題作具體分析。同時，問題沒有達到錯誤傾向的高度，也不要硬去把它「拔高」；也不能以「左」反右，或者以右反「左」。這些都是應該引起注意的。

評論自由包括兩方面的含義：一方面，從客觀上看，整個社會要提供必要的條件，創設必要的環境和氣氛，允許和提倡評論家有探索的自由。另一方面，從主觀上看，評論家要加強自身的修養，這就是說，評論家要以科學的理論指導自己，要使自己的情志與國家所提供的自由環境相合拍，要把自己從事的評論工作，與把握社會生活的發展趨勢，意識到自己的社會責任很好地結合起來。

二、開展平等討論，注意評論方法

對於文學領域中的是非問題，應該提倡「在眞理面前人人平等」的精神，展開自由的討論。這是繁榮文學的必由之路。可惜我們從五十年代起，就用階級鬥爭代替了文學評論，用武器的批判代替了批判的武器。像一九五五年對胡風文藝思想的批判，逐漸演變成肅清「胡風反革命集團」的政治運動，就把本來是屬於文藝思想的問題，搞成了政治問題。這一批判開創了以政治運動解決文藝論爭的先例，造成了不良後果。到了「文化大革命」時期，「四人幫」更借「文學評論」之名以大興文字獄，這就更使文學評論名譽掃地了。

科學的文學評論是不必靠運動的，因爲科學的文學評論眞理在手，它有信心以理服人，而不必以勢壓人；它有能力戰勝謬誤，而不必借用行政力量。而且，它也清醒地意識到：動輒上綱上線，主動追求行政力量的干預也無濟於事，因爲壓而不服，而祇有憑眞理服人，才能使人心悅誠服。

爲了開展平等的討論，今後一定要有實事求是的精神，好就是好，壞就是壞，既不搞無原則的吹捧，也不搞出於私意的貶抑。

爲了開展平等的討論，今後一定要嚴格實行不抓辮子、不扣帽子、不打棍子的「三不主義」。再不能錯誤地羅織政治罪狀，錯誤地給以政治定性，也不能錯誤地進行政治打擊和組織處理。一定要把敵我性質的矛盾與人民內部矛盾區別開來，祇要不違犯法律，就是學術問題，文學思想問題，而不是政治問題。對待這些問題的解決決不能採用對敵鬥爭的辦法。

爲了開展平等的討論，今後一定要做到把批評錯誤與肯定成績、表彰先進結合起來，把批評錯誤與幫助被批評者加強正面學習結合起來，把批評別人的錯誤與進行自我批評結合起來。要看到別人的長處，不要「唯我獨尊」。

爲了開展平等的討論，今後一定要做到提倡反批評。有沒有充份說理的反批評，是衡量有沒有眞正的評論自由的一個標準。不僅給受批評者以反批評的自由，而且給他以堅持自己意見的自由；即使他長期堅持，也應該耐心等待。還要注意不因他堅持錯誤意見就對他的正確意見也一概否定。

《作品與爭鳴》一九九〇年第一期登了兩篇小說和兩篇爭鳴文章：小說是劉建農的《你撫摸了我》和李輔貴的《吻的荒唐》，它們均原載於《長江文藝》一九八九年第十期。文章是張躍中的《評兩篇灰暗之作》和石柏的《未可全篇否定》。讀讀這兩篇評論或許能給我們以啓發。

張文認爲《你撫摸了我》「觸目所見都是些蕩女淫娃」，她們「既視愛爲人生最重要的，又視愛爲十分廉價的東西，當然，其結果便是不滿意時可以隨時隨地再去尋覓新愛。這眞是絕妙的『亂愛』理論！」接著論述道：「小說結尾寫道：『我的思想被她搞亂了，也許永遠也無法醫治好。』這是多麼不負責任的態度！……如果文藝作品反映生活不是爲了解釋生活，不是用正確的思想去影響讀者，那麼，要文學作品幹甚麼？！」對於《吻的荒唐》，作者寫道：「讀了《吻的荒唐》，確是長了『見識』，始知吻也會釀成悲劇的，特別是知道了吻心愛者容易出毛病，而吻不愛者卻可平安無事。嗚呼，這種『見識』豈不令人啼笑皆非？！」最後作者寫道：「末了，我想質問《長江文藝》編輯部，時至黨的十三屆四中全會後的四個月，還要發表這類無聊庸俗透頂，散發著陣陣腐臭氣味的劣作，究竟意欲何爲？！」

石文則認爲小說《你撫摸了我》描寫了具有變態心理的女性，以期引起社會的關注與教育是有意義的，不足之處是小說中的「我」缺乏思想批判力量，給人以正不壓邪之感，多少染上了消極灰暗的色彩。同時指出文藝作品可以祇客觀眞實地反映現實生活，而把解釋權給予讀者。反對張文「因爲塑造了二三個『時髦女性』的形象，就認爲有悖於生活的本質，有損中國女性的形象與尊嚴。如果是這樣評論，那麼文學評論很可能又會重蹈以棍代評的覆轍。」對於《吻的荒唐》，作者指出對帶有荒誕色彩的小說，不能就事論事地予以評論，因爲它可以啓人聯想，領悟出某種生活道理。因而不能完全以「荒唐」斥責這篇小說。最後作者指出：「像這兩篇小說即使帶有某些感傷、灰暗或荒誕無聊，我們也應該像對待略有病態的花草那樣，扶之，療之，而不能因其有病就輕率地將其逐出文藝百花園也。」

筆者以爲，張文確有以棍代評之嫌，但不在未反映生活本質之說，而在對《長江文藝》的質問。他要求解釋生活、用正確思想引導讀者也是正確的。石文偏袒只反映生活而不解釋生活的作品，這是不當的。因爲我們反對自然主義。但他對待荒誕作品和爛蘋果的態度，則是完全正確的。

【附註】

①《社會的文學批評論》，商務印書館，民國十五年，六六頁。

②《批評與夢》，《文藝論集》，一二二頁。

③《中國文藝》，一卷二期（一九三七年一月十五日）。

④見《短綆集》，中國友誼出版公司，一九八五年。

⑤《〈綠化樹〉預示著甚麼》，《作品與爭鳴》，一九八四年第六期。

⑥《華蓋集·並非閒話三》。

⑦《且介亭雜文二集》。

⑧《給青年作者》，中國青年出版社，六八頁。

⑨⑩《漫話幾個作者和他們的作品》，《文藝研究》，一九八三年第三期。

⑪⑫《茅盾文藝雜論集》（上）五三九、五四〇頁。

⑬盧啓元《冰心作品欣賞》，一四二—一四三頁。
⑭范伯群、曾華鵬《冰心評傳》，五七頁。
⑮《批評中的坦率精神》，《車爾尼雪夫斯基論文學》中卷，一六四頁。
⑯《在導演人員工作會議上的報告》，《阿·托爾斯泰論文學》，一三四頁。
⑰《香港文學》，第七三期，一九九一年一月五日。
⑱《短綆集》，一〇二頁。
⑲《高爾基文學論文選》，人民文學出版社，九五頁。
⑳《上海文論》，一九九〇年第一期。
㉑《文藝報》一九八二年第五期。
㉒《馬克思恩格斯選集》第三卷上，一二五—一二六頁。

第四章　文學評論的標準

「公說公有理，婆說婆有理。」面對著一部文學作品，評論家可不能「此亦一是非，彼亦一是非」，不判別是非優劣。但是，要想判別是非優劣，就不能沒有標準。沒有一定的標準，就難免「公說公有理，婆說婆有理。」所以，評論標準問題，是文學評論首先要解決的課題。

第一節　評論家都有一定的標準

一、評論標準就是評論的尺度

魯迅在《三閑集、文藝與革命》中說：「中國的批評界怎樣的趨勢，我卻不大了然，也不很注意。就耳目所及，只覺得各專家所用的尺度非常多，有英國美國尺，有德國尺，有俄國尺，有日本尺，自然又有中國尺，或者兼用各種尺。」魯迅這裡所說的文學評論所用的尺度就是標準。測量溫度要用溫度計，測量濕度要用濕度計，測量圓要用規，測量方要用矩，這些用來測量事物的工具就是標準。文學評論的標準就是測量文學作品優劣的準則。

《墨子．小取篇》說：「效者，爲之法也。所效者，所以爲之法也。故中效則是也，不中效則非也。」這「效」是「呈效、提供」的意思，這「法」就是標準。符合這提供出來的標準的，就是「是」，不符合這提供出來作標準的，就是「非」。早在公元前五世紀的墨子就已知道：要判斷是非，就需要制定標準。可見古人早已認識到標準問題的重要了。

標準是從哪裡來的呢？《墨子．經上》說：「圜（「圓」——引者注），一中同長也。」要看一個形體圓或不圓，就可用這「一中同長」作標準。這「一中同長」從哪裡來的？是從許多圓的物體抽象出來的概念。文學評論的標準也同圓的標準一樣，是從人們所接觸的許多文學現象中抽象出來的對文學創作的要求。比如孔子的文學評論標準見於《論語．爲政》。他說：「詩三百，一言以蔽之，曰：思無邪。」這就是說他認爲思想純正的詩是好詩，越出理教規範的詩是壞詩。他的標準可說是很重視文學的社會功能的。這個標準就是在他閱讀了大量的詩歌後，發現詩歌有「經夫婦、成孝敬、厚人倫、美教化、移風俗」（《毛詩序》）的社會作用後提出的。根據這個標準，他把那些不合要求的詩刪去了，剩下三百零五篇，他認爲符合標準就保留下來了。由此可見，文學評論的標準是由人們對文學現象的認識所決定的。人們對文學的本質、特性、社會功用有怎樣的認識，表現在文學評論裡，就會有怎樣的標準。

在文學評論史上，評論家們評論一部文學作品，有的只用一種尺度，如「政治標準唯一」或「爲藝術而藝術」，有的則不止用一個尺度。但是，文學作品是由思想內容和藝術形式這一對範疇組成，所以，歸根結蒂，任何標準也都在這一對範疇中變來變去。即如劉勰的「六觀」說，其中「一觀位體」是看確定主旨，「二觀置辭」是看選擇詞藻，「三觀通變」是看繼承基礎上的創造，「四觀奇正」是看新意能否用準確的詞句表現，「五觀事義」是看典故運用得是否精約，「六觀宮商」是看節奏、韻律是否講究。在這裡，劉勰一、三、五點從內容方面著眼，二、四、六點從形式方面著眼，將內容與形式兩兩相配，作爲評論的尺度。按他的說法，這六個方面都作了考察，評價作品就有了發言權。由於劉勰的評論標準既反對衹從辭藻聲律來定作品的優劣，又反對衹有正確的思想內容而無優美的形式，所以不失爲古代評論標準學說中的佼佼者。

二、評論家都有一定的評論標準

在文學評論史上，有所謂「有標準批評」與「無標準批評」之爭。所謂「無標準批評」衹是說沒有客觀標準的批評，並不是說評論家評論時根本沒有標準。像印象派批評、鑑賞派批評就有他們自己的標準，這就是個人的印象和感受。如繼承了阿諾德衣缽的瓦特·裴德，一般人都稱之爲「無標準批評」的批評家，但郭沫若正確地指出：

> 但他關於文藝批評的持論，最著重感覺的要素而輕視智識的要素。他做人著重智識的蓄積，做批評著重感覺的享樂。增進感受性的容量，這是批評家自修的職務。滿足感受性的程度，這是

批評時的尺度。依所賦予的快樂份量之多寡以定作品之價值，這是他批評的標準。①魯迅進而指出，那本來有自己的批評標準而硬說沒有批評標準，正像玩魔術的人用手掩人耳目一樣，他揭露了這些人所使用的障眼法：

沒有一定的圈子的批評家，那才是怪漢子呢。辦雜誌可以號稱沒有一定的圈子，而其實這正是圈子，是便於遮眼的變戲法的手巾。譬如一個編輯者是唯美主義者罷，他盡可以自說並無定見，單在書籍評論上就足夠玩把戲。倘是一種所謂「爲藝術的藝術」的作品，合於自己的私意的，他就選登一篇贊成這種主義的批評，或讀後感，捧著他上天；要不然，就用一種假急進的好像非常革命的批評家的文章，捺他到地裡去。讀者這就被迷了眼。②

正是由於評論家有一定的圈子，也就都有一定的評論標準，所以面對一篇作品，有人捧之上天，有人捺之入地，這種現象在文學評論史上是屢見不鮮的。

例如蘇軾這位大詞家，我國第一流的女詞人李清照對他卻很有微詞，說他「學際天人，作爲小歌詞，直如酌蠡水於大海，然皆句讀不葺之詩耳，又往往不協音律者。」③既不滿於他以詩入詞，又譏笑他不懂聲律。李清照這種觀點，是從尊重「婉約派」風格的傳統詞論的觀點出發的。與她持不同標準的人，對蘇軾詞的評價就大不相同了。胡寅在《題〈酒邊詞〉》中說：「及眉山蘇氏，一洗綺羅香澤之態，擺脫綢繆宛轉之度，使人登高望遠，舉首高歌，而逸懷浩氣超然乎塵垢之外。於是《花間》爲皁隸，而柳氏爲輿台矣。」④胡寅認爲意境深遠是評詞的標準，所以他給蘇軾以崇高的評價。這就說明評論是有標準的，不過評論家的標準不盡相同。

爲甚麼會出現這種現象呢？這是因爲評論標準的提出要受到文學發展的制約，要受到評論家本人的世界觀、審美觀的制約。即如李清照的標準是「高雅」、「渾成」、「協律」、「典重」、「故實」，這種文學觀點是和她「婉約派」的生活和情調分不開的。她遭亂之後，流離民間，自己也無心追求五音六律，分清濁輕重了，因而出現了創作實踐和文學主張脫節的現象。如果她晚年修改自己的《論詞》，恐怕她會和胡寅採取同樣的步調，因爲這時候她也眼見家國之興衰，親歷人生之苦樂，再叫她把寫歌舞昇平的纖細情調的東西奉爲正宗，自然是違心之論。至於胡寅的推重蘇詞，貶抑《花間》與柳永的倚紅偎翠、淺吟低唱的詞風，也正與他在政治上的反對秦檜、主張北伐的愛國精神分不開。

文學愈是發展，創作經驗愈是豐富，人們對文學的認識也愈深入，評論標準也才能愈益科學化。這一問題從下面的論述可以得到闡明。

三、歷代評論標準的客觀性成份

歷代的評論家們，由於缺乏正確思想的指導，未能完全掌握文學的本質及其發展規律，因而他們的文學評論標準或者失之片面，或者有所偏頗，前面我們提到的鍾嶸對陶淵明的評價、李清照對蘇軾的評價，都足以說明這個問題。不過，我們也不能由此得出結論，歷代評論家所提出的評論標準都一無是處。相反地，他們中間也有不少人的評論標準具有一定的客觀性成份。

例如公元前四〇五年，雅典的喜劇家阿里斯托芬尼斯寫成《群蛙》。其中一段辯論，是今日尚存的最早具規模的西洋文學評論。在這部戲劇中，劇場的主保神戴奧尼莎斯宣稱，他的評論標準有二：一是編劇的技巧，一是有關國計民生的諫諍。後者似較前者重要。⑤雖然這位評論家在實際評論詩人的等級時，忘記了他原來提出的標準。但應該承認，他所提出的標準，既注意了思想內容，也就是文學的社會功利性；同時又注意了藝術表現，是很全面很正確的評論標準。後世許多評論家們，在提出自己的評論標準時，似乎都把它作爲參照物。

再如俄國大文豪列夫．托爾斯泰在一則日記中寫道：

當他順從於自己的才華時，便產生出美妙的、眞正的藝術作品；當他屈服於倫理宗教情緒時——他也會寫出好的有益的東西；但是，一旦他打算把宗教教義引進於藝術作品的時候，便準定產生可怕的、非常令人反感的胡說八道。比如《死魂靈》第二部就是這種貨色。

還應當補充一句，這一切都是由於把本非它所有的功能硬要加在藝術身上。⑥

這是評論果戈里的兩段話。在這裡，托爾斯泰對果戈里及其《死魂靈》第一部的評價是正確的，果戈里後來親自焚毀《死魂靈》第二部，也證明了這部書是「非常令人反感的胡說八道」。特別可貴的是，托翁指出了果戈里作品失敗的原因：把本非藝術所有的說教功能硬加到它的頭上。這就是說，他評價作品的標準，不是單純地強調政治和道德觀點。他之所以能做到這一點，與他具有有機的網絡思維分不開。他並不是不用政治和道德作爲標準來評價作品，但他並不是祇用這一個標準。當然這與他對文藝的認識也是分不開的。由於他充分認識到文藝的特殊規律、感性和理性的統一、情感和理性的統一，因而對於赤裸裸地宣揚教義、用形象圖解概念的《死魂靈》第二部，就只能採取完全否定的態度。

再如西漢的司馬遷，他評價屈原及其《離騷》說：

《國風》好色而不淫，《小雅》怨誹而不亂，若《離騷》者，可謂兼之矣。其文約，其辭微，其志潔，其行廉，其稱文小，而其指極大，舉類邇而見義遠。其志潔，故其稱物芳，其行廉，故死而不容自疏。濯淖污泥之中，蟬蛻於濁穢，以浮游塵埃之外，不獲世之滋垢，皭然泥而不滓者也。推此志也，雖與日月爭光可也。⑦

這段話，對《離騷》的思想內容和藝術表現，對屈原的人品作出了極高的評價。司馬遷的評論除了「意兼風雅」而外，可以說都是正確的。能做到這一點，與他具有一定的民主精神和較好地掌握了文學規律，是分不開的。

東漢的班固對屈原及其作品的評價，在評到思想內容時，就與司馬遷大不相同。在《〈離騷〉序》中，他認為上面所引的一段話「斯論似過其眞」，他貶斥屈原「露才揚己」，「亦貶絜狂狷景行之士」。但在談到藝術上的成就時，他也稱贊「然其文弘博麗雅，爲辭賦宗。」班固對屈原人品和《離騷》思想內容的評價，是完全錯誤的。但他對《離騷》及屈原其他作品的藝術價值的判斷，卻仍然是正確的。這也就是他的評論標準中的客觀性成份。這種客觀性成份是從符合文學規律的認識中得出的。這一現象表明，歷代的評論家在批評標準中的藝術標準這一方面，具有更多的客觀性成份。

要理解這一點並不困難，因爲文學本身是客觀的，它的發展自有其內部規律。而文學評論標準作爲衡量作品價值的尺度也不是由人任意制定的。萊辛說得好：「眞正的藝術批評家不從自己的鑑賞趣味中引出規律，而是按照事物的自然本性所要求的規則來形成自己的鑑賞趣味。」⑧只要是一位眞正的評論家，他都會認眞地去探討文學創作的規律，因而他也就可能把握住事物本身所要求的規則。特別是藝術標準的規則，由於與階級的政治利益距離較遠，所以有更大的穩定性。而後代評論家在接受前輩的遺產時，也就有更多的繼承性。

不言而喻，歷代人民群衆的社會理想和美學觀點，對具有客觀性的文學評論標準的形成和發展起著決定性的作用。所以周恩來在一次講話中說：「藝術作品的好壞，要由群衆回答，而不是由領導回答……我們看了戲說好，不一定就好，我們的話靠不住，各人有各人的愛好，怎能作爲標準？藝術是要人民批准的。」⑨長期以來，我們文學評論界存在著一種不正常的現象，那就是群衆非常欣賞的文藝作品，如果某位文藝行政部門的領導不欣賞，那麼這部作品就可能遭到厄運。這就是不懂得藝術要人民群衆來批准，人民群衆才是說作家夠資格和不夠資格的唯一判斷者。

第二節　美學和歷史觀點

一八四七年，恩格斯在《詩歌和散文中的德國社會主義》一文中說道：「我們決不是從道德的、黨派的觀點來責備歌德，而祇是從美學和歷史的觀點來責備他；我們並不是用道德的、政治的、或『人的』尺度來衡量他。」⑩過了十二年，即一八五九年，他在給拉薩爾的信中，再次提出了這一標準。⑪這表明：他的觀點與庸俗社會學派的狹隘功利觀點以及唯心主義者的觀點是針鋒相對的。

美學和歷史的觀點包含哪些內容呢？

一、美學觀點的內涵

文藝家幾乎沒有不以為自己的作品是美的，然而文藝作品的美不能憑作者自己說了算。判斷作品美不美的客觀標準就是美學觀點。

庸俗社會學祇是把文學藝術看成政治學、社會學的圖解，而不管文學藝術有它自己的特殊規律，因而不能對作品的美不美作出正確的判斷。同時，美學觀點又不同於唯美派的祇重形式。因為把文藝作品看成是純粹的形式，撇開內容，孤立地研究文藝的形式美，同樣不能對作品的美不美作出正確的判斷。

美學觀點包含兩個重要的方面：

1. 藝術形象的典型性

馬克思在《經濟學——哲學手稿》中說道：「動物祇依照它所屬的物種的尺度和需要來造形，但人類能夠依照任何物種的尺度來生產並且能夠到處適用內在的尺度到對象上去；所以，人類也依照美的規律來造形。」⑫恩格斯在致瑪．哈克奈斯的信中則寫道：「據我看來，現實主義的意思是，除細節的眞實外，還要眞實地再現典型環境中的典型人物。」⑬把他們的話結合起來看，可以說，按照美的規律造形，就是按照典型的規律創造文學作品。這是美學觀點的一個重要內涵。

美學觀點反對文藝作品成爲自然和社會的翻版，強調人把自己「內在的尺度」——品質、感覺、意圖賦予自然和社會，也就是對它們進行「加工」，這正是強調藝術創作的獨特規律：藝術形象的原型是生活形象，創作要從生活出發，而不能從主體出發；從形象出發，而不能從概念出發；藝術形象又不是生活形象的照像，創作要對自然和生活形象進行加工提煉，使之變成既表現出事物的本質特徵，又是一幅獨特的、鮮明生動的圖畫。

2.藝術形式的完美性

文藝作品是「人化的自然」，它本身乃是「有情物」，這是文藝家由審美方式「掌握世界」的結果。所以，優秀的文藝作品都能給讀者以強烈的感染，使他們精神上得到極大的愉悅。產生這種藝術魅力的因素，自然是藝術形象的典型性和它的表現形式。因爲藝術美同樣是內容和形式的統一。如果藝術形象不通過具體感性的形式表現出來，誰也看不見它、摸不著它，又怎能體驗到它的美？所以，藝術美既然需要通過感官才能來到我們心中，那完美的藝術形式自然也就是文藝家們孜孜以求的事了。

藝術形式要想達到完美的程度，必須講究推陳出新。由於文藝作品是客觀現實的審美反映，而客觀現實是日新月異、各具特徵的，所以藝術形式必須有創新，才能表現出生活本身那不斷流動、決不雷同的特色。馬、恩的美學觀點也是充分認識到這一點的，恩格斯對拉薩爾說：「古代作家的性格描繪在我們的時代裡是不夠用的，而且在這點上我認爲您原可以毫無害處地更多注意莎士比亞在戲劇發展史上的意義。」⑭這是明確地告誡拉薩爾，不要機械地模仿前代藝術家的藝術形式。隨著時代的發展，生活的變化，要不斷地尋求新的適於表現內容的形式。

二、歷史觀點的內涵

歷史觀點包含兩個重要方面：

1. 表現人性的具體性

馬克思主義認爲，人是一切社會關係的總和。人在階級社會中，既有階級性，又有個人思想、氣質的特點。因之在進行文學評論時，既不能不用階級觀點，也不能止於用階級觀點，而是要用具體的、多樣性的人性的觀點。

格律恩的《從人的觀點論歌德》一文，由於不從階級觀點看歌德，而把歌德作爲抽象的人來對待，所以稱歌德是「人類的眞正法典」，把歌德的「庸人」的品質稱作「完美的人性」，稱贊歌德的詩篇是「人類社會的理想」。恩格斯從具體的人性的觀點出發，指出「歌德在自己的作品中，對當時的德國社會的態度是帶有兩重性的。有時他對它是敵視的……向它投以靡非斯特的辛辣的嘲笑。有時又相反，……他甚至保護它，幫助它抵抗那向它衝來的歷史浪潮。」歌德作品中的「兩重性」是由歌德本人的兩重性決定的。恩格斯指出歌德「有時非常偉大，有時極爲渺小」，有時是「天才」，有時是「庸人」。歌德的這種「兩重性」又是哪裡來的？恩格斯指出這正是德國市民階級的兩重性所決定的：一方面他們是革命行動的矮子；另一方面，他們是哲學和文學的巨人。就歌德來說，「他的氣質、他的精力、他的全部精神意向都把他推向實際生活」。⑮這就是歌德成爲天才詩人的原因。在這裡，恩格斯除了對歌德進行階級分析，還分析了歌德作爲社會人的其他社會性：性格、氣質、教養等個人特點。這一觀點，與抽象的普遍人性的觀點以及貼階級標簽的觀點，判然不同。

2. 反映時代的深刻性

文學作品是反映生活的。所以歷史的觀點要求把作家作品放在一定時代的社會環境中來進行考察，以檢查其反映時代的深刻性。

關於這，泰納在《英國文學史・序言》中，曾有所論述。他說：「有助於產生這個基本的道德狀態的，是三個不同的根源——『種族』、『環境』和『時代』。」泰納從史達爾夫人和黑格爾那裡承襲來的這些觀點，強調了文學創作的產生和發展不能脫離這三個社會因素，道出了文藝現象中的部份規律性。

對於巴爾扎克的《人間喜劇》，恩格斯則給予高度贊揚，說它「給予了我們一部法國『社會』的卓越的現實主義的歷史」，稱贊巴爾扎克「用編年史的方式，從一八一六年到一八四八年，一年一年地描寫日益得得勢的資產階級對於貴族社會的日甚一日的壓迫」⑯。恩格斯甚至誇張地說他從這部歷史中所學到的東西，超過了從當時所有的專門歷史家、經濟學家和統計學家的全部著作中學到的東西。恩格斯把作品放在特定的歷史時代進行考察，以便確定它反映時代的深刻性這一原則的重視。

面對著複雜的、充滿矛盾鬥爭的社會現實，我們不能遠離它，去寫那抽象的人性。文學雖然是「人學」，但個人決不能脫離社會而存在，所以表現出個人與歷史的社會的眞實關係，才是保持了文學反映對象的完整性，才具有偉大的價值。

第三節　科學的標準

一、美學和歷史觀點的統一

美學和歷史觀點是統一的文學評論標準的兩面。我們分開論述只是爲了行文的方便，決不是說它們是互不相干的兩個標準。所以要想評出作家作品的眞價值，就應將美學和歷史觀點結合起來。關於這一點，別林斯基說得很好：「不涉及美學的歷史的批評，以及反之，不涉及歷史的美學的批評，都將是片面的，因而也是錯誤的。批評應該祇有一點，它的多方面的看法應該淵於同一個源泉，同一個體系，同一個對藝術的觀照。」⑰這一見解，是別林斯基文學評論的寶貴經驗的結晶，是文學評論理論中的精華。所以盧那察爾斯基在《批評家普希金》中也強調：「眞正的、名副其實的批評一定要包含這兩個因素，而且這裡說兩個因素，是不完全正確的。美學批評和社會批評（亦即歷史批評——引者注）實際上是一個東西，或者至少是一個東西的兩面。」⑱

之所以要把它們統一起來，是因爲這樣做就把藝術的特殊規律與社會歷史的普遍規律結合了起來，使文學評論既避免犯唯美主義的錯誤，也避免犯教條主義的錯誤，從而使文學評論眞正成爲科學的文學評論。

歷史觀點之所以要和美學觀點統一起來，是因爲特殊規律與共同規律是不可分割的。藝術作爲一種歷史現象，必須受社會歷史規律的制約。

美學觀點和歷史觀點必須辯證地統一起來，這樣做就可以把審美分析與歷史分析結合起來，避免我國長期以來文學評論輕視藝術分析的毛病。同時，正如前面所講到的，它也給評論工作者以更多的自由，讓他們根據不同的對象採取不同的評論角度，或者是側重美學觀點，或者是側重歷史觀點。

二、科學的標準

美學和歷史相統一的觀點是建立在歷史唯物主義基礎上的美學批評，因而是科學的標準。

作爲一般社會意識形態，有依存於不同歷史階段的物質生活的生產方式的規律；作爲形象—審美的意識形態的文學，又有藝術美的規律。美學和歷史相統一的觀點，把這兩種規律都考慮到了。

美學和歷史相統一的觀點，並不排斥政治鑑別。文學不能和政治「離婚」，文學評論也不能取消政治鑑別。當然，政治鑑別不能搞教條主義，不能簡單化、庸俗化，不能離開美學和歷史相統一的觀點，搞甚麼「政治標準第一」或「政治標準唯一」，那就是恩格斯所批評的「政治的尺度」。因爲政治本身也具有不斷發展變化的歷史性，它要受歷史規律的制約。同時，在文學作品中，作爲廣泛的歷史內容之一的政治又是融化在形象體系之中。所以脫離文學的形象——審美特性的那種政治標準，不能成爲衡量文學作品的客觀尺度。關於這一點，胡喬木在《當前思想戰線的若干問題》中說得比較透徹：

對於一部作品，應該從思想內容和藝術形式兩個方面去評價。從總體上來說：文藝作品的思想內容涉及的方面很多，包括政治觀點、社會觀點、哲學觀點、歷史觀點、道德觀點、藝術觀點等等。而且這些觀點在文藝作品中都不是抽象的，而是同藝術的形象、題材、構思，藝術所反映的生活眞實相結合的。這就要求我們在衡量、評價一部作品的思想內容時，除了分析它所包含的政治觀點、政治傾向性以外，還必須分析它所包含的其他方面的思想內容，它對生活的認識價值、這樣才能全面地評價作品的思想意義。否則，就不可能做到這一點，而且勢必把作品變成某種政治觀點的圖解物。……不能孤立地把政治標準作爲衡量文藝作品的第一標準，硬要那樣做，就必然導致實踐上的簡單粗暴，妨礙文藝創作、文藝批評的健康發展。⑲

既然文藝作品不能僅從思想內容方面去評價，既然思想內容涉及的方面很多，不僅是政治觀點，既然這些觀點都不是抽象的，當然不應該把政治標準作爲衡量文藝作品的第一或唯一的標準。

美學和歷史相統一的觀點是觀察文學現象的望遠鏡和顯微鏡，是評價作家作品的科學的標準。這個標準，恩格斯在給拉薩爾的信中曾稱它爲「最高的標準」。

比如當前文藝創作中「性描寫」出現了一股不小的浪潮，我們自然不主張談「性」色變。但是，毫無顧忌地描寫性心理、性動作的作品總難說是優秀之作。因爲要反映現實生活，性問題不過是一個「角落」。把它的位置抬到能反映時代精神的高度，不能不說是本末倒置。但是，如果從弗洛依德的泛性論的觀點來分析，那麼表現人的性本能的作品才眞正揭示了人的深層本質。這樣一來，這類作品都成了優秀作品。但我們認爲，這種觀點是從生物學的角度來論人和「人學」，是不正確的。

被進步思想所照耀的文學評論工作者，對精神領域的豐富性是有著充分認識的，他們深知紫羅蘭和玫瑰花具有不同的芳香。所以最高的標準並不排斥一般的標準，美學和歷史相統一的觀點並不排斥多角度的分析。我們認爲，作爲對美學和歷史觀點的補充，精神分析批評、結構主義批評等批評流派自有其存在的價值。即使評論家不使用美學和歷史相統一的觀點，只要你有眞知灼見，那麼，你從思想內容著眼也好，你從藝術形式著眼也好；你研究文學的內部規律也罷，你研究文學的外部規律也罷；你用精神分析也行，你用結構主義也行。總之，不論從哪一個層次、哪一種角度來評論文學，都可以在文學評論的百花園裡占一席地位。舉例來說，如果你在一篇文學評論中祇就藝術形式進行探討，那麼，祇要你不否定內容決定形式的原則，並不想使文學脫離現實生活的土壤，而是把藝術形式與思想內容聯繫起來進行考察，從而鑑定它在作品的主旨、形象、情節等多重關繫中所起的作用，誰也不會把你的文學評論貶爲唯美主義或形式主義。

有了科學的標準並不能保證每個承諾這一標準的人，都能正確地使用它。要保證在文學評論的實踐中堅持美學和歷史相統一的標準，評論家還需要具備正確的世界觀和方法論。

【附 註】

① 《瓦特·裴德的批評論》，《文藝論集》，一三三——一三四頁。

② 《花邊文學·批評家的批評家》。

③ 《論詞》，見《苕溪漁隱叢話》後集，卷三十三。

④ 《宋六十名家詞》。

⑤ 參看衛姆塞特、布魯克斯著，顏元叔譯《西洋文學批評史》，一——二頁。

⑥ 《列夫·托爾斯泰論創作》，戴啓篁譯，七二頁。

⑦ 《史記·屈原賈生列傳》。

⑧ 《漢堡劇評》，第十九篇。

⑨ 《周恩來論文藝》，九一頁。

⑩ 《馬克思·恩格斯論藝術》㈡人民文學出版社，三七一頁。

⑪ 《馬克思·恩格斯選集》，第四卷，人民出版社，三四七頁。

⑫何思敬譯，人民出版社，五九頁。
⑬《馬克思、恩格斯選集》，第四卷，四六二頁。
⑭《馬克思、恩格斯論藝術》㈠，三八頁、三七頁。
⑮《馬克思、恩格斯論藝術》㈡，三六九—三七〇頁。
⑯《馬克思、恩格斯論藝術》㈠，一〇頁。
⑰《別林斯基選集》第三卷，五九五頁。
⑱《論俄羅斯古典作家》，蔣路譯，人民文學出版社，一四頁。
⑲《文藝報》，一九八二年五期。

第五章 研究方法

文學評論既是一門科學，那麼，它的方法也應是科學的。「工欲善其事，必先利其器」，方法，就是認識眞理的工具，或說是方式、手段、規則的體系。要想正確地評論文學現象，就必須採用科學的方法。

科學方法的體系由哲學方法、科學的一般方法和各種學科的具體方法組成。

哲學方法，也就是歷史唯物主義的基本原理及其在文學領域的具體運用。這是從總體上觀察、把握世界的方法，因而是文學評論的方法論基礎。它雖然不能代替其它各種方法，但起著指導、制約其他方法的作用。

科學的一般方法指的是適用於各種學科的方法，比如分析和綜合、歸納和演繹等方法。這是從某一局部把握世界的方法。它們有一定的獨立性，不同於哲學方法完全由世界觀來決定，而是不同的世界觀指導的學說都可以運用。當然，祇有在歷史唯物主義指導下，才能運用得最好。

自然科學和社會科學的接近，使新興學科不斷湧現。與此同時，方法的「移植」使得各門學科共同使用的科學的一般方法日益增多。

文學評論應廣泛地吸取自然科學的研究方法，使之爲我所用。但是，必須注意的是，既不能拿這些方法取代歷史唯物主義的哲學方法，也不能機械地搬用這些方法來研究文學現象。各種學科的具體方法，是研究各種學科的特殊方法。文學評論的特殊方法是語文學方法、形式技巧分析法等。

巴甫洛夫高度評價革新方法的重要性。他說：

初期研究的障礙，乃在於缺乏研究法。無怪乎人們常說，科學是隨著研究法所獲得的成就而前進的。研究法每前進一步，我們就更提高一步。隨之在我們面前就開始了一個充滿著種種新鮮事物的，更遼闊的遠景。因此，我們頭等重要的任務乃是制定研究法。①

爲了開拓視野，使文學評論能提高一步，我們來談談幾種新的和更新了的研究方法。

第一節　系統分析方法

現在提到自然科學的方法論，常常把系統論、控制論、信息論三者並提。但有的學者不同意這種提法。他們認爲：在系統中，當然包括了控制的概念、信息的概念。因爲是個系統，所以它不是分割的，而是有層次的，分部門的。層次之間，部門之間要互相影響，當然要通過控制，通過信息。可見，最根本的概念是系統，所以說，不是三論，是一論，即系統論。

系統分析方法是近二十年來最受重視的研究方法。系統論的創始人馮・貝塔朗菲認爲系統是處於一定相互聯繫中的與環境發生關係的各組成部份的總體。整個自然界就是以系統的形式存在著的有機整體。它的範疇是系統、要素、結構、功能、層次、有序、無序等。自然界中的統一事物都是由要素按一定結構方式組成的系統。不同的結構有不同的功能。整個自然界是由不同層次的等級結構組成的開放系統，它處於不斷組合變化的狀態。任何一個物質系統都有它發生、發展、消亡或轉化的過程。系統具有組成它的要素所沒有的新的性質。

恩格斯說：「整個自然界形成一個體系，即各種物體相互聯繫的總體」②，他並指出「部份和整體」、「簡單的和複合的」已經不是適用於有機界的範疇，「只是在屍體中才有部份」③，「有機體既不是簡單物，也不是複合物，不管它是怎樣複雜的。」④這些論述肯定和發展了黑格爾的辯證法。而且他早就明確提出了自然界是個系統的概念：「我們就能夠依靠經驗自然科學本身所提供的事實，以近乎系統的形式描繪出一幅自然界聯繫的清晰圖畫。」⑤所以，系統科學理論可說是辯證唯物主義理論在科學哲學領域的發展，這正是他成爲科學研究方法的根據。

一、系統方法的基本原則

系統方法的基本原則是國內外理論界爭議較多的問題。有的認爲「組織」或「結構」是系統的本質特徵，而功能和形成過程是結構分析的簡單結果，把系統分析等同於結構分析，因而採用「系統結構分析」的術語。有的則認爲功能分析是系統研究的最重要的原則，從而提出了「功能系統理論」。還有的學者認爲每種活動的系統具有三種基本參數——結構、功能和歷史。

現在一般認爲系統方法的基本原則有四：

1. **整體性原則**

這是系統方法的首要原則。它要求從整體出發來認識局部，把認識整體看成認識局部的前提。從文學評論的角度看，文學現象有它自身複雜的因果鏈，是一種具有多種層次結構、功能的系統。它的本質存在於各個部份的穩定聯繫上，它的規律在於各個元素的相互聯繫和相互作用上。「整體大於部份之和」，評論任何層次的文學現象，都要從特定獨立體系的統一整體出發加以考察，揭示各個部份的聯繫，而不能將各個部份加以肢解；因爲手一旦離開人體就不成其爲手了。

2. **聯繫性原則**

由於普遍聯繫，一個事物才能成爲一個系統；所以這一原則與整體性原則是一致的。就一部作品而言，在其內部，主旨、形象體系、結構、語言等互相聯繫，互相作用，組成系統的各個部份，不是孤立的毗鄰。在其外部，作家、讀者和作品又是一個互相作用的系統，作品這個信息通道將信息源與接收者聯繫起來，它們彼此之間也不是簡單的聯繫。評論文學作品，應研究組成系統的各個部份，不能以對某一部份的分析代替對作品的全面分析，以致出現簡單化、片面化的弊病。

3. 序列性原則

客觀事物的有機整體，是由不同層次的要素組合而成的。層次是事物中具有一定結構、功能及梯級等級的相對獨立的中介部份。序列性原則反映了橫向上各個層次的穩定聯繫和縱向上各運動環節的相互聯繫、相互作用。就典型性格來說，它也是一個多質、多層次、多功能的體系，它的橫向上是共性與個性的聯結關繫，縱向上是典型人物、典型環境、典型情節的有機統一。揭示典型性格序列展開的層次結構，就能掌握典型性格的本質。評論文學作品，把它看成一個縱橫交叉的立體橋樑，就可以避免線性的、平面的研究的弊病。

4. 動態性原則

事物的整體性和聯繫的序列性是在運動和發展中實現的。沒有運動和發展，就沒有相關因素的有機聯繫，就沒有事物本身。堅持動態性原則，從運動中考察事物的各相關要素之間的對立統一的關係，可以掌握事物的本質及其發展規律。反之，以動態的方式，側重研究事物活動的結果，就難免犯簡單化的錯誤。文學評論研究作品，就要看到作品具有可變性，它不像話筒，祇能無條件地傳遞授話者的信息，而是既傳遞作家的信息，又改變作家的信息，讀者將根據自己的世界觀、藝術修養、個性、心境等對作品的信息產生反饋作用。如果看不到這一點，就不能解釋《紅樓夢》的命意，何以因讀者的不同而有種種不同。

二、運用系統分析法的實例

系統分析法可以使文學評論全面地評價作品，而避免切割形象片斷以支持觀點的弊病。不把評論對象作爲一個有機整體看待，按照先分析後綜合、先部份後整體的思維方法，將整體與部份機械割裂，常常導致得出部份功能好（壞），整體就好（壞）的錯誤結論。如魯迅所深惡的「摘句法」，就是不知道整體不等於部份的簡單相加，離開了整體的部份，不再具有在整體的性質，因而造成以偏概全的弊病。而系統分析的方法，以事物的整體爲出發點和歸宿，用綜合爲主、分析爲輔的思維方法來評論對象。當評論家選擇形象片斷立論時，是看到了它在整體中的地位和作用，而避免孤立靜止的抽象，從而能夠準確地闡釋作品。

廈門大學林興宅是較早利用系統分析法研究文學現象並取得了可喜成果的學者。他用系統方法研究文學藝術的魅力，突破了傳統看法單純從審美客體一方來理解藝術魅力的局限，而認爲藝術魅力本質上是一種美感效應，是欣賞者對文藝作品的審美關係的產物，應該在審美系統中來研究藝術魅力的現象。他研究阿Q把阿Q性格作爲一個系統來研究，考察系統內部各種性格因素的聯繫和結構層次，把握阿Q性格自身的規定性（它的固有的本質）；同時把阿Q形象放到社會大系統中，從各方面來考察它的系統性質，並且歷史地考察阿Q典型在文藝欣賞過程中不同時間、空間和讀者審美狀態等條件下所產生的不同功能和意義。現在我們來看看他是怎樣分析阿Q這個典型的性質的。

首先，他解剖阿Q性格的內部結構，說明阿Q的性格系統由十個對立統一的元素組成，而阿Q性格的眞諦就存在於這十組矛盾之中。關於第一組矛盾他寫道：

質樸愚昧但又圓滑無賴。阿Q靠出賣勞動力聊以度日，渾渾噩噩地過日子，幾乎是憑著本能勞動和生活。但另一方面，阿Q又表現出圓滑無賴，你看，「口訥的他便罵，力氣小的他便打」，他偷尼姑庵的蘿蔔，被尼姑發現了，死皮賴臉不承認，還說：「你能叫得它答應嗎？」頗有善於應變的「圓機活法」。⑥

接著他論述這些元素的結構形式是兩重人格，退回內心、泯滅意志，它們互為因果，構成阿Q性格的複雜性。

再接下去，他分析阿Q性格的性質，說明這三個性格特徵都是奴隸的基本素質，從而斷定阿Q是奴隸性格，既不是雇農的典型，也不是思想性的典型。但是這一典型是植根於未莊的流浪雇農阿Q身上，帶有鮮明的階級，時代和民族的特定內涵。所以阿Q性格是奴性心理典型形式與特定階段，時代和民族內涵的辯證統一體。至此，阿Q性格的本質可說是闡述得相當清楚了。

阿Q形象誕生六十年來，發表過的評論數以百計，而衆說紛紜，莫衷一是，由於林興宅運用了新的研究法，所以能取得差強人意的效果。

第二節　比較文學研究方法

系統方法是新的研究法，比較文學研究法和文學心理學研究法雖有不短的歷史，但在我國還屬年輕學科。

一、比較文學研究法及其學派

早在十九世紀後半期，比較文學研究就作爲文藝學和文學史的分支學科，在法、德、意等西歐國家開始形成。比較分析雖是常用的研究方法，但在比較文學中有特殊的意義。因比較學者有較強的「自覺意識」，故人們稱之爲比較文學研究方法。

季羡林在《〈比較文學譯文集〉序》中指出了使用這種方法的重要性：「中國的社會科學，其中也包括人文科學，想要前進，想要有所突破，有所創新，除了努力學習馬克思主義以外，利用比較的方法是關鍵之一。」

比較文學現在有法國學派與美國學派之爭。以梵．第根、伽雷、基亞等人爲代表的法國比較學者，認爲大範圍的綜合以及不同文化背景下的比較都是不可靠的，甚麼地方的「聯繫」消失了，那裡的比較工作也就不存在了。比如伽雷在爲基亞的《比較文學》寫的前言中，爲比較文學下定義說：

比較文學是文學史的一支。它研究國際的精神聯繫，研究拜倫和普希金、歌德和卡萊爾、司各特和維尼之間的事實聯繫，研究不同文學的作家之間在作品、靈感、甚至生活方面的事實聯繫。

伽雷的「事實聯繫」和基亞書中所說的「彼此滲透」，都把比較文學局限在研究影響方面。

美國學派的眼界較爲擴大。亨利·雷馬克在《比較文學的定義和功用》中說：「比較文學是一國文學與另一國或多國文學的比較，是文學與人類其他表現領域的比較。」⑦雷內·韋勒克在《比較文學的危機》中則指出：「然而藝術品決不僅僅是來源和影響的總和：它們是一個個整體，從別處獲得的原材料在整體中不再是外來的死東西，而已同化於一個新結構之中。」⑧他們都主張擴大研究範圍，而不祇是關注「死板的事實」。

我們提倡中國與西方文學的比較，不僅是「事實聯繫」的影響研究，而且是不同文化背景下的平行研究，以改變以歐美爲中心的狹隘地方主義。

二、運用比較文學研究法的實例

勃洛克在《比較文學的新動向》中提出一個很有價值的意見：「當前比較文學需要更多的是偉大的榜樣，而不是抽象的方法論公式。」⑨這話說得極好。讓我們看看我國比較文學的偉大的榜樣——錢鍾書先生是怎樣進行比較研究的吧。

錢氏是學貫古今中外的大學者，他曾說及自己的「專業」是中國古典文學，「餘興」是比較文學，因而在他的力作《管錐編》中大量運用了比較方法。

錢氏不滿於法國學派祇研究作品的來源、傳播、影響、地位、因果關係，而忽略兩種本無聯繫的作品可能存在的相同或相關的情況。他指出：不同國家的作家能在沒有相互影響的情況下，創造出內容、主題、情節、結構大致相同的作品；理論家與批評家也能提出無心求同、勢不可異的文藝見解。他舉《焦氏易林．賁》中「言如鱉咳，語不可知」說明它「創新詭之象」，又引《續玄怪錄》記薛偉化魚，大呼其友，而略無應者；卡夫卡《變形記》寫一人化爲甲蟲，與室外人應答，隔戶聽者聞聲不解，說明後者「酷肖薛偉所遭」。兩相比較，「竊謂當面口動而無聞，較之隔壁傳聲而不解，似更淒苦也。」⑩這就找出了不同國度，不同時代作家的共同的「爲文之用心」。

錢氏不僅作橫向的、平行的研究，而且進行縱向的、歷史的考察。他在《全三國文》卷四十七這部份談道：「上下古今，察其異而辨之，則現事必非往事，此日已異昨日……觀其同而通之，則理有常經，事每共勢，古今猶旦暮，楚越或肝膽，變不離宗，奇而有法。」⑪在《全晉文》卷一一一這部份寫道：王若虛認爲陶淵明《歸去來兮辭》在謀篇方面有毛病，是因爲他沒仔細體會文意：「《辭》作於歸去之前，故『去』後著『來』，白話中尙多如此，如《西遊記》第五十四回女王曰：『請上龍車，和我同上金鑾寶殿，匹配夫婦去來！』又女妖曰：『那裡走！我和你耍風月兒去來！』皆將而猶未之詞也。」⑫文言與白話，意義相同，故構詞法也相同。接著指出「枚文自『舟遙遙以輕颺』至『亦崎嶇而經邱』一節，敘啓程之初至抵家以後諸況，心先歷歷想而如身正一一經，求之於古，則《詩

・東山》第三章寫征人尚未抵家，而意中已有『鸛鳴旅垤，婦嘆於室，灑掃穹窒』等情狀，筆法庶幾相類。」⑬故陶文的寫作技巧「與古為新」。而蘇軾《上巳日與二三子攜酒出游，隨所見輒作數句》、王實甫《西廂記》第一本第一折張生唱《油葫蘆》等道蒲津形勝與普救持禮佛隨喜等事，與陶文之謀篇方法上同，祇是不如陶文「一重一掩」之妙。藝術技巧的師承關係闡述得這樣清楚，也就講清了不同時代的作家共同的「為文之用心」。

錢氏還將文學與其他學科聯繫起來，從而探求作者「為文之用心」。他的《管錐編》可說是一本小型的「百科全書」。其中所徵引的中外典籍，從大類分即包括政治學、社會學、歷史學、哲學、倫理學、邏輯學、生理學、心理學、醫學、藝術學等。

如《左傳》等史書，是代言不是記言，與文學創作有相通之處。錢氏論道：「史家追敘眞人實事，每須遙體人情，懸想事勢，設身其中，潛心腔內，忖之度之，以揣以摩，庶幾入情合理，蓋與小說、院本之臆造人物，虛構境地，不盡同而可相通；記言特其一端。」又說：「《左傳》記言而實乃擬言，代言，謂是後世小說、院本中對話、賓白之椎輪草創，未遽過也。」⑭並引羅馬修辭學大師昆體靈及德國美學大師黑格爾等「鄰壁之光」借照，說明它們之間的沿革關係。

與此相同，在論到《文賦》「恆患意不稱物，文不逮意」時，錢氏說道：「按『意』內而『物』外，『文』者，發乎內而著乎外，宣內以象外；能『逮意』即能『稱物』。內外通而意物合矣。『意』、『文』、『物』三者析言之，其理猶墨子之以『舉』、『名』、『實』三事並列而共貫也。《墨子・

經》上：『舉，擬實也』；《經說》上：『告，以之名舉彼實也』；《小取》：『以名舉實，以詞抒意。』」」⑮並引西人以表達意旨爲三方聯繫來加以比擬，從而揭示了不同學科中共同之「文心」。

對於同一作家不同作品的比較分析，也是對比較文學觀念的開拓和發展。在這方面，樂黛雲的《〈蝕〉和〈子夜〉的比較分析》⑯一文，較早作出了顯著的成績。這篇文章，從題材的開拓、作家的思想感情在創作過程中所起的不同作用、藝術表現的技巧等方面，細緻地剖析了兩部作品的差別，從而得出「《蝕》和《子夜》代表著茅盾創作的兩個高峰，它們都從不同的方面取得了不同的成就。這說明了作者不斷突破自己的創新的探求，也說明了文藝創作的廣闊天地」的結論。可貴的是，在將兩部作品進行比較時，作者從作品的具體分析入手，一一貶斥了對這兩部作品的種種貶抑（比如《蝕》是自然主義的作品，《子夜》是概念化的作品），並且正確地闡釋了「形象思維規律」、「主題先行論」等理論問題。

大陸的比較文學研究從一九八三年八月在北京舉行「中美雙邊比較文學討論會」開始，進入一個新階段，一九八五年十一月二日，中國比較文學學會成立暨學術討論會在深圳圓滿結束，從此研究更加深入。相比之下，臺灣則起步較早，一九七一年在淡水召開了第一屆國際比較文學會議。一九七四年，中國（臺灣）比較文學學會成立。同年七月，《中外文學》第三卷第二期發表的張健的《中西小說發展過程中的一些歧異現象》，就是一篇從宏觀角度研究中西小說異同的比較文學論文，其中不乏創見，如認爲中國的小說嚴肅的和通俗的很難界分，少見自白或懺悔錄這一型等。這較之單一文化背景和心理結構的比較研究又有新的開拓。但作者雖然聲明「是以中國小說爲主體，西方小說爲客體」來進行比較，實際上卻是以西方的模式來檢驗中國的小說，因而有中國小說「欠缺悲壯雄放的偉大作品」、「欠缺全面表現人類意識或關心人類命運的作品」等欠妥的立論。

三、如何運用比較文學研究法

1. 在唯物史觀的指導下運用比較法。

各民族文學之所以能進行比較，是由於人類社會的歷史發展存在著統一性和規律性，這正是各國的文化現象具有重複性和常規性的客觀根源。前面所述錢鍾書認爲不同國家的作家會創作出主題、情節、結構大致相同的作品，以及歐洲資產階級社會更疊出現的文學思潮，就是顯著的例證。所以俄國的弗里德連迭爾說：「要把比較法成功地用來研究文學史，祇有這樣才是可能的：要在歷史唯物主義理論的基礎上來運用這個方法，並考慮到所研究的每一個文學現象都是受物質的、階級的、歷史的制約的，都與自己的時代、國家民族的社會生活事實有著不可分割的聯繫。」⑰

2. 不要搞成非文學的研究。

在將文學與社會學、心理學、哲學、歷史等各個領域的相互關係進行研究的時候，要注意不要離開文學，搞成非文學的研究，比如思想史研究、政治概念的研究、情感的研究，這就是用文化的研究取代了文學研究。所以，美國的韋勒克強調文學研究的「內在」方法。他說：「文學研究如果不決心把文學作爲不同於人類其他活動和產物的一個學科來研究，從方法學的角度說來就不會取得任何進步。因此，我們必須面對『文學性』這個問題，即文學藝術的本質這個美學中心問題。」⑱

3. 注意內容與形式的統一。

在比較文學現象的異同時，應該從內容與形式的統一來進行考察；不能脫離作家的個人心理與社會環境，也不能孤立地考察形式因素諸如聲音、句法結構、寫作手法方面。像蘇聯符號學這個文學批評流派，他們評論某部作品時，所謂聯繫社會實際，只是聯繫社會的技術，而不接觸社會中人與人之間的關係，人的思想感情實際。在評論某部作品有深刻的內容時，實際上指的是方法、手法高明。所以韋勒克在強調文學研究「內在的」方法時特別聲明：「我把藝術品的研究稱爲『內在的』，而把研究它同作者的思維、同社會等等的關係稱爲『外在的』。可是這個區別並不意味著應忽略甚至蔑視產生作品的諸關係，也不意味著內在的研究僅僅是形式主義或不適當的唯美主義。經過仔細考慮才形成的符號和意義分層結構的概念，正是要克服內容和形式分離這個老矛盾。」⑲

4. 不要為比較而比較。

在研究國際間文學的相互作用和影響時，應該實事求是；不要爲比較而比較，僅僅牽強附會指出作品間的類似和不同，就算完成了任務。這種不經過深入研究，提不出獨到見解，缺乏論證力量的比較是沒有價值的。所以法國的巴爾登斯柏耶指出：「僅僅對兩個不同對象同時看上一眼就作比較，僅僅靠記憶和印象的拼湊，靠主觀臆想把一些很可能游移不定的東西扯在一起來找類似點，這樣的比較決不可能產生論證的明晰性。」⑳基亞也指出：「再也沒有比說都德……受到了狄更斯……的影響更爲荒誕的了。因爲都德從來就沒有接觸過狄更斯的作品。應該承認事實。……要避免不切實際地去證實影響。」㉑

第三節　文藝心理學

對作家心理進行探討，在我國有悠久的歷史傳統。如曹丕的《典論・論文》：「文以氣爲主。氣之清濁有體，不可力強而致。」又，「徐幹時有齊氣」，「應瑒和而不壯」、「劉楨壯而不密」、「孔融體氣高妙」等。這都是討論作家的個性與作品的風格之間的關係。但強調文學評論應有心理學基礎，卻是朱光潛先生。他在《悲劇心理學》中說：「與別的藝術形式一樣，文學也是心靈與心靈互相交流的一種媒介。一切正確的批評理論都必須以深刻了解創造的心靈與鑒賞的心靈爲基礎。過去許多文學批評之所以有缺陷，就在於缺少堅實的心理學基礎。」㉒

西方的情況也是一樣。據美國的里恩・艾德爾說：人對自己內心世界和情感的觀察可上溯到古老的亞里士多德時代，但到浪漫主義運動時期，德國的弗里德利希・史勒格爾等人才開始較深入地進行心理探索。十九世紀中葉，俄國的波捷勃尼亞在《思維與語言》一書中，明確地提出了文藝心理學的基本觀點，認爲文藝創作的奧秘在於作家的創作個性及創作心理過程。以後遂形成了俄國的文藝心理學派。本世紀以來，文藝創作心理學的研究有了深入的開展。

一、文藝心理學的研究對象和方法

「文學藝術創作心理學既研究作爲反映現實的特殊形式的藝術創作過程本身的規律性，又研究讀者和聽衆感受和理解藝術作品的規律性。」㉓也就是說，它既揭示作品從構思產生到醞釀作品到作品完成這一整個創作過程的規律性，又研究作品的內容在讀者的意識中進行加工改造這一複雜過程的規律性。

具體地說，研究文學的創作過程應全面研究作家的個性，比如個人感覺器官的特點，才能、信念、趣味、感情意志等特點，因爲這些特點決定著他們對生活現象的概括和加工。關於這一點，法捷耶夫曾強調指出：「無庸爭辯，個人的品質，作家的才力、修養、智力發展的趨向、氣質、意志以及其他的個人特徵，在選擇材料的時候都起著重要的作用。」㉔

再，研究讀者感受和理解作品的規律性同樣要注意讀者的個性，像性格暴燥的人閱讀作品後的情感流露，不論在力量、深度、形式哪方面都不同於性格冷靜的人。

文學創作心理學以唯物主義的反映論作爲自己的哲學基礎。依據反映論原理，心理是處於反映狀態的大腦的功能，現實是創作的源泉。當然，反映並不是像照鏡子那樣的簡單行動。巴甫洛夫學說是從自然科學的角度用生命的狀況來解釋心理活動的根源，它爲客觀地研究人類創造活動開闢了廣闊的可能性。例如巴甫洛夫的第一第二信號系統交互作用的原理有助於揭示想像、幻想、記憶在形象思維中的特殊作用；而人的高級神經活動特殊類型的學說，則揭示了藝術反映現實的特殊性以及它同科學反映現實的區別。

研究文藝創作心理學，由於不能深入到作家的意識中，去跟蹤形象的變化和發展；所以祇能採取迂迴的辦法，也就是間接地研究創作過程的道路。其方法是客觀地觀察作家在創作時刻的行動和活動，如作家的日記、親友們的回憶錄，分析作家口頭或書面的記述，特別是書信能幫助研究者瞭解創作過程的詳細情況；研究作家談論自己創作過程的理論性意見及文藝作品，特別是比較不同的文本有重要的意義，梅拉赫說：「從創作心理學的角度看來，研究作品創作手稿是爲了解決一個理論任務——理解作家藝術思維的規律性、創作過程的進程和內在構想。爲此必須把版本學的原則同創作心理學的原則結合起來。」㉕

二、文藝心理學研究法的優越性

過去，由於批判克羅齊的「藝術即直覺」和弗洛依德的「性欲衝動說」，我們有些忌諱談靈感、直覺等問題。不敢沾邊的原因自然是怕被戴上資產階級唯心主義的帽子。實際上，直覺和靈感在文學創作過程中是客觀存在的，那些唯心論者的錯誤在於誇大了這些東西的作用，並把它們歸結爲神的啓示，宣揚了不可知論。恩格斯在《自然辯證法．導言》中的第一句話就把直覺稱做「古代人的天才的自然哲學的直覺」，錢學森在《系統科學、思維科學與人體科學》中指出「靈感是人社會實踐的結果，不是神授。既是社會實踐的結果就是經驗的總結，應該有規律。」㉖我們研究這些問題，可以更有力地批判藝術創作的非理性主義理論；作家掌握了這些規律，可以創作出更多更好的作品。

運用文學心理學的研究方法可以幫助我們準確地評價作品和作家，從而避免簡單化的弊病。比如過去提出過的領導出思想、群衆出生活、作家出技巧的「創作方法」，就是認爲作品等於「思想＋生活＋技巧」。這就拋開了作家創作個性的積極性，看不到它對創作過程，對創作成果的影響。比如世界觀相同而氣質不同的作家，在風格方面表現出明顯的差異，如果不研究作家的創作心理，對這個問題就不能作出圓滿的解釋。舉例來說，蔣子龍感情的獨特之處是潑辣、剛勁、豪放；茹志鵑則是婉轉、細膩、深沉。如果我們不看到他們對於生活的吸收有著不同的心靈敏感區，因而責備茹志鵑所寫的僅僅是一些小小的浪花，而不是波瀾壯闊的大海，這就不夠妥當了。茅盾評論《百合花》時說道：

《百合花》的作者用這樣一個短篇來參加這長長的行列，有它獨特的風格。恕我借用前人評文慣用的詞彙，它這風格就是：清新、俊逸。這篇作品說明，表現上述那樣莊嚴的主題，除了常見的慷慨激昂的筆調，還可以有其他的風格。㉗

茅盾在這裡肯定了這「小小的浪花」，也是他注意到作家氣質的結果。

作家的藝術風格也不是固定不變的。它既是時代的社會生活的產物，當然會隨著時代的發展而發展。仍以茹志鵑爲例，十七年間，她是帶著幸福的微笑去觀察生活的，經過「文化大革命」，她的靈魂也眞的被「觸及」了。她感到有些東西應加以鞭打，所以《剪輯錯了的故事》的風格就與原先不同了。它「有點幽默，有點俏皮，但態度是十分嚴肅的」。爲甚麼有這種變化？生活改變了作家的思想觀點和氣質，對此，我們應該鼓掌歡呼。正如黃秋耘所說的：「一個作家、從帶著微笑去觀察生活，到帶著沉思的狀態去觀察生活，是一個質的變化，也可以說是一個質的飛躍。」「從微笑到沉思，至少可以算是『現實主義深化』的第一步。」㉘這樣的評論由於注意到創作心理的研究，所以可說爲文學評論樹起了一根文藝心理學的支柱。

近年關於作家創作心理的研究，有的認爲，作家的審美認識是模糊的，有的卻認爲作家的審美認識應當是清晰的，有的則認爲，審美把握是模糊把握與準確把握的辯證統一。具體到文學作品上，殷國明的《創作過程的心理學美學特徵談片》㉙認爲：藝術家對生活的高度理性追求，常常隱藏在某種無意識的藝術形態外殼下，並借助這個外殼來表現自己。他舉例說，《狂人日記》所寫的狂人的夢囈和猜想，僅僅是作品內容的表層結構，但是負荷著魯迅深刻的反封建的社會意識。由於這種意識的鋒芒是針對整個社會的，並不是來自某個具體的對象，因此表現出了對象的「無確定性」的特點：「魯迅恰恰在狂人所表露的混亂而又偏執的意識中表現了這種特徵，通過人物非理性的活動表述自己高度的理性追求。魯迅在新的藝術層次上，發現了藝術對象所具有的一種新的藝術價值系統，它不僅是藝術的被承擔者，也是一種承擔者。」這一見解雖然表述得不是十分明晰，但我們由此還是可以看到，對作家創作心理研究的深入，有助於作家作品研究的深入。

第四節　社會學研究方法

一、甚麼是社會學研究法

社會學的研究方法是傳統的方法。馬恩評巴爾扎克、列寧評托爾斯泰，都運用了社會學的研究方法。所謂社會學的研究方法，就是把文學現象作爲一種社會現象來研究。具體地說，就是在研究文學現象時，要注意「社會」的特點，要把研究對象放到一定的社會環境中去考察，要注意分析當時當地的歷史條件，它的起源和發展趨向。普列漢諾夫說：「我所抱的見解，是社會的意識，由社會的存在而被決定。……批評家的第一的任務，是將所與的作品的思想，從藝術的言語，譯成社會的言語，以發見可以稱爲所與的文學現象的社會學的等價的東西。」㉚這就說明，這種研究方法是從文學是一種社會意識形態的角度，來考察它的社會根源的，比如文學思潮、主旨、題材、體裁、表現方法等的社會歷史根源、社會文化、社會心理的分析研究，就屬於這種研究方法的研究範圍。關於這，茅盾在《文學與人生》中曾加以非常通俗的解說：「所以可說『文學的背景是社會的』，『背景』就是所從發的地方，譬如有一篇小說，講一家人家先富後衰的情形，那麼我們就要問講的是哪一朝，如說是清朝乾隆的時候，那麼，我們看他講的話，究竟像乾隆時候的樣子不像？要是像的，才算不錯。」㉛

意識對存在是有反作用的。所以，社會學的研究方法，不能單方面地研究社會對文學的作用和影響，還要研究文學的特殊社會功能，比如文學在社會生活中的作用，它對社會的影響，作家在社會中的作用，讀者對作家的影響等也都是文藝社會學的研究範圍。別林斯基指出：「批評必須考慮：詩人的哪些作品爲他的同時代人所喜歡，哪些作品是爲他們特別推崇的；還有，哪些作品是詩人自己特別重視的，或者主要基於哪些作品他對藝術作出了自己的貢獻。」㉜這就是說，應該考察文學作品對社會的影響和作家在社會中所起的作用。

文藝的功能是文藝社會學研究的重要範疇。對於文藝的社會效果，過去偏重於它的認識作用與教育意義，這就沒有充分重視文藝多方面的功能，以及它需要通過潛移默化來實現功能的特點。只有掌握了文藝的特徵，才符合於文藝是不同於科學的「生活的教科書」的特點。

社會學的研究方法，有實地觀察法、參與訪問法、問卷調查法、定性分析法、定量分析法、抽樣調查法等。

實地觀察法：就是到調查對象所在地進行大面積的考察，以收集大量的第一手資料的方法。

參與訪問法：就是深入到調查對象之中，與他們生活在一起，通過親密交談來掌握第一手資料的方法。

問卷調查法：就是將調查內容列成如學生試卷之類的調查提綱，並在此提綱中的各類問題後面附上各種可能的答案，然後將這些調查提綱發放給被調查者，讓他們選擇有關的答案以表明自己的態度或反映有關情況的方法。

定性分析法：通常指的是社會還原法，即把一個複雜的研究對象，按照它表現出來的不同屬性分爲若干方面，逐一考察其有關內容，找出其相同和相異的部份，並深入到事物的內部尋求其根源，由此來把握此事物區別於他事物的質的規定性，並把這種規定性用合乎邏輯的形式表現出來。

定量分析法：是研究具有數量關係的事物的質的範圍和等級的方法。

定性分析與定量分析側重於事物的質和量的研究。量和質的關係是，它們是對立的統一：一方面，一定的質決定一定的量，質規定著量的活動範圍，不同質的事物具有不同的量和量的界限。這就是說，量是以質爲基礎的，質制約著量。另一方面，質又以一定的量作爲必要的條件，它決定於數量的界限。所以應將這兩種方法結合起來，做到定量分析以定性分析爲前提，定性分析用定量分析使自己精確化。

抽樣調查法：這是資產階級社會學中最主要的方法。它以大數法則這個隨機現象中的基本規律爲依據，從整個調查對象（母體）中抽取若干個體（樣本）予以考察，然後以樣本指標代替母體指標的方法。由於隨機現象的大量重複中往往出現幾乎必然的規律。所以這一方法的優點是能用較少的人力、物力，收到較好的效果。

二、運用社會學研究方法的範例

社會學的研究法名聲不大好，這是由於過去一段時間，有些人把主觀與客觀，作家創作與階級意識、內容與形式、形象與思想完全等同，從而出現庸俗社會學的錯誤。其實，祇要不把社會學方法絕對化，祇要對社會現實生活有深切的認識，有生動活潑的思想和豐厚的審美修養，就可以避免庸俗社會學的弊病，同樣可以寫出有相當深度的文學評論。

普列漢諾夫的《亨利克·易卜生》是運用社會學的研究方法解釋文學現象的範例。在這篇文章中，普列漢諾夫解釋易卜生這樣一位離奇的藝術家，何以能得到現代社會完全敵對的兩大階級的「思想界」的同情，而且同情的程度幾乎相等。他在解釋資產階級「思想界」的心理時說：「這種心理，正像我們看到的，要用社會學來解釋。這種心理對當代的全部藝術打下了他的烙印。應該到這種心理裡去尋找現在何以享有如此盛譽的答案。象徵主義者所塑造的藝術形象不夠鮮明是不可避免的，這是和現代社會「思想界」必然產生的實際上完全無力的意願的模糊不清相適應的。」㉝這就說明，易卜生作品中的象徵主義的弱點，之所以能得到資產階級「思想界」的崇高的評價，是因為這些人和易卜生自己都不能深刻理解它面臨的社會發展的意義。正是這種共同點，使得他的作品能夠適應當代文明世界讀者公衆的情緒。比如易卜生的個人主義是適應於這些資產階級「相信少數」的信念的。因為它標誌著對工人群衆革命要求的抵抗。但在易卜生本人，他的「少數」一詞所包含的概念，卻與這些人的概念迥然不同。因為易卜生的願望和觀點是在一個沒有革命無產階級的國家裡形成的。在這個國家裡，落後的人民群衆本身就浸透了小資產階級性，他們不能成為先進理想的代表。因此，易卜生認為任何前進的運動應表現為「有思想」的「少數人」的運動。至於無產階級喜歡他，則是因為他的作品清楚地說明了機會主義心理。在這些地方，普列漢諾夫既分析了易卜生作品所由產生的特殊社會環境，又分析了西歐讀者公衆的社會心理條件，從而很深刻有力地闡明了他的作品得到不同階級的讀者激賞的原因。

再以何其芳爲例吧，他的《論阿Q》，就不同意根據階級根源來考察阿Q的性格特徵。他在談到阿Q是個農民，但阿Q精神卻是一個可恥的現象後，批評了以下幾種錯誤的觀點：

否認阿Q是農民，斷定他是從地主階級破落下來的，和一般農民不同。

對這種觀點，何其芳說道：「這種企圖單純從階級成份來解釋文學典型的方法顯然是不妥當的。」㉞因爲它不能解釋阿Q性格的很多方面。

再一個錯誤的觀點是：認爲阿Q是過去的落後的農民典型，認爲阿Q精神是受了封建地主階級思想的影響。

對這種觀點，何其芳說道：「但我們稱爲阿Q精神的他的性格上的那種最突出的特點，卻未見得是封建地主階級的特有的產物和統治思想。」其所以這種解釋不圓滿，是因爲把魯迅塑造阿Q說成祇是爲了鞭打落後農民身上的封建思想，就縮小了這個典型的思想意義。

還有一種錯誤觀點是：認爲阿Q是中國人精神方面的各種毛病的綜合，是一種精神的性格化和典型化，是思想性的典型，是一個在身上集合著各階級的各色各樣的阿Q精神的集合體。

對這種觀點，何其芳說道：「如果阿Q祇是各種毛病的綜合或者某種精神的性格化和典型化，那他就不可能成爲現實主義的文學的典型，而不過是一個概念化的不眞實的人物。」

爲甚麼何其芳不同意上述觀點呢？他的理由是：「理論應該去說明生活中存在的複雜的現象，這樣來豐富自己，而不應該把生活中的複雜的現象加以簡單化，這樣勉強地適合一些現成的概念和看法。……在實際生活中，在文學的現象中，人物的性格和階級性之間都並不能劃一個數學上的全等號。道理是容易理解的，如果典型性完全等於階級性，那麼從每個階級就祇能寫出一種典型人物，而且在階級消滅之後，就再也寫不出典型人物了。」何其芳自己的解釋是：文學作品如果描寫一個人具有不同階級的人物身上都能見到的性格特點，那麼這個人雖有他的階級身份和階級性，但他性格上的特點就顯得不僅僅是一個階級的現象。對這樣的典型，他用「共名」作解釋。這雖不是很圓滿，但明顯的不是簡單化的「庸俗社會學」的解釋。

第五節　選擇研究方法的原則

二十世紀是研究方法發展的黃金時代，各種新興學科的出現，使得研究方法如春筍破土而出。英國的聖茨伯雷在一九〇〇年出版的《文學批評史》中就列舉了十三種，即主觀的方法、客觀的方法、歸納的方法、演繹的方法、科學的方法、判斷的方法、歷史的方法、考證的方法、比較的方法、道德的方法、印象的方法、鑑賞的方法、審美的方法。雖然分類沒有統一的標準，把不同層次的方法混在一處，但到底顯示出方法的豐富性。此後，又有新批評、結構主義、現象學、接受美學等方法應運而生。面對著如許衆多的研究方法，一個問題自然地擺在文學評論工作者的面前：根據甚麼來選擇研究方法呢？

一、對象決定方法

方法是文學對象的對應物。這就是說研究的方法，是評論對象，即文學的過程和它的規律性、文學作品和它的特點的「類似物」。因此不是方法決定對象，而是對象決定方法。也就是說，選擇甚麼方法是以是否適應研究對象爲準則的。比如研究現實主義作家的小說，就以選擇社會學方法爲宜，因爲這種小說重在反映現實生活；而研究意識流作家的小說，就以選擇心理學方法爲宜，因爲這種小說重在反映意識的眞實性，威廉·詹姆斯的實驗心理學、柏格森的直覺主義、弗洛依德的精神分析學爲其理論基礎。如羅敬之的《聊齋誌異的心理表現》㉟，就不能不用心理學的方法。在文中，由於作者運用了弗洛依德的學說，就使「作者所映現的心理形象」與「故事中人物的心態刻劃」論述得較爲充分，從而準確地表現了作品的特色。

二、觀念制約方法

文學評論是對分析對象的理解，但對文學作品的感知，不是像鏡子一樣的直接，而是要通過世界觀的棱鏡來實現。這就是說，研究方法是服務於理論的，一定的文學觀念決定使用一定的方法。一位要創造「陽春白雪」作品的作家寫評論文章，就不會採用接受美學的研究方法，因為他根本忽略讀者的作用，而接受美學則認為作品的價值是兩種因素——創作意識和接受意識——共同作用的結果。

有了正確的觀念，使用正確的方法就如虎添翼。所以，我們在考慮研究方法前最好先求得自己的觀念是科學的、正確的。文學觀念作為意識形態，應該反映變革了的現實。如果它不能隨著時代和文學的發展而發展，它就會錯誤地評價異彩紛呈的文學現象。比如新的武俠、言情、偵探小說這類「通俗文學」出現了，你的文學功能觀念如果還是單一的「教育作用」，而沒有發展到允許某些作品側重於發揮娛樂功能，你就會對「通俗文學」大潑冷水，甚至驚呼：「我們的文藝要開倒車嗎？」這個時候，不管你運用哪種研究方法，都會得出錯誤的結論。

三、各種方法互補

在自然界，存在著互補現象，人類社會中的「綠色和平組織」，就是為了保持生態平衡在奔忙。研究方法也是這樣，不能把歸納和演繹、分析和綜合對立起來，而應該互相補充。這樣才可能更全面深刻地理解研究對象。如文學作品有社會因素、心理因素、語言因素等。運用社會學方法可決定作品的社會地位和效益、公衆的趣味；運用心理學方法可了解作家的哪些心理要素參與了創作過程，它們各起了甚麼作用；運用語言學的方法則可對作品進行符號學的分析。如上引的羅敬之的論文雖主要運用弗洛依德的「隱意識生活」的學說來解釋作品，但蒲松齡為甚麼內心生活是「苦悶與不滿」呢？作者檢討當時社會的一般科舉情況，歷舉科舉之害，「納貲授官之法」的腐敗，無疑運用的是社會學方法。這些方法的協作，就使得論文的論證更爲雄辯有力。由此可知，評論家最好是「十八般武藝，樣樣皆能」，不要像程咬金一樣只有「三斧頭」。當然，這是評論家努力以求的目標，不是容易做得到的。但對研究方法，總是越掌握得多，就越能左右逢源，這是毫無異議的。

【附註】

①見《自然辯證法講義》，人民教育出版社，二三五頁。
②③④《馬克思、恩格斯選集》㈢，四九二、五三六、五三七頁。
⑤《馬克思、恩格斯選集》㈣，二四二頁。
⑥《魯迅研究》，一九八四年第一期。
⑦⑧張隆溪選編《比較文學譯文集》，一頁、二四頁。
⑨《外國文學動態》一九八〇年第十一期。
⑩《管錐編》，五六八頁。
⑪⑫《管錐編》，一〇八八頁、一二三五頁。
⑬《管錐編》，一二二六頁。
⑭《管錐編》，一六六頁。

⑮《管錐編》，一一七七頁。
⑯《文學評論》，一九八一年第一期。
⑰《世界藝術與美學》第一輯，文化藝術出版社，二九四頁。
⑱張隆溪選編《比較文學譯文集》，三〇頁。
⑲《比較文學譯文集》，三一頁。
⑳《比較文學譯文集》編者前言。
㉑《比較文學》，顏保譯，北京大學出版社，一四頁。
㉒張隆溪譯，人民出版社，五頁。
㉓科瓦廖夫《文學創作心理學》，程正民譯，一一二頁。
㉔《蘇聯作家談創作經驗》，四八頁。
㉕科瓦廖夫《文學創作心理學》，一六九頁。
㉖《自然雜誌》，一九八一年第一期。
㉗《鼓吹集》，二四一—二四二頁。
㉘《黃秋耘文學評論選》，十七頁。
㉙《文藝報》，一九八五年第四期。
㉚《魯迅譯文集》第六卷，五九一—五九二頁。

㉛《茅盾文藝雜論集》，一一一頁。

㉜《別林斯基論文學》，二六三——二六四頁。

㉝《世界藝術與美學》，第一輯，二四頁。

㉞所有引文均見《何其芳選集》第二卷，三三〇——三四〇頁。

㉟見盧興基選編《臺灣中國古代文學研究文選》，人民文學出版社。

第六章　怎樣評論文學作品（上）

內容和形式是辯證法最基本的關係範疇。文學作品同樣是由思想內容和藝術形式這兩方面組成。所以，對於一部作品，應該從思想內容和藝術形式兩個方面去評價。

文學作品的構成因素，屬於思想內容方面的有：題材、主旨、人物、環境、情節，屬於藝術形式方面的有：結構、語言、體裁。對文學作品的這些構成因素進行了深入細緻的分析，就有了對於文學作品的發言權。下面我們將介紹分析構成因素的方法。

第一節　怎樣評論主旨

自古以來，我國評論文學作品就非常重視評論主旨。可是近幾年來，或許是出於對「四人幫」泡製的「主題先行論」的深惡痛絕吧，有些評論家似乎認爲評論主旨沒有多大必要了。對此，我們是不同意的。

一、評論主旨的必要性

主旨通稱主題，原是音樂中的概念，又稱「母題」。它是指樂曲中最具有特徵的，並處於優越地位的旋律，即主旋律。它是樂曲的核心，表現一個完整的音樂思想。後來文學理論將它移植進自己的園地，用來指作品中的生活現象所顯示出的思想意義。

主旨與題材是兩回事。過去有人把主旨看作是寫進作品的主要生活事件，又有人把主旨看作是作品中所提出的基本問題。這就把兩者混同了。有一位青年作家提出了「多主題」的觀點，他說道：

至於主題，我想作家寫作時大概都不會想到主題。……但一部容量豐富的作品，包含著眾多哲理，給人的啓迪也是多種多樣的。……作品中的深厚的題旨和有血有肉的人物，都應當是既清楚又模糊的。據我的體驗所謂主題明確，人物鮮明，往往是內容單一和形象種類化和平面化的同義語。①

這種看法的提出，也是將題材與主旨混同起來的必然結果。按照這位作家的觀點，作家也好，評論家也好，還是不要去管這個「主題」爲好。前一階段，也有人提出，在評論古典文學作品時，不必評論作品的主旨。這些觀點，均值得商榷。

我國古典文論稱主旨是「意」、「義」、「主腦」。古代評論家闡述主旨的重要性時說：「文以意爲主，以氣爲輔，以詞爲衛。」（魏慶之《詩人玉屑》卷六引魏文帝語）「古人作文一篇，定有一篇之主腦。主腦非他，即作者立言之本意也。」（李漁《閑情偶寄》卷一）「無論詩歌與長行文字，俱以意爲主。意猶帥也；無帥之兵，謂之烏合。……煙雲泉石，花鳥苔林，金鋪錦帳，寓意則靈。」（王夫之《夕堂永日緒論》內編）他們都認識到主旨是文學作品的靈魂和統帥，是決定作品內容其他構成因素的核心。當代名家也都是這樣看的，美學家朱光潛說：「每篇文章必有一個主旨，你須把著重點完全擺在這主旨上，在這上面鞭辟入裡，烘染盡致，使你所寫的事理情態成一個世界，突出於其他世界之上，像浮雕突出於石面一樣。讀者看到，馬上就可以得到一個強有力的印象，不由得他不受說服和感動。這就是選擇，這就是攻堅破銳。」②這些言論都說明：主旨與題材的關係是統率與被統率、表現與被表現的關係。主旨寓於題材之中，賦予作品以活潑的生命；缺乏處於主導地位的思想感情，作品就會顯得支離破碎。它同時說明：作家在創作過程中，都是很重視提煉主旨的。既然如此，我們評論文學作品，也就不能忽視對主旨的科學分析。

二、評價主旨的標準

前面講過，由於作家思想水平和藝術表現力的不同，對同一題材會提煉出不同的主旨。主旨是正確還是錯誤？是深刻還是平庸？是獨創還是模仿？從這些方面可看出主旨的高下，作品的優劣。

(一)經得住實踐的檢驗

作品的主旨能經受住實踐的檢驗，符合人類進步的理想，或者給人以知識、娛樂和美感。如果和這背道而馳，作品就不可能受到推崇而應受到批評了。如莫言作品《紅蝗》與《歡樂》展覽狂烈的性慾，劉索拉《你別無選擇》與《跑道》宣揚生存的無奈和無望，王朔《頑主》、《您千萬別把我當人》實錄荒謬人的瘋狂，雖曾一度受到某些人的激賞，但時過境遷，一旦人們認識到它們對時代、社會的進步毫無用處，而只有消極作用，人們便只好把它們作爲總結教訓的材料了。這個問題因不難理解，故不饒舌。

(二)挖掘到生活的底層

作品的主旨不是停留在生活的表層，見解不同常人，是挖掘到深處，煉出了純金。王朝聞說：「所謂深刻，是把事物的矛盾所顯示出來的本質意義充分揭示出來。如果接觸具體事物而不能具體地加以分析，不能找出它存在於此時此地的特殊意義及其普遍意義，主題深刻不起來。」③這就是說，提煉出的主旨不能停留在一般人都能感受到的生活現象上，而要對它有超出常人的理解。《班主任》的作者不僅偵察到人們受到了外傷，而且偵察到人們受了內傷；不只注意到宋寶琦，而且注意到謝惠敏，從而發出「救救被『四人幫』坑害了的孩子」的吶喊，主旨是反映了時代的本質的，開掘得深刻的。

(三)抓住萌芽狀態的思想

這是高標準。張一弓在《聽命於生活的權威》一文中說：

既然政策和文學都來源於生活，二者完全可以通過各自的特殊規律，對生活作出不同方式的反映，發揮各自不同的功能，而二者對生活作出的歷史的評價，卻常常是殊途同歸的。④

文學是生活的反映，它不能超越在生活之前；然而生活中已微露端倪的事物，它應該善於發現，並把這處於萌芽狀態的思想加以文學的評判。如果這萌芽已成爲參天大樹，再來對它進行評判，就顯得太遲了。張一弓的作品不少能顯示出他獨到的預見性。他的《趙鐝頭的遺囑》寫在推行聯產承包制文件頒發之前，《火種》寫在提倡發展大規模商品生產文件頒發之前，這些作品，可以說都是按照生活的指令行動的結果。正如高爾基在《和青年作家談話》中所說的：這些「主題是從作家的經驗中產生，由生活暗示給他的一種思想。」⑤可貴的是張一弓的作品對生活作出的評價，恰恰與政策對生活作出的評價相符合，眞可謂「登高望遠」。

㈣捕捉事物的個性

蘇軾的《題西林壁》詩說：「橫看成嶺側成峰，遠近高低各不同，不識盧山眞面目，只緣身在此山中。」如果都站在此山中看盧山，當然寫出來的「千人一面」。如果橫看又側看，遠看又近看，抬頭看又低頭看，就會看出不同的特點來。鄧剛的《陣痛》寫改革，寫郭大柱這個「萬金油」式的工人，回到車間後感到孤獨。後來看清了時代潮流，終於趕上了隊伍。所以馮牧肯定它說：「《陣痛》從一個十分獨特而新穎的角度，爲我們展開了一幅工業戰線在改革過程中所出現的新問題以及在克服新的矛盾時人們精神世界的發展變化的眞實圖畫。」⑥這種獨創，可說是「移步換形」的獨創。隨著生活本身的變革，隨著作家觀察生活角度的趨於整體化，像這樣從更廣闊的視野，從更深的層次上反映社會生活的作品越來越多，像蔣子龍的《燕趙悲歌》、張峻的中篇小說集《睡屋》，便都是這樣的作品。

需要說明的是，文學作品和一般文章對主旨的要求是不同的。在評論文學作品時，不應拿評論一般文章的標準來衡量。

三、怎樣分析主旨

一部作品的主旨是什麼？常常是仁者見仁，智者見智，難以取得一致的意見。就拿魯迅的散文詩《雪》來說吧，就有以下不同的意見：

這是一篇寫「江南的雪」和「朔方的雪」的極美麗的詩，既寫景，又抒情，又有所象徵和寄托，表現了作者對於美的事物的嚮往，以及面對冷酷的現實奮起戰鬥的精神。

描繪了「南雪」和「朔雪」兩幅雪景，揭示自然的美、生活的美、抒寫了魯迅熱愛自然、熱愛生活的美好情趣。

喜愛「朔雪」，不喜愛「南雪」，反對粘連、依戀，主張無掛礙的戰鬥。

「南雪」給自利者以利用的滿足，不如「朔雪」，蜜蜂是自利者的象徵，表現作者一時的憤激和頹唐心情。

……………………

這眞如魯迅談《江樓夢》時所說：「單是命意，就因讀者的眼光而有種種：經學家看見《易》，道學家看見淫，才子看見纏綿，革命家看見排滿，流言家看見宮闈秘事……」⑦

但是，既然主旨是作家對於作品中所反映的現實生活的認識和評價，那麼我們從作品的實際和作家的實際出發，實事求是，終歸可以準確地把握住作品的主旨。

㈠考察藝術形象整體所具有的社會價值

文學作品不同於科學論著，它不是由作者赤裸裸地宣佈他的觀點，而是通過能給讀者以具體感受和體驗的形象來表露他的感情。所以要分析作品的主旨，就不能不考察作品中的形象。

文學形象由人物、社會環境和自然景觀組成。在分析形象時我們要注意整體的把握，不要把形象割裂成支離破碎的片斷。因爲作品是一個充滿生命的有機體，不是一具屍體。把它的手和腳從身上割下，進行孤立的考察，就會犯片面化的毛病。作家創作時講究「胸有成竹」，評論家分析主旨時，也要做到這一點。不然的話，就會出現前面所說的衆說紛紜的局面。比如前面列舉的《雪》的後三種主旨，或把「南雪」與「朔雪」肢解成並無聯係的圖畫，或把它們對立起來，肯定一方，又否定一方。這都是未以整體形象作爲背景來考察某些形象片斷的結果。如果我們研究形象的全體以及它們之間的關係，就會得出不同的結論。如《雪》的開頭即贊美「雪花」說：「暖國的雨，向來沒有變過冰冷的堅硬的燦爛的雪花」「江南的雪，可是滋潤美艷之至了。」這自然不只是贊美「朔雪」而排斥「南雪」。再，只看到「粘連」，不看到魯迅用了充滿詩情畫意的筆觸來贊美「南雪」蓬勃的生命力，這不是一葉障目嗎？這不是無視形象片斷在整體中的作用嗎？

㈡抓住決定事物本質的主要因素

我們知道，作家在創作時雖未捨棄偶然性的生活現象，但他總是要通過作品表達一種最根本的意蘊。因之，我們在分析主旨時，也不能犯眉毛鬍子一把抓的毛病，而應該抓住決定事物本質的主要的因素。具體到文學樣式方面，在敘事作品中，就是在衆多的人物形象中抓住主要人物，在複雜的故事情節中抓住主要情節。這樣做是符合文藝創作的規律的。因爲作品中的形象具有豐富性，多側面性，作家常常不是直奔主旨，每一細節並不都是要爲主旨服務的。比如《紅樓夢》寫了幾百個人物，但我們應該抓住賈寶玉和林黛玉；它寫了許多故事，但我們應明確中心是賈寶玉和林黛玉的悲劇。在考察了其他的內容，又明確了以上諸點之後，我們就會認識到它的主旨是揭露封建制度和封建禮教的腐敗和罪惡，以及歌頌賈寶玉和林黛玉的眞摯的愛情。再如莎士比亞的《李爾王》第四幕中，葛羅斯特指責衆神不公時說了這樣一句話：「我們對於衆神說來，正像蒼蠅之於頑童，他們僅僅爲取樂就殺死我們。」朱光潛分析道：「所有這些話都是劇情發展到關鍵時刻講的，所以決不是對整個劇無足輕重，隨便說說的隻言片語。它們確實發出劇作的主題音調，使我們體會到悲劇感的本質。」⑧像這樣的分析，就不是對形象作孤立靜止的抽象，而是看到了它在整個形象體系中的作用。

陸機《文賦》說：「立片言而居要，乃一篇之警策。雖衆辭之有條，必待茲而效績。」劉熙載《藝概・文概》說：「揭全篇之指，或在篇首，或在篇中，或在篇末。在篇首，則後必顧之，在篇末則前必注之，在篇中則前注之，後顧之。顧注，抑所謂文眼者也。」如臺灣現代派領袖紀弦的《二月之窗》，共十一句。中間有「彼之透明的構圖使我輿憂。／西去的遲遲云是擾人的，／載著悲切而悠長的鷹呼」幾句。抓住了這幾句，才會知道詩人所要傳達的思想感情，是對故鄉的強烈依戀和不得回歸的無限悲傷。

㈢了解作家的創作意圖，知人論世

作家創作都是有所爲的，不管你是爲人生，還是爲藝術。所以，托爾斯泰這位爲人生的作家說：「寫作而沒有目的，又不求有益於人，這在我是絕對做不到的。」⑨

這種創作意圖具體化到作品中有兩種情況：一種是常說的形象大於思想，即作者的創作意圖與作品中的形象本身所顯示的思想意義不一致。比如蒲松齡的《促織》，揭露了封建統治階級的殘暴、荒唐，預告了它的腐朽沒落。這一主旨是通過成名這個人物遭禍與得福的具體描寫表現出來的。但是，在這篇小說結束時，作者有一段言論卻大煞風景：

天子偶用一物，未必不過此已忘，而奉行者即爲定例。加之官貪吏虐，民日貼婦賣兒，更無休止。故天子一跬一步，皆關民命，不可忽也。獨是成氏之子以蠹貧，以促織富，裘馬揚揚。當其爲里正，受樸責時，豈意其至此哉！天將以酬長厚者，遂使撫臣、令尹並受促織恩蔭。聞之，一人飛升，仙及雞犬。信夫！

在這裡，蒲松齡把罪責推給了封建統治的奉行者——貪官污吏，替最高統治者進行了開脫，又宣揚「天將以酬長厚者」使之「裘馬揚揚」。很明顯，他的主觀意圖與作品形象所體現的深刻批判封建制度的作用是不一致的。因爲明明是「宮中尚促織之戲」才給成名一家帶來了災難，而成名之子化爲促織使得全家裘馬揚揚，也正是天子的一時高興——「上大嘉悅」。作品本身不明明指責最高統治者擅作威福嗎！

另一種情況是作者想表達的內容與作品中已經表達的內容基本一致。因爲文學創作本是作家思想感情的表現，主旨就是作家對於題材的認識和評價；所以，作家的思想對於主旨的提煉具有獨照的作用，主旨實際上是作家的主觀與題材的客觀碰撞而閃現的火光。由此可知，瞭解作家的創作意圖和寫作時的歷史背景對於分析主旨也有重要的參考價值。

比如《雪》的主旨的第四種說法，認爲「南雪」給自利者以滿足，作品表現了作者一時的憤激和頹唐心情。他的根據就是聯繫作者，對高長虹之類的「自利者」非常憤怒，要「報以數鞭」。可惜的是這位研究者對魯迅當時的思想情況瞭解得還不夠準確。原來，《雪》作於一九二五年元月，到了一九二六年高長虹的詩與散文詩合集《心的探險》出版時，魯迅在所擬《〈未名叢刊〉與〈烏合叢書〉廣告》中還稱贊他，說這個集子「將他的以虛無爲實有，而又反抗這實有的精悍苦痛的戰鬥，儘量吐露著」。可見在這之前，高長虹的醜惡面目尚未暴露，魯迅對他還是非常贊賞的。因此，「蜜蜂」不會是指高長虹，魯迅對他也還無「憤激情緒」，因此《雪》的主旨也不是表現「憤激和頹唐心情。」

至於說《雪》中看不出深含什麼思想意義，只是揭示自然的美、生活的美，也是不看作家生活的時代環境、思想狀態的表現。魯迅在《野草・題辭》中明明說道：「我自愛我的野草，但我憎惡這以野草作裝飾的地面。」「我以這一叢野草，在明與暗、生與死，過去與未來之際，獻於友與仇、人與獸、愛者與不愛者之前作證。」在這裡，魯迅對黑暗的舊社會懷著多麼深重的仇恨，對革命懷著多麼強烈的追求，不是表現得清清楚楚嗎！再，不論是《野草》發表的當時，還是現在，我們讀者都感到它的內容艱深難懂。這是因爲在軍閥的黑暗統治下他不便直抒胸臆，於是用了大量的象徵手法。可說《雪》並無深刻思想的人，卻對這樣一篇措詞含糊的作品看得這樣簡單，這也是沒有按「知人論世」原則辦事的結果。魯迅說過：「倘要論文，最好是顧及全篇，並且顧及作者的全人，以及他所處的社會狀態，這才較爲確鑿。要不然，是很容易近乎說夢的。」⑩要想文學評論不近乎說夢，而是對文學作品的科學的闡釋，不能就事論事，就文論文的道理已經被魯迅說得非常透徹了。

特別重要的是應把這一原則貫徹到對咏物寫景作品主旨的分析上。馬克思指出：「焦慮不堪的窮人甚至對最美的景色也沒有感覺；珠寶商人所看到的只是商業的價值，而不是珠寶的美和特性；他沒有珠寶的感覺。」⑪溫徹斯特也說道：「文學作品，固時代精神之寫照，然更爲作者人格所表現也。」又說：「如自然界之美，雖能激發生動之想像，使無理路融會其中，則必不能發人深喜。」⑫這就是說，只有知人論世，才能準確地把握寫景作品的主旨。比如臺灣著名女詩人涂靜怡的詩《草的語言》，是表現詩人的高尙情操的。如果我們孤立地看這樣幾句詩，即「我傲然如海／有海一般的胸懷／我默然如山／山浮雕我的翠綠／無懼於風的拍擊／無懼於雨的淋漓」，我們或許會以爲她這人很傲慢，自許甚高。但如果我們顧及全詩、全人，瞭解她的身世，知道她少年失怙，完全靠自我奮鬥，成爲臺灣詩壇獲得許多高獎的詩人，我們就會知道，這幾句正是她的自我寫照，寫出了她作爲「仁者」的寬廣胸懷和堅定操守。

再如高舉「明朗、健康、中國詩路線」旗幟的詩人文曉村的《牛》，一般論者常以爲其主旨是歌頌勤勞、樸實的勞動者的高貴品質，這當然也不算錯。不過，如果瞭解文曉村二十多年來一直是《葡萄園》詩社的主編、社長，他在《我們的道路——序「葡萄園詩選」》中，說「我們只是平平實實，默默耕耘，盡一個園丁的本份而已。」在《園丁之歌》中，稱十三歲的「葡萄園」是「命定的王后」，自己是「妳的一名忠實的園丁」，他對「葡萄園」的奉獻是「我只是默默地耕耘／施肥與灌溉」。再來看「我只是守著一方土地／一步一步／默默耕耘」，我們是否會感到這是寫他在詩的領域，在《葡萄園》詩社這塊陣地上的辛勤勞作！要知道，光在理論上批判晦澀的詩是不夠的，還要拿出作品來，有了實績，「桃李不言，下自成蹊。」

第二節　怎樣評論人物形象

高爾基說：文學是人學。文學反映社會生活，與科學不同之處在於：文學是通過形象對社會生活作審美的反映。而要反映得好，就要把社會主體的人及其環境作爲主要的描寫對象。因爲人是生活在社會中，人與人要發生一定的關係。如果離開了人，自然沒有人活動的舞台，那也就不會有彼此間的糾葛，也就不會有故事情節，這就不能創造出敘事性的文學作品了。那些抒情性的作品中以自然景物爲描寫對象的作品，雖然沒有人物形象，但卻有詩人或作者的印記，卻有詩人或作者的形象在。所以，塑造人物形象，是文學創作的一個重要任務。

一、塑造人物形象的要求

塑造人物形象對反映社會生活如此重要，但不是任意地寫一個人物，就可以達到深刻反映現實的要求的。如果讀者看了作品以後，感到「千人一面」，「千篇一律」，那讀者是不會受到感動的，作品當然也就起不到它應起的作用。或者讀者讀了之後，只知道這個人做了不少瑣細的事，卻不知道它的思想感情是什麼。這樣的作品當然也不可能給讀者留下深刻的印象，它也缺乏認識價值和審美價值。所以，對塑造人物形象應該提出一定的要求。

(一)真實性

恩格斯在給英國女作家哈克奈斯的信中寫道：「現實主義的意思是，除細節的眞實外，還要眞實地再現典型環境中的典型人物。」⑬這句話中兩次談到「眞實」，其實談的都是描寫人物要眞實，因爲細節的眞實也是有關人物的。魯迅給阿Q戴氈帽而不是瓜皮小帽，就是爲了人物形象的眞實。因爲不注意戴帽子這個細節而戴錯，就會把阿Q變成一個流氓或癟三。當然，這裡所說的眞實，不是自然主義地記錄生活現象，像左拉在《娜娜》中描寫娜娜彎著脖子，從鏡子裡看她右後臀上的一個棕色小痣；而是要運用想像對生活事實進行概括，創造出比生活原型更高的眞實。再如《高山下的花環》中的副連長斬開來，在部隊回國評功評模時，連個三等功也沒立上。是他沒有戰功嗎？趙蒙生說：如果按個人戰果評的話，我們副連長絕對可以評爲戰鬥英雄！可是團裡有人說他思想境界一貫不高，是個牢騷大王。他發了什麼牢騷呢？不過是「自己的老百姓勒緊褲帶，卻白白送給人家二百個億！」他又是怎麼違犯紀律的呢？是在全連活下來的人個個口乾舌燥，有三個病號因流血過多和缺水而犧牲了，水成了戰鬥力的重要組成部份的情況下，才去拔甘蔗的。這些表現和他勇敢殺敵、炸碉堡結合起來遂使他成爲一個站得起來的眞英雄。

只有做到了眞實，人物形象才能夠給讀者以生活實感，也才能激發讀者的強烈愛憎。過去我們不少作家習慣於拔高人物，「四人幫」橫行時更發展到頂峰，要「高、大、全」，結果英雄人物都成了不食人間煙火的「天使」，讀者看到這種人物，既「自感弗如」，又「敬而遠之」。

白先勇《謫仙記》中的李彤，可說是一個有血有肉、眞實可信的人物。她這位貴族小姐，在家庭中落後，不能像「四強」中的其他三位一樣，丟掉貴族架子，刻苦攻讀，然後過普通人的生活：謀職、結婚、生子；她反而還是像「家勢最強」時一樣，我行我素：「我偏不」，「我偏要」，孤傲、寂寞、好走極端，三天兩頭地酗酒、搓麻將、賭馬、狂舞，……終於從失去靈魂到失去生命。但正因爲小說描寫了她的貴族性格、生活態度、悲劇命運，才使得這個人物成爲「失落的一代」中的一個眞人，而不是紙人。

㈡特殊性

在塑造人物形象時，只注意細節的眞實還是不夠的，還要再進一步，塑造出典型性格，並且還是典型環境中的性格。這就是講的特殊性與完整性。我們先說特殊性。

塑造人物時要使人物成爲與衆不同的「這一個」，就必須注意他的獨一無二的性格。要做到這一點，就要像金人瑞所說的：「《水滸》所敘，敘一百八人，人有其性情，人有其氣質，人有其形狀，人有其聲口」。⑭就是說寫每一個人有每一個人的性格、氣質、外貌、動作、語言，絕不能張冠李戴。我們看《水滸傳》第六十七回寫宋江與衆弟兄商議立梁山泊之主，吳用首先定調子，因爲他的軍師地位，這「兄長爲尊，盧員外爲次」的話，別人不能說。宋江長篇大論說了三條，一句一個「衆人無能得及」，明贊盧俊義，實是挑撥衆人反對盧俊義。這席話也只有他說才得體。在宋、盧二人「推讓」時，吳用又表態，立場鮮明，並用「恐冷了衆人之心」和眼色催大家表態。這時李逵首先大叫「你只管讓來讓去假甚鳥！我便殺將起來，各自散火！」這話說得多麼痛快！完全是「黑旋風」的口吻。武松的話則有心計，他擺出許多軍官都是受過朝庭誥命，只讓宋江，不從別人的理由。劉唐則擺出起初下山即有讓宋江爲尊之意，「讓後來人」說不過去。魯智深又是叫著和李逵內容相同的話，「若還兄長要這許多禮數，洒家們各自撒開。」但他不像李逵那樣口中不乾淨，也不說「殺將起來」。我們看這些神情、語言的描寫能不能互換一下？把李逵的話放到魯智深口中來說行不行？很明顯，由於人物生活的社會環境、歷史條件、生活實踐的不同，特別是文化教養、家庭環境、個人經歷的不同，決定了他們有不同的性格。大致相同的環境，由於作用於人物的因素不同，使人物的「合數」也不同，這就是決定他們各有特殊性的典型環境的重要作用。

歌德說：「作家如果滿足於一般，任何人都可以照樣模仿，但是如果寫出個別特殊，旁人就無法模仿，因爲沒有親身體驗過。」⑮可見塑造人物形象一定要著眼於特殊性，而不能滿足於寫出人物的普遍性。

當然，說塑造人物形象應著眼於特殊性，並不是說，要作家塑造的人物越怪越好；或者爲了追求人物的不同凡響，僅使人物性格與人之常情相抵觸，卻又不揭示造成這種特殊性的社會環境。

㈢完整性

前面講性格應是環境中的性格，就是要求塑造人物形象要注意把性格與環境聯繫在一起，也就是黑格爾說的要把情況（一般世界情況）、情境（動作、活動的場所）、情節（人物動作）融爲一個整體。黑格爾關於普遍性、特殊性、個別性三個環節聯繫在一起的論述，是辯證的方法，是塑造人物形象應當遵循的藝術法則。

概念化的作品之所以缺乏審美功能，就因爲沒從特殊性去把握人物，造成了普遍性與個別性的分裂。比如曹禺的《原野》，寫仇虎這個正面人物，由於沒考慮好將人物與環境聯繫在一起，因而寫得抽象。作者讓禍首焦閻王死去了，因而放過了他；又曲解了婆媳矛盾的階級實質（婆婆只是害怕兒媳和人通姦）。最後仇虎把矛頭對準了焦大星。而大星是個老實人，又是他少年時的好友。他殺死焦大星，根本不能表現他的反抗行爲。這說明，作家對社會的普遍矛盾雖有認識，但對具體的情況不熟悉。他只是從一般世界情況去把握人物，而不能從具體情境去把握人物。於是他雖有表現正面人物的願望，卻把人物寫得抽象。當然，作者並非無視矛盾的特殊性，而是由於他缺乏生活。⑯正是由於他缺乏生活，所以使得人物形象與環境脫節，從而使人物形象失去了它的完整性，使我們感到人物形象與作家主觀願望的割裂。黑格爾說：「每個人都是一個整體，本身就是一個世界，每個人都是一個完滿的有生氣的人，而不是某種孤立的特徵的寓言式的抽象品。」⑰「化概念為形象」，勢必損害形象的完整、統一，由此可知。

從黑格爾的話我們還可以知道，人物的完整性，還指人物性格不能是單一的，而應是豐富的；但在這複雜的性格因素中，卻有一個起決定作用的方面，從而使人物性格具有多樣性統一的性質。所以，塑造人物形象必須使人物性格具有一個主導的情志，如哈姆萊脫的復仇，《三國演義》中曹操的奸詐等，但不能使「主導」變成「唯一」。比方曹操的性格，他既有寧負天下人，殺死呂伯奢全家的一面，又有破袁紹後發現下級通敵信件看也不看就付之「盡焚」的一面；既有攻下徐州後為報父仇殺人掘墓的一面，又有征張綉時馬踏青苗割髮代首的一面；既有在華容道向關雲長乞憐的一面，又有看到他的首級笑問「雲長公別來無恙」的一面……這樣，這個人物性格就豐滿了。

塑造人物形象時應注意不要使性格單一，成為某種孤立性格特徵的寓言式的抽象品，像莫里哀的慳吝人只是慳吝人；但也不要使性格分裂，就是使各種性格因素處於平等的地位，而應突出性格因素中的主導特徵，像曹操既奸詐又有多副面孔。這樣的人物形象才是成功的藝術形象。

二、怎樣分析人物形象

在敘事性作品中，作家傾注了全部心血來塑造人物形象。但由於作家的生活積累，認識能力、藝術技巧水平不一，所塑造出來的藝術形象也就有高低之別。那麼，我們怎樣來分析人物形象，從而給他以恰當評價呢？

何其芳告訴我們：

研究文學作品中的人物，正如研究生活中的問題一樣，是不能從概念出發的。必須考慮到它全部的複雜性，必須努力按照它本來的面貌和含義來加以說明，必須重視它在實際生活中所發生的作用和效果，必須聯繫到文學歷史上的多種多樣的典型人物來加以思考。⑱

在這段話中，何其芳給我們提供了分析人物形象的科學途徑。根據他的提示，我認為分析人物形象可從以下幾個方面來考察：

㈠把人物放在特定的情境中考察

人物不是生活在眞空中，而是生活在現實世界裡，他的性格是為特定的情境所決定的。他行動必然要與社會環境和自然環境發生關係，他的感情必然要與社會環境和自然環境發生交流。離開了特定情境的人物，必將是無源之水、無根之木，自然站不起來、活不起來。

人是社會關係的總和。在考察人物時，首先要考察某人物與作品中其他人物的關係。因為人物的氣質、品性、遭遇，都是爲社會環境所決定，同時又是在這個舞台上表演出來的。魯迅筆下的祥林嫂，處在殘酷的人吃人的社會環境中，包圍她的是冷漠、愚昧和戕害。她的婆婆用買賣婚姻來打擊她，同是女僕的柳媽用封建迷信來折磨她，而魯四老爺則用整個的封建制度和封建禮教來摧殘她。祥林嫂掙扎著、反抗著，但終於敵不過社會環境，終於被吞食掉。如果我們不考察她與這些人物的關係，就不能把握她的性格，也看不到她的性格的發展。四嬸願意留下她當女傭，只是因爲她勤快能幹；婆婆虐待她，她不甘屈服才出來做工；被搶到賀家，她以死來反抗；柳媽的「好心」給她帶來更沈重的精神負擔；魯鎮普通人們的嘲笑，使她活著像死了一樣毫無生的意趣；魯四老爺不讓她在祭祀時沾手，在不能壓榨出一點油時就將她逐出門外，無異於宣判了她的死刑。但就是在死期不遠，這個被侮辱、被損害的勞動婦女，還探問有無地獄和靈魂，表現了她對於生存的頑強的追求。我們如果不認眞地分析她與這許多人物的不同關係，就不能全面地把握她的性格。這個道理是非常顯明的。

知性不能掌握美。我們在將人物與環境的各種矛盾進行分析的時候，不能滿足於將個別從整體中抽取出來，還要注意把它們綜合起來，明確它們之間的聯繫。不然，就會把個別的性質當成整體的性質，出現以偏概全的錯誤；或者把具有複雜而完整性格的人物形象肢解爲一堆性格因素的碎片。比如葉子（葉秀容）《破冬》中的《一把笑》，寫小學生蔡士良因爲愛「笑」受代課女老師處罰的一段故事。如果我們看到他這麼愛笑，就以爲他每天都很快樂，那就錯了。因爲阿良「就是不快樂，才更要笑，否則不快樂，還不笑，就更不快樂了。」如果我們看到他先笑了，後來又哭了，就說他有點精神不正常，那又錯了。如果我們像他一樣看到隔壁班的老師把粉筆頭丟到女教務主任的胖屁股上，看到那兩張臉上的錯綜表情，我們能夠不笑？如果我們像他一樣想起爸爸凝得出一把霜的眉宇、媽媽一副扁薄的苦臉、姐姐的悽悽樣子，看著眼前這善良、孤獨的女老師，我們能夠不哭？所以，只有將人物與他身邊的各種人聯繫起來進行分析，才能作出正確的判斷。

自然環境也是人物活動的舞台。

早在新文學初期，沈從文就把他的注意力放在湘西山民身上。他看重的是那裡的自然環境對人的性格的影響。在小說中，邊城蒼莽的自然景觀和人物的內心世界互相映襯，自然景觀成爲邊城人民質樸自然的人性美的生動象徵。

近年來，把人物置於大自然的背景中，在人與自然的搏鬥中展現人物風貌的作品，明顯增多。梁曉聲的《這是一片神奇的土地》，寫人與自然的對立；鄧剛的《迷人的海》，寫人與自然的融匯。我們看《迷人的海》中的「海」它有深不可測的底流，暗藏深處的礁石，凶殘而誘人的箭鯊，五壠刺兒的海參雖有神秘的錯魚守護，但那是稀有的寶物。面對著這凶險又充滿希望的海，老小兩代海碰子敢於拼搏。在拼搏的過程中，大海「道高一尺」，他們「魔高一丈」。大自然的雄偉氣勢，成爲他們英雄性格的有力襯托。他們從大自然身上，吸取了博大和深邃。在與大自然的較量中，他們感到了自己的力量。所以在分析這類作品中的人物形象時，我們要把大自然看成人物活動的「典型環境」。當然，大自然是「人化的自然」，人與自然的對立和融匯歸根結蒂是社會的人與自然的對立和融匯，現實世界裡沒有世外桃源，在分析時仍要聯繫到社會，聯繫到人與人的關係。

㈡考察人物的社會意義

恩格斯在評論《城市姑娘》時說耐麗這個人物，從她所處的具體環境看，「是夠典型的」，但從現實社會的大環境看，「也許就不是那樣典型了」。爲什麼同是一個耐麗，既典型又不典型呢？原來是看問題的角度不同，從小處著眼，是典型的；從大處著眼，又不夠典型了。

所謂從大處著眼，是指從人類命運的全局著眼；也就是要求人物能反映出變革了的社會現實，從而對推動社會的發展起積極的作用。所以我們在分析人物形象時，一定要考察他的社會意義。

寫英雄人物，宣揚新事物當然最好；寫「中間人物」同樣對大家有教育作用；寫反動人物，給予鞭打，從反面肯定美好事物，也一樣具有社會意義。我們主張寫新人物，但避免搞「題材決定論」，所以不強求作家去「寫什麼」，而更強調「怎樣寫」。

正像現實生活中的人物高尚與否要看他的精神面貌一樣，作品中人物的思想內涵和作家對它的情感態度決定著它的社會意義。

路遙的《人生》爲我們塑造了高加林和劉巧珍這兩個豐滿的人物形象。我們且來看看劉巧珍這個人物形象有怎樣的社會意義。

劉巧珍具有我們中華民族的傳統美德：善良、純眞、謙和，具有一顆「金子般的心」。她愛高加林，也表現出她對文明、對新生活的追求。但是，她在精神上是既富有又貧困，因爲在善良中混合著愚昧，純眞中包含著幼稚，謙和中夾雜著自卑……這種複雜的心態是我們民族在改革開放的情勢下必然會出現的。因而這種類型的人物形象的社會意義在於：她是我國處在改革時期的一面鏡子，她照出了我國人民精神領域裡新與舊搏戰的狀態。

作家對劉巧珍是傾注了全部的同情的，這是因爲作家是根據自己的愛好來塑造人物的。由於作家對生活的認識有待於深化，所以他的主觀性妨礙了他在更深的層次上揭示人物的悲劇性格。雖然如此，這個人物畢竟具有豐富的思想內涵——傳統觀念與新的文明的交戰，從而具有較大的社會意義——較爲完整地反映了歷史發展的必然趨勢。

人物形象的社會意義是主客觀的統一。作品中的人物是現實中人物的加工改造，必然滲透著作家的情感態度和評價。因之我們在分析人物時，一定要考察作家的主觀性的品格（表現在作家對人物的概括介紹，對人物語言、行動、心理的描繪中，更突出地表現在對人物的抒情、議論中）。看是有助於反映對象規律，還是違反對象規律，抑或是肆意歪曲對象規律。像拉薩爾把垂死階級的代表人物濟金根，描寫成人民的救世主，這是作家的主觀性隨意歪曲對象的顯例。魯彥周的《天雲山傳奇》，最早反映了反右擴大化問題，刻劃了幾個有思想深度、有鮮明個性的人物形象，成就是不小的。但其中羅群的形象卻有點理想化，他幾次受冤屈之後，仍然堅定如磐石，沒有一點思想鬥爭。但是現實生活中的人是這樣的嗎？作家爲了使人物更具有教育意義，因而作出了違背對象規律的描寫，結果是簡化了人物形象的思想內涵，使人物平面化而不是立體化，反而削弱了它的思想意義和教育意義。

敘事作品的人物形象，是作家表現主旨時著重考慮的對象。所以分析人物形象的社會意義，實際上是在探求作品的社會意義。這就是重視分析它的社會意義的原因。

(三)考察人物性格塑造上的特色

一篇敘事作品成就的大小，人物塑造是否成功是一個重要的標誌。我們對人物性格塑造的要求是特殊性——主導情志和複雜性格的統一。作家用怎樣的藝術手法塑造出具有獨特個性的人物形象來，這是我們分析人物形象時必須考察的一個問題。抓住了這一點，也就是抓住了作品的藝術特色。

1.以情感人

陸機在《文賦》中說：「言寡情而鮮愛，辭浮漂而不歸。猶絃么而徽急，故雖和而不悲」。他的意思是：文學作品沒有包含眞實、深厚的感情，專去追求空泛的詞藻。這就像很細小的絃奏很急促的調子，雖然諧和卻不感動人。作家們都是懂得這一點的，所以，他們都非常注意通過抒寫人物的感情來塑造人物，展示主旨。

周渺是一位善於寫情的作家，繼《脈脈此情誰訴》、《分明非夢亦非煙》之後，他又寫了《夢裡尋他千百度》（刊《長城》一九九〇年第三期）。

小說的女主人公玉娟，是一個溫柔多情的女子。當林英因爲自己患肺結核，提出和她斷絕關係時，「她罵我怯懦，罵我褻瀆了她的感情，甚至說休學一年更好」，因爲這樣一來，「我可以考取你的學校，我們可以在同一個教室裡聽課。」當林英屈從於母親的壓力（母親嫌她父親是管制對象），決定與她分手時，她對他們的寡情表示諒解，表現出善良敦厚的美德。後來，爲了追求愛情幸福，她拼命提高自己的「政治條件」。但當她以連續三年的三好學生，被免試保送進北京政法學院時，林母卻又無理地要求她與自己的父親斷絕關係。這時，爲了不拖累所愛者，爲了不讓他爲自己而受苦，她主動提出了再次分手。結果，在林英爲了自己的「前途」，連自己的地址也不告訴她，而她在絕望的情況下，馬馬虎虎地嫁給了一個貧農黨員。雖然如此，對背叛過自己、傷害過自已的林英，她還是「情深意長」。通過這些愛情糾葛，作家爲我們塑造了一個感情豐富、楚楚動人的女性形象。

男主人公林英在婚戀問題上優柔寡斷。他既想追求愛情的幸福，又想做又紅又專的黨員作家，最後兩頭失脫，作品結尾，寫他的無窮的悔恨：「我孤獨地走著，漸漸放慢了腳步，心裡有說不出的凄涼。」「不，誰都不能埋怨，只能埋怨我自己，怨我的自私，怨我的怯懦，怨我違心地趨時……是我，是我這雙無情無義的手，把玉娟推到了別人懷裡！」「我依舊悵惘地立在站牌下……心頭默誦著：『一懷愁緒，幾年離索，錯、錯、錯』不覺潸然淚下……」這樣描寫，纖毫畢現地坦露了他那顆滴血的心。

這篇小說於是根據親身經歷加工而成，所以是一篇自傳體的小說。它以第一人稱的口吻敘事抒情，使讀者感到眞實親切；它通過大膽眞率的描寫，發洩了憤世嫉俗的情緒，表現出痛苦掙扎的呼叫；它讓林英通過大量的感嘆句，淋漓盡致地暴露自己，譴責自己，彷彿使讀者親耳聽到他的傾訴和嘆息。總之，這篇小說，在藝術表現上，突出一個情字，通過抒情的手法，描繪十年動亂期間，某些知識份子在極左政治的壓力下，所表現出的自私和怯懦，終於爲自己種下人生的苦果，因而使作品具有一種特殊的感人力量。

2.透示內心

侯金鏡在《短篇小說瑣談》一文中，曾經把心理活動與作家的關係，對作品的意義作了這樣的描述：

> 一個人的心理活動是一個人的行爲的動力和基礎。從一定的意義來說，把握和描寫人的心理活動，是作家的帶有根本性質的任務，顯示了人的心理活動，才能表現出人物的性格。文學如果不能描寫出人的心理活動，就沒有文學。⑲

不能寫出人的心理活動就沒有文學，這把心理活動的描寫提高到怎樣的地位！但他說得有理，因爲重要的不在做什麼，而在怎樣做；不在人物有什麼行爲，而在於他爲什麼有這些行爲。文學作品如果只是寫人物說了什麼話，有什麼行動，而不揭示他的心理活動，那麼我們對於人物的精神世界還是不能理解的；因爲在生活中我們看到同樣的語言、行動，出自心理不同的人物之口。也因此，作家們都很重視人物的心理描寫。

需要說明的是，我們所說的描寫心理，與英國弗吉尼亞、伍爾夫所說的「側重點轉移」不同。伍爾夫要小說家把興趣由「這一點」轉移到「那一點」，「那一點，即興趣的集中點——很可能就在心理學曖昧不明的領域之中。」⑳這表明：她要求作家把注意力從客觀世界轉向主觀世界，特別是非理性、潛意識那一點。我國的魯樞元「向內轉」的提法恐從伍爾夫處脫胎而來（參見其《文藝心理闡釋》第一五頁）。知人知面不知心。我們主張寫心。但描寫心理不應過於偏重描寫非理性、無意識的東西，而否定外在的客觀世界，否定通過描寫心理活動的外化，如語言、行動、表情來寫人。因爲人物性格必與具體的時空情境相聯繫，並通過它來表現。某些意念小說的不足，就在於它排斥了藝術是現實生活的反映，縮小了再現生活的天地。

契訶夫是非常重視人物的心理描寫的，他的《萬卡》就是一篇典範的作品。

這是一個九歲小孩不堪忍受老板虐待，幻想爺爺領他回鄉的故事。它非常簡單：萬卡在聖誕節前夜給爺爺寫信，訴說他的苦難，請爺爺把他領回鄉下，寫完信，他夢見爺爺把他的信唸給別人聽。但是，這個簡單的故事不只深刻揭露了沙皇的黑暗統治，而且塑造了一個性格十分鮮明的人物，在塑造人物時主要運用的是心理描寫的方法。

作家沒有用敘述人的語言來描繪人物的心理，而是讓人物直抒胸臆。萬卡直接向爺爺訴說自己的不幸：經常挨打，沒有吃的，「餓得要命」，「連狗都不如」。對此，他是不甘忍受的。所以他懇求爺爺：「快來吧，親愛的爺爺」，「我求您看在基督的面上帶我離開這兒，可憐可憐我這不幸的孤兒吧」。這痛哭的哀號和呼救，眞切地傳達出他急於跳出苦海的心情和他對於剝削者殘酷壓榨的憤怒之感。

接著作家又用幻想和回憶來刻劃萬卡的心理：他想像著爺爺，爺爺好像就在眼前。他想像著爺爺雖然生活很苦，但卻很樂觀。而他跟著爺爺，雖然也很苦，但是很快活。甚至連星星也「快活地眨著眼」。這些幻覺，表現出人物這時的環境太惡劣，在他的心靈深處迫切地追求著美好自由的生活。最後作家又通過夢境描繪了他的心理，他夢見爺爺唸信，夢見暖炕，夢見「泥鰍」「搖著尾巴」。夢是心理的曲折反映。在這裡，它反映出小萬卡改善生活的強烈願望——「甜蜜蜜的希望」。

除此之外，作家還通過表情和動作間接描寫人物心理：萬卡寫信時擔心地看著門口和窗戶，寫出他偷著寫信的緊張心情。又寫他「撇撇嘴，拿髒手背揉揉眼眼，抽咽了一下。」把小孩子面對奴隸生活深感痛苦但又有很強自制力的性格特點描繪了出來。而只穿著襯衫跑到街上發他那「沒有地址的信」，更活脫脫地寫出小孩的幼稚和毛糙，給人以逼眞之感。

需要指出的是，這篇作品之所以著力描寫心理，還與作家把人物與環境結合起來有關。因爲萬卡生活在孤苦無告的環境裡，所以作家才採取了打開人物心靈大門的寫法。

3.象徵暗示

馬拉美說：象徵就是「一點一點地把對象暗示出來，用以表現一種心靈狀態。反之也是一樣，先選定某一對象，通過一系列的猜測探索，從而把某種心靈狀態展示出來。」㉑可見象徵就是暗示，指的是作者描寫的是某一具體形象，而所要表現的卻是一種抽象的意義。由於作者的眞正用意，需要讀者運用自己的想像力才能發現，所以作者樂於使用它來吸引讀者。另一方面，由於象徵意蘊具有多義性，與具體形象並不是單一的對應關係，讀者可以根據自己的生活經歷、審美需求各取所需，所以讀者也樂意閱讀這樣的作品。於是用象徵手法來描寫人物的作品近年來逐漸增多。像阿城的《棋王》中的一段描寫：

王一生孤身一人坐在大屋子中央，瞪眼看著我們，雙手支在膝上，鐵鑄一個細樹樁，似無所見，似無所聞。高高的一盞電燈，暗暗地照在他臉上，眼睛深陷進去，黑黑地似俯視大千世界，茫茫宇宙。那生命象聚在一頭亂髮中，久久不散，又慢慢彌漫開來，灼得人臉熱。

王一生與九個人下棋，「九局連環，車輪大戰」，他勝利了。上面的描寫就是他勝利後的特寫鏡頭。這時他自然還是王一生。但似乎又不只是王一生。小說中的「老者」評他的棋道是：「匯道禪於一爐，神機妙算，先聲有勢，後發制人，遣龍治水，氣貫陰陽，古今儒將，不過如此。」我們可以理解爲這是在宣揚禪宗和道家的哲學，是不是可以理解爲人生的價值就在於不停地拼搏？或者像王一生自己醒悟到的：「人還要有點兒東西，才叫活著。」也就是說表現了精神生活高於物質生活的需求。或者，……

……

再如李銳的《厚土》系列，其中十幾位女性形象就構成了呂梁山婦女的象徵系統。段崇軒在《「厚土」底層的女人們》中分析道：

《厚土》中十多個女人無一不是模式化、象徵化的。他們沒有名姓，沒有性格，沒有身世，也沒有像貌，她們都是一樣的善良、溫順、哀怨、堅韌，絕對沒有一個壞女人。每一個「她」，都象徵著婦女的一種品格、一種精神、一種生存，組合一起便構成了呂梁山婦女的整體生存狀態和心理狀態，又由這些形形色色的女人的生存，折射出貧瘠而豐富的厚土的內在機制和全部底蘊。㉒「模式化」、「沒有性格」云云雖然有些過於武斷，但認爲這批小說中的女性象徵了呂梁山婦女的某些品質，卻是不錯的。對於這些迫近生活，寫出了生活的原型和原汁的作品，在塑造人物形象或人物描寫時賦予抽象的意蘊，從而打破了蠢才的比喻（如以美人比花），給人以陌生化的感覺，還是應該予以充分的重視。

臺灣作家在塑造人物時也常常採用象徵手法。

老作家林海音《曉雲》中寫道：

> 我摸著自己微熱的面頰，忽然想起我的兩頰的玫瑰紅色，實在並不是好的象徵，每天上午，我的臉是蒼白的，到了下午，就慢慢地泛起了一層紅暈，它是很明顯的一種病狀，晶晶也許不會知道，怎能瞞過梁太太呢？

曉雲說她的兩頰的玫瑰紅色不是好的象徵，根據下文推斷，她是怕自己的肺病被梁太太發現，失去家庭教師的職位，生活無著。但這只是顯而易見的表層的含意。從深一層看，這肺病的潮紅暗示著不幸的愛情，雖然這愛情一度給他們帶來陶醉，但「最後是毀滅」。

老作家鍾肇政在《臺灣人三部曲》之一的《沉淪》中，寫秋菊被阿岱施暴前，夢見自己跌落在一條又窄、又深、又長的峽谷中，看見了野獸的眼睛，接著被野獸抓住，「給撳在地上」，朦朧中還聽見「嗚嗚」的哭聲。而後來的情節就是秋菊被阿岱「雙臂使勁鉗住」，「按倒了」，「她暈過去了」

……很明顯，她的夢暗示了她未來的命運。所以，這是以虛寫實，以夢境折射現實，也就是象徵暗示的手法。

我們在這裡提出了幾點來談怎樣評論人物形象，決不是劃定條條框框。正如何其芳所說，研究文學作品中的人物不能從概念出發，要看到生活的全部的複雜性。作品對人物肖像的描繪是否做到了形神兼備？對性格的刻劃是否達到了「這一個」的高度？所用細節是否典型？能否充分地展示人物性格？敘述人的語言是否精要？能否幫助讀者理解人物？……所有這些問題，評論者都可以去探討，從而寫出評論文章。

【附註】

① 葉蔚林《泉水、青檀樹及其他》、《美育》，一九八三年第五期。
② 《朱光潛美學文學論文選集》，二七二頁。
③ 《新藝術創作論》，三九頁。
④ 《文藝報》，一九八四年六期。
⑤ 《高爾基文學論文選》，二九六頁。
⑥ 《小說選刊》，一九八三年九期。
⑦ 《集外集拾遺〈絳洞花主〉小引》。

⑧《悲劇心理學》，一〇八頁。
⑨《列夫・托爾斯泰日記選》，《古典文藝理論譯叢》第一冊，一九四頁。
⑩《且介亭雜文集「題未定」草（六至九）》。
⑪《馬克思、恩格斯論藝術》，第一卷，二〇五頁。
⑫《文學評論之原理》，商務印書館，五頁，五七頁。
⑬《馬克思、恩格斯選集》第四卷，四六一頁。
⑭《「水滸傳」序三》。
⑮《歌德談話錄》，一〇頁。
⑯參見《曹禺論創作》，一四一頁。
⑰《美學》第一卷，二九五頁。
⑱《何其芳選集》第二卷，三四五頁。
⑲《侯金鏡文藝評論選集》，一二頁。
⑳《論小說與小說家》，瞿世鏡譯，一一頁。
㉑《西方文論選》（下），二六二頁。
㉒《文學自由談》，一九八九年第五期。

第七章　怎樣評論文學作品（中）

第一節　怎樣評論情節

一部敘事作品能夠激動人心，使人經久不忘，在很大的程度上，決定於它的情節的典型與生動。這一點，在用我國傳統寫法寫成的作品中，表現得尤爲突出。最近一段時期，通俗文學崛起，它的魅力所在，正是具有引人入勝的故事情節。所以老作家孫犁說：「小說的情節，就好像人體的脈搏，它表現著作家和作品的健康和氣質，從總的方面來看，整個的情節就是作品整個的生命，它無疑是很重要的。」①這段話充分闡明了情節對於作品的意義。因此，我們在評論敘事性文學作品時，應該認眞對情節加以研究。

一、情節的概念

情節是反映在作品中的一組生活事件。在生活中，人與事是不能分割的，故事情節產生於人物的行動，沒有人就沒有事；事件都有它的起因，發展和結果，即演變過程。把這些寫進作品，它就是情節。高爾基的定義說：「文學的第三個要素是情節，即人物之間的聯繫、矛盾、同情、反感和一般的相互關係——某種性格、典型的成長和構成的歷史。」②這就說明，情節是離不開人物之間的相互關係的，是離不開人物性格的發展的。

例如浙江省昆蘇劇團改編的昆曲劇本《十五貫》，由《鼠禍》、《受嫌》、《被冤》、《判斬》、《見都》、《疑鼠》、《訪鼠》、《審鼠》八場戲組成。這八場戲，圍繞反對主觀主義，官僚主義，提倡調查研究、實事求是這一主旨組織在一起，情節前後相連，環環相扣，完整地表現了況鐘為熊友蘭、蘇戍娟冤案昭雪的過程。

但也有一些敘事作品，沒有完整的故事情節，它的抒情性較強。這是由於它的作者認為那些五光十色的故事不能深刻地反映生活。不過，這一類作品還不大符合我國廣大讀者的藝術趣味。所以，勇於探索的作家還是努力使故事性與抒情性結合起來，讓意識流流成情節，使拼貼畫的畫幅之間有故事的聯繫。

為了弄清情節的概念，我們還必須弄清楚以下兩個問題：

㈠情節與細節

細節又稱細節描寫，屬於描寫的範疇。它與情節的關係是，它是情節的組成部份。情節就是有情（情況）有節（細節）。不同於情節之處是細節離不開描寫，所以它才叫細節描寫。如果用敘述這種表達方式來寫，那就不叫細節了。

爲什麼要重視細節？王朝聞有一段話可以回答：

沒有細節，沒有具體描寫，就沒有形象。……藝術的概括，藝術的典型的塑造，必須和具體的細節描寫結合在一起，依靠它們來體現。③

原來，沒有細節就不能塑造人物形象，就不能充分表現主旨，就缺乏感染力量。怪不得我們看到有些作品裏的人物形象蒼白無力，故事情節千篇一律，讀完之後掩卷沉思，腦子裡空空如也。原來這都是缺乏眞實生動的細節描寫的結果。細節不細，細微末節見精神。一篇作品成就高低，細節描寫成功與否也佔著很大的比重，値得我們認眞研究。

但是細節是爲塑造人物、表現主旨、推動情節服務的，不能爲細節而細節，畫蛇添足，只會給作品的藝術性帶來損害。這是因爲細節只是作品的一肌一肉，它離開了骨胳和心臟，也就失去了生命。另外，使用細節也要注意體裁，劉以鬯先生指出：「短篇的目標既是『單純的效果』，就不能有太多的細節描寫。」④並批評郁達夫的《沉淪》、老舍的《月牙兒》、蔣子龍的《喬廠長上任記》等「寫得很不經濟。」

㈡情節的線索

一個完整的故事情節，一般都由開端、發展、高潮、結局四個部份組成；有的作品，在開端之前有序幕，在結局之後有尾聲。這些組成部份，標誌著事件發展的各個階段，它們並不是孤立的，而是彼此之間有著內在的聯繫，所以唐彪在《作文譜》中，用人體內的「氣脈」來說明它：「上自泥丸，下至湧泉，周流旋轉，融洽於百骸四肢。」這種存在於作品中的有機聯繫，貫穿在整個情節發展中的脈絡，就叫線索。

線索的作用是把一粒粒零散的珍珠，穿綴成一串完整的項鏈，也就是說，它把能揭示人物性格和作品主旨的細節和情節，連綴成一個有機的整體。

情節簡單的敘事作品，只有一條貫穿始終的線索。如莫泊桑的《項鏈》就以借、賠項鏈爲線索，把一個個生活事件構成一個完整的故事。但如果情節較複雜，則作品的線索就可能不止一個，而是兩個或更多。比如《紅樓夢》就有三條線索：一條是以賈寶玉、林黛玉爲首的封建叛逆者與以賈政、薛寶釵爲代表的封建衛道者的矛盾鬥爭，這是主線。另有兩條副線：一條是晴雯、鴛鴦等奴隸與賈赦、王夫人等封建主子之間的矛盾鬥爭；再一條是賈政、賈赦等封建統治階級內部互相傾軋。這三重線索交織一起，以主線爲統帥，副線圍繞著主線，共同表現了封建專制必將崩潰的主旨。

線索不僅有上述的單線與複線之分，還有明線與暗線之分。如魯迅的《藥》就有明線——華老栓買人血饅頭爲小栓治病和暗線——夏瑜爲革命犧牲這兩條線。明線也不一定是主線，像夏瑜犧牲就是貫穿全篇的主要線索。因爲作品的主旨不是表現封建迷信和「親子之愛」，而是批判資產革命的脫離群衆。全篇的情節，都是圍繞著夏瑜的革命和犧牲逐漸生發出來的。

劉熙載在《藝概》中說：「惟能線索在手，則錯綜變化，惟吾所施」。能抓住線索，就能胸有全局，從而準確地評論情節的得失。

二、情節的要求

在現實生活中，人與人的關係，人與自然的關係，構成了一個個生活事件，如果把這些生活事件原封不動地搬進作品中，那麼即使是莎士比亞，他的劇作也缺乏情節的生動性和豐富性。因此，對情節必須提出一定的要求，以避免陷入自然主義的困境。

(一)目的性

情節就是人物的行動。一般來說，作家在進行藝術構思時，情節和人物是二位一體，不可分離的。但塑造人物形象畢竟是創作的首要任務，見事不見人的作品，終究會有如過眼雲煙，不能給人們以深刻的感染。所以高明的作家總是隨著人物性格的發展變化來組織情節。老舍就說過：「一定要根據人物的需要來安排事件，事隨著人走，不要叫事件控制著人物。」⑤他的《駱駝祥子》就是根據人物性格發展的需要，把事件打亂，重新組織而成的。

之所以要強調爲人物塑造服務的目的性，是因爲如果人物是人物，情節是情節，人物的行動與他的性格南轅北轍，讀者就會看出情節是作者生編硬造出來的，是違反生活眞實的。比方茅盾的《子夜》裡，描寫吳蓀甫眼睛全紅了，咬著牙齒，想破壞什麼東西。接下去就是強姦王媽的情節，算是表現了「他只想找什麼來泄一下氣」。這樣的情節就不符合吳蓀甫的性格邏輯，因爲他是一個持身比較嚴謹的人，並不像趙伯韜那樣不講羞恥；在大禍將臨急需解脫的情況下，他更不敢冒著被人發覺的危險去強姦王媽，致使自己身敗名裂。所以，這個情節完全是概念化的產物。

主旨是作品的靈魂。人物、情節，都要爲表現主旨服務。所以，選擇情節，也要考慮到表現主旨的需要。狄德羅說：「他必須精選情節而在利用時應該善於節制；他應該把各個情節按照主題的重要性作適度的安排，並在它們之間造成一條幾乎不可缺少的聯繫。」⑥這就說明，選擇情節不能只從情節本身的豐富生動考慮，而應從能否表現深刻的思想意識來考慮。

果戈里的中篇小說《外套》的情節來源是官場中的一件逸聞：一個很窮的小官吏加班加點的工作，節衣縮食，積攢下二百多盧布買了一隻獵槍。當他第一次打獵時卻把獵槍丟了。於是他發起高燒，再也爬不起來。幸虧同事們湊錢幫他買了一支獵槍，他才恢復了生機，聽了這則逸聞，大家都把它當做笑話。但果戈里卻低頭沉思，他同情這個窮官吏，他也發現了隱藏在這事件背後的深刻的社會悲劇。爲了揭露沙皇統治的黑暗現實，他把「獵槍」換成了「外套」。這樣一來，就不是一個人的愛好問題，而是一個嚴重的社會問題。故事的結局也不是大家解囊相助，而是「誰也不管誰」，主人公悲慘地死去。這一情節的改動，也完全是爲了表現他自己對當時社會的深刻認識。由此可見，果戈里在選擇、提煉情節時，他的目的性是很明確的。

㈡**典型性**

情節的起碼要求是眞實。如果虛假，作品的思想意義和藝術力量要大打折扣。但要使作品具有較高的價值，光是情節眞實是不夠的。生活中的事件，不分主次，看到什麼就寫什麼，即使寫得再眞實，也只會被譏爲自然主義；如果不是這麼嚴重，至少也是堆砌事件，叫讀者看得發煩。所以，重要的是要使情節具有典型性。當有人認爲捉阿Q用機關槍是「太遠於事理」時，魯迅在《華蓋集．忽然想到（七—九）》中說了這樣一段話：

> 但阿Q的事件卻大得多了，他確曾上城偷過東西，未莊也確實出了搶案。那時又還是民國元年，那些官吏，辦事自然比現在更離奇。先生！你想：這是十三年以前的事呵。那時的事，我以爲即使在《阿Q正傳》中再給添上一混成旅和八尊過山炮，也不至於言過其實吧。

魯迅的話說明，這表面上好像「言過其實」的細節，實際上是入骨三分地寫出了當時官吏的昏庸無能和腐朽透頂。

我們可以設想一下，如果魯迅寫捉阿Q只派了兩個持槍的兵丁，那可能是眞實的了，但這樣一來，那些官吏既兇殘又怯懦的本質，又怎能得到淋漓盡致的表現呢！

典型的情節並不是生活中的事件的翻版，而是對它的加工改造。它的基礎可以是大量存在的事實，也可以是少見的，甚至絕無僅有的事實。重要的是，作家要有藝術概括的本領，使情節既源於生活，又高於生活；既具有生活的眞實，又具有藝術的眞實。這樣的情節就再不是「沒有意義的故事」，而是能夠揭示典型環境和典型性格的典型情節了。

文學創作是通過個別反映一般的。使情節典型化，也就是使所提煉的個別情節在反映社會生活時，能做到既廣闊又深刻，同時能強有力地表達主旨和刻劃人物性格。

㈢生動性

能使情節具有典型性，這在作家來說，是在構思方面花費了巨大勞動的，因而也就使作品具備了較高的價值。但是，要想使作品具有引人入勝的魅力，要想使作品更好地發揮「寓教於樂」的功能，情節就還須具有生動性。

伏爾泰在《論史詩》中說：「對於每一個醉心於那些超越日常生活範圍之外的事物的人，情節越帶有鼓舞性就越能使他感到愉悅。同時，情節必須是動人的，因爲一切的心靈都要求受到感動。」⑦在這段話裡，伏爾泰對情節提出了兩個要求：鼓舞性與動人。這兩個要求可以說就是奇異與曲折的要求。

文學是生活的鏡子，但誰也不願看那同生活沒有兩樣的文學作品，大家都願看那既反映了生活，又不同於生活，而是比生活更高更美的作品。所以超越於日常生活的奇異的情節，就能使讀者感到莫大的滿足。爲什麼大家看《西遊記》時廢寢忘食？爲什麼人們讀《麥琪的禮物》（歐·亨利作）時愛不釋手？不就是因爲孫悟空會七十二變，一個筋斗能翻十萬八千里，降服了一個又一個妖怪嗎！不就是因爲德拉與傑姆各自作出重大犧牲要使對方在聖誕節得到歡樂，而結果卻給對方心靈造成出乎意外的創傷嗎！

人貴直，文貴曲。作家多追求情節曲折的境界。法國作家莫泊桑是短篇小說聖手，他的《項鍊》

是精心安排情節的傑作。而《項鍊》的最大特色就是情節曲折，波瀾起伏。小說一開頭，就擺出了矛盾：漂亮迷人的瑪蒂爾德因貧窮嫁給了小科員。當她感到傷心痛苦地熬日子的時候，忽然有一天丈夫拿來了部長的請柬。這本來是她日夜追求的，可她卻怨氣衝天。爲什麼？原來她沒有像樣的衣服和首飾。當這些都弄到了手的時候，緊接著是女主人公在晚會上大出風頭，可是，樂極生悲，首飾掉了。這眞是一波未平，一波又起。接下去，她和丈夫借債賠了項鏈，又經過十年辛勞才還清債務。照說，現在是一切了結了。誰知作者又異峰突起：闊太太告知借去的項鍊是假的，頂多也就值五百法郎（她卻花去了三萬六千法郎）。這在讀者的心目中，又如「一石激起千層浪」。作家就是這樣一個矛盾接著一個矛盾，推動著情節一層層向前發展，同時也向讀者一個又一個地提出懸念，逼得讀者手不釋卷地讀下去。再如香港老作家侶倫的長篇小說《窮巷》，寫窮文人高懷救了要自殺的白玫，沒有辦法安頓她，只好把她帶回到四個單身漢的宿舍同住；隱藏下來的漢奸惡霸王大牛追找上門想強姦白玫，正巧被曾遭他陷害、被日本憲兵打得死去活來的莫輪認出告發。這些情節也出人意料，耐人追尋。文似看山不喜平。如果《項鍊》和《窮巷》的情節缺乏戲劇性，讀者一看開頭就知道作品的結局，他們怎麼會去關心人物的命運呢？他們又怎會聚精會神地閱讀、思索、評論呢？

當然，要求情節曲折生動並不是要作家不遵循生活的邏輯，去刻意追求離奇古怪、荒誕不經的故事，而是要求情節的安排不落俗套。狄德羅在《論戲劇藝術》中說：「假使歷史事實不夠驚奇，詩人應該用異常的情節來把它加強；假使太過火了，他就應該用普通的情節去沖淡它。」⑧就是這個意思。

我國唐代有「傳奇」，這「奇」字，就指的異常，異常的人、異常的事。無「奇」是不能傳的。但如果過火了，就容易使人感到虛假。所以，提煉情節時要注意做到出人意外又在人意中。

三、怎樣分析情節

明確了情節的概念和要求，當拿到一篇作品時，應從以下幾個方面入手來進行分析。

(一)抓住情節主線

一篇作品的情節線索，把作品中的一系列事件綴在一起，構成一個完整的故事。如果這篇作品只有一條線索，我們對它進行分析，就可以知道情節發展的各個組成部份，從而把握作品的主旨與人物性格。但是，如前所說，多數作品由複線組成。這時我們就必須找出哪是主線，哪是副線，並重點分析主線上的人物活動。因為，副線上的一些閒筆浪墨，雖與主旨有內在聯繫，但它不是表達主旨的基本情節。比如《紅樓夢》中寫劉老老三進大觀園，主要起綠葉扶持牡丹的作用，使得情節豐富生動。而主線則統率全篇，且統率副線，它要求副線圍繞著自己展開並為自己服務，從而更有力地表現主旨和刻劃性格。所以，我們在遇到有複線的作品時，一定要抓住主線。否則，就會對主旨的把握出現錯誤。比如把華老栓為小栓治病作為主線，就會把《藥》的主旨誤為破除封建迷信和「愛之適足害之」的親子之愛。

如何抓住主線呢？主線是貫穿全篇始終的，副線可能貫串全文，也可能只是局部點綴。那不曾在開頭出現的線索或結尾處不見蹤蹟的線索，肯定不是主線。如果兩條線索都貫穿始終，我們則看那條線索是情節的核心，是其他情節生發的起源。比如夏瑜的革命與犧牲之所以是主線，是因爲有了夏瑜的犧牲，才有康大叔拿他的血去賣給小栓吃，從而生發出華老栓爲小栓治病、茶館裡衆人議論夏瑜的被殺、華大媽上墳時因看到兒子的墳上沒有花圈，而產生的不足和空虛的感覺等等情節。

㈡著重分析高潮

敘事作品按照矛盾衝突的發展程序，將情節劃分爲幾個階段。在這些階段中，我們要著重分析高潮。這是因爲，高潮又叫焦點、頂點、高峰、顧名思義，它是矛盾與衝突達到最緊張、最尖銳的程度，接近解決但尚未解決的瞬間。在這一階段，主旨得到最明朗的揭示，人物性格得到最充分的表現。因此，作家們都集中力量來寫好高潮，有的作家爲了使篇幅集中，甚至省略了開端或結局，比如張一弓的作品，常常是一開篇就使矛盾激化，使主人公於成敗安危在此一舉的時候表現出智慧和力量。既然如此，我們就應像作家集中筆墨寫高潮一樣，集中精力分析高潮。通過對高潮的分析，理解作品的主旨和人物的性格。例如京劇《四進士》的高潮在第二十四場，這時宋士傑和顧讀的矛盾已經達至了頂點，兩人的性格得到充份的展示，反對貪官污吏的主旨也得到了完滿的表現。

高潮一般都安排在接近結尾處，如《四進士》共二十五場，高潮之後緊接著就是結尾。這樣安排是由於矛盾激化到白熱的程度，就要求解決。而最尖銳的矛盾一旦解決，情節就直線下降，作品就非得結束不可。所以，找出高潮並不是很難的事。

一個完整的情節的各個組成部份，都是有其思想內容的。說著重分析情節的高潮，並不是說可以不管開端、發展和結局，只是說要在高潮部份多花些精力，多下些功夫。

㈢檢驗巧合程度

文學作品的特點，是通過偶然性表現必然性。情節出人意外，又在人意中，就是對情節發展規律的科學總結。分析一部作品的情節，就要看它是否離奇曲折，引人入勝；又要看它是否符合現實生活的邏輯，眞實可信。

劉兆林的《雪國熱鬧鎭》就是情節奇巧曲折而又合乎情理的好作品。一開始，作者就抓住了讀者的好奇心：「熱鬧鎭出了大亂子，史無前例的大亂子啊，誰聽了都得嚇一跳——大風雪之夜，駐軍走了十分之一」。隨著情節的展開，我們逐漸明白，新兵牛犇的「外逃」，不過是爲了越境換奶，以解決啞女嬰兒的吃奶問題。牛犇越境這一情節是令人驚奇的，但他是一個樂於幫助別人的熱血青年，所以又是可以理解的。由此可見作者提煉情節的匠心。

在情節中，安排一些「巧合」與「反巧合」的情節，只要有生活作依據，也能使情節更能動人。如《麥琪的禮物》寫德拉爲了替丈夫的金表配表鏈而賣掉自己美麗的頭髮，傑姆爲了替妻子買梳子而賣掉自己貴重的金表。結果，他們爲對方買的禮物恰巧是他們賣掉的東西的配物，於是造成了反巧合。這樣的精心安排，既表現了他們夫婦眞摯深厚的愛情，從而催人淚下；同時又揭露了資本主義社會裡小人物們生活的艱辛，引起人們對剝削制度的永久性的懷疑。

當然，巧合與反巧合都不能濫用，雖然是「無巧不成書」，但過於巧合，明顯地露出處假編造的痕跡，就是「弄巧成拙」。評論家應該指出這種敗筆。

(四)尋求典型細節

典型的細節可使主旨鮮明突出，人物神采飛揚，情節豐富多彩。可是「找故事容易，找零件難」。細節的是否典型直接關係到作品的藝術價值，也可看出作家的藝術功力。所以在分析情節時，也要看看細節運用得如何。

《三國演義》第四十六回有這樣一段：

瑜曰：「某昨觀曹操水寨，極其嚴整有法，非等閒可攻。思得一計，不知可否。先生幸爲我一決之。」孔明曰：「都督且休言，各自寫於手内，看同也不同。」瑜大喜，教取筆硯來，先自暗寫了，卻送與孔明，孔明亦暗寫了。兩個移近坐榻，各出掌中之字，互相觀看，皆大笑。原來周瑜掌中字，乃一「火」字，孔明掌中，亦一「火」字。

這一細節，寫得甚有情趣。一方面，英雄所見略同，寫出了兩人的足智多謀；另一方面，引出了下面火燒赤壁的情節，推動了故事向前發展。這眞是一箭雙鵰。

冰心的《小橘燈》有這麼一段：

我站起來要走，她拉住我，一面極其敏捷地拿過穿著麻線的大針，把那個小橘碗四周相對地穿起來，像一個小筐似的，用一根小竹棍挑著，又從窗台上拿了一段小小的蠟頭，放在裡面點起來，遞給我說：「天黑了，路滑，這盞小橘燈照你上山吧！」

由於作家熟悉孩子，鑽進了生活，所以她寫出了小橘燈這一細節。這小橘燈的光多麼柔和美麗，而小姑娘的心何嘗不是如此。作家這個獨創性的細節，使我們看到了小姑娘的「金子般的心」。

細節也像情節一樣，忌諱雷同，如果《儒林外史》寫嚴監生臨死前伸出兩個指頭，嫌浪費燈油，我們寫李監生伸出三個指頭，那眞是蠢才！像小橘燈這樣新鮮的細節，只能出自獨出心裁的天才作家之手。

評論情節當然不限於以上所說的這些。像情節的選擇和提煉，就大有文章可做：情節表露了怎樣的思想意義？是否能很好地服務於主旨？它是如何展示人物性格的？是否符合於生活的內在邏輯？它是怎樣利用「扣子」來吸引讀者的？是否破壞了情節的完整？一句話，它是否達到了「水佩風裳，剪裁入妙」？可見，評論情節的角度也是很多的。

第二節　怎樣評論結構

棋手講究布局，畫師講究構圖，作家要講究結構。

走棋不講究布局，千軍萬馬難以成陣；作畫不講究構圖，山石樹木不能各就各位；創作不講究結構，人物、情節不能做到「言之有序」。這樣一來，大家都只好以失敗告終。

所以要評論一篇作品的得失，就不能不對作品的結構加以討論。

一、結構的含義

「結構」原是建築學上的一個專有名詞，它指的是建築物的構造樣式。王延壽《魯靈光殿賦》：「於是詳察其棟宇，觀其結構。」由於創作與建築有相通之處，所以文學理論家就借來指代謀篇的藝術。清代李漁在前人論述的基礎上，明確地將作品的結構與建築物的構造相提並論：認為拈韻抽毫與工匠之建宅一樣⑨。由此可知，結構指的是作品的內部構造，是作品的表現形式。人們將作品的主旨比為人的「靈魂」，將題材比為人的「血肉」，而將結構比為「骨骼」。沒有堅強的骨骼，血肉將無所依附，靈魂也無處寄托，人就不是一個充滿靈氣、肌膚豐滿的活人了。結構在形式中的地位，於此可見。

前面講了情節，它與結構是兩個不同的概念，需要加以區別。為此，需要弄清兩個問題：

(一)情節與非情節因素

如上所述，情節是反映了人物關係的一組生活事件。但在敘事類作品中，還有與這組生活事件沒有直接聯繫的內容，這就是非情節因素，比如社會生活　的風俗畫、自然景物的描寫，以及作者的議論和抒情。所有這些，本來就是現實生活中存在著的。所以，文學創作要反映豐富多彩的生活，就不能不插入這些內容。

馮驥才在《對你說點實的》這封信中，就談到他的《神鞭》很重視非情節因素。他說道：

我想嚴嚴實實、有聲有色、有血有肉造出一個上世紀末的老天津的情景來，再把傻二這荒誕不經的故事滲進去，就像把醬油滲進湯裏。⑩

他為什麼要這樣做呢？答案是：

我更希望這小說充滿「古今對照感」，讓人閱讀時思路不跟著故事情節走，而是經常開小差，想想自己周圍的事，琢磨一下今天的現實。⑪

讓故事情節與非情節因素融合在一起，就像醬油溶化在湯裏一樣。而這樣做的目的，就是要人們充分透徹地認識自己。於是，我們在《神鞭》中就看到了許多關於天津地方的風俗人情的眞實描寫。

白先勇的《台北人．冬夜》的開頭有這樣兩段：

台北的冬夜，經常是下著冷雨的。傍晚時分，一陣乍寒，雨，又淅淅瀝瀝開始落下來了。溫州街那些巷子裏，早已冒起寸把厚的積水來。余嶔磊教授走到巷子口，去張望時，腳下套著一雙木屐。他撐著一把油紙傘，紙傘破了一個大洞，雨點漏下來，打到余教授十分光禿的頭上，冷得他不由得縮起脖子打了一個寒噤。他身上罩著的那襲又厚又重的舊棉袍，竟也敵不住台北冬夜那陣陣陰濕砭骨的寒意了。

巷子裡灰濛濛的一片，一個人影也沒有，四周沉靜，只有雨點灑在遠遠近近那些矮屋的瓦檐上，發出一陣沙沙的微響。余教授在冷雨中，撐著他那把破紙傘，佇立了片刻，終於又趑回他巷裏的家中去。他的右腿跛瘸，穿著木屐，走一步，拐一下，十分蹣跚。

在這段文字裏，除了描寫余教授肖像、動作的文字外，還有景物描寫；那台北冬天傍晚的乍寒，淅淅瀝瀝的雨聲、灰濛濛的巷子、一個人影也沒有、四周沉靜、只是雨點灑在矮屋瓦簷上的沙沙的微響……這破敗、蕭索、孤淒的自然景色，與人物的肖像、行動描寫揉合在一起，使《冬夜》在開端就爲作品烘托出一種蒼涼的氣氛，象徵著以余教授爲代表的中華民族的傳統文化，面臨著斷裂的危險。

由此可知，敘事類作品的結構，不僅是情節的結構，還包括有非情節因素的組織構造。

㈡結構大於情節

文學作品除敘事類作品外，還有抒情類作品。抒情類作品中或者沒有人物，因而沒有情節；或者雖有情節，但很不完整。例如金昌緒的《春怨》：「打起黃鶯兒，莫教枝上啼。啼時驚妾夢，不得到遼西。」這裡雖有人物，也寫了她的行動，但作品並無完整的情節；它所敘生活片斷，主要還在寄意抒情。不過，這首詩卻不能沒有結構。很明顯，他這四句詩的次序隨意顚倒一下，它就不成爲詩了。而現在的這種結構，把怨婦睡前的一個動作與她這樣做的動機聯繫起來，從而深刻地表現了她的離情別緒。由此可見作者結構之巧妙。

再如杜甫的絕句：「兩個黃鸝鳴翠柳，一行白鷺上青天，窗含西嶺千秋雪，門泊東吳萬里船。」這裡純粹寫的是自然景物，也是沒有情節的抒情作品。它通過黃鸝、翠柳、白鷺、青天、千秋雪、萬里船幾樣景物，運用近景、遠景、遠景、近景和黃、翠、白、青四種色彩構成一幅畫面，從而歌頌了大自然的一片生機，表現了作者心曠神怡的感情。這裡的結構，就像電影中的蒙太奇：每一句是一個畫面，一個場面迅速轉換爲另一個場面。這種結構技巧多麼高超！要知道寫詩的人是一千多年前的杜甫啊！當然，杜甫的章法之妙不止於此，加拿大著名學者葉嘉瑩教授稱贊說：「杜甫之所以能成爲一個集大成的作者，實在因爲杜甫乃是一位感性與理性二方面都兼長並美的詩人，因此他在章法上往往一方面既自感性之聯想表現爲突變的轉折，一方面又自理性之邏輯表現爲照顧呼應之周至。」⑫

作品的結構與情節結構——序幕、開端、發展、高潮、結局、尾聲的安排並非毫無關係。在敘事類作品中，情節結構的順置或倒置，是和作品結構的順敘或倒敘分不開的。

二、結構的要求

劉勰《文心雕龍．附會》說：「何謂附會？謂總文理，統首尾，定與奪，合涯際，彌綸一篇，使雜而不越者也。若築室之須基構，裁衣之待縫緝矣。」「附會」是什麼意思？《紀評》釋題名說：「附會者，首尾一貫，使通篇相附而會於一，即後來所謂章法也。」劉勰認爲，寫文章要做到集中內容，統一首尾，確定選取和拋棄的材料，彌合層次之間的縫隙，把文章組織成一個整體，使各個部份有條不紊。就像蓋房子要打好地基、搭好間架，做衣服裁剪後有待縫製一樣。可見，他這段話是全面地論述了結構的要求。

㈠服務於表現內容

結構是作品的表現形式，是內容的外在體現。它應服務於表現內容，而不能離開內容去標新立異。如果不是這樣，就不能做到「雜而不越」，表裏一體；而是造成形式和內容的分離。所以曹禺在《讀劇一得》中說：「處理一個題材，什麼地方應該實寫，什麼地方應該虛寫；幕與幕之間，場與場之間，應該如何組織，如何安排，如何結構，這些看來都是技巧性的問題，但實在是與表達思想和主題有密切的關係。」⑬

曹禺談的雖是編劇，但適用於所有體裁。姚雪垠也說：「必須首先確定了小說的具體內容，然後才能確定小說的藝術結構。前者是創作小說的基礎，而後者是通過小說的獨特藝術形式反映歷史生活的一種手段。」⑭比如《李自成》第一卷有一個相對獨立的主旨，即革命運動領袖人物在遭到嚴重挫折後應該抱什麼態度。所以在安排結構時，就不是從李自成幼年寫起，也不從他開始起義寫起，而從潼關南原大戰寫起。因爲從這裡寫起，既可以減少筆墨，又可以看出他在嚴重挫折後，是灰心喪氣，動搖觀望，妥協投降？還是百折不撓，慘淡經營，用各種辦法重整旗鼓。

如果把結構看成一個單純的形式問題，認爲只要有藝術技巧，就可以不顧內容的需要，去追求結構的新奇，那就大錯特錯了。結構不只是對人物及其各種活動技術性的安排，而是對人物的工作、學習、生活、娛樂等大環境的安排，是爲了反映生活、表現主旨、塑造人物而採取的表現手段。所以，爲形式而形式，就會墮入形式主義的泥坑。國外有人寫小說，把各個章節分別寫在一張張活頁紙上，既不裝訂成冊，也不編出頁碼，讓讀者看的時候，可以像玩撲克牌一樣，任意穿插。這種小說被稱爲新新小說，結構自然是新奇了，但我國的廣大讀者肯定是不喜歡看這種小說的。

㈡使作品成為完整的有機體

完美的結構常被譽爲「天衣無縫」，這就是說它是個統一的整體。它的開頭、中腰、結尾之間都有內在的聯繫，組織嚴密，無懈可擊。所以亞里士多德要在《形而上學》中對「總體」與「整體」加以區別，說一個有開頭、中腰、結尾的事物，如果三個構成部份的位置可以互換，就叫「總體」；如果三個構成部份的位置不能互換，就叫「整體」。「整體」是完整的有機體，它是結構完美的標誌。

布瓦洛在《詩的藝術》中也強調了這一要求，他說道：

如果一部作品裡讀起來到處是錯，
偶然閃爍些警語那又能算得什麼？
必須裏面的一切都能夠布置得宜；
必須開端和結尾都能和中間相配；
必須用精湛的技巧求得段落的勻稱；
把不同的各部門構成統一和完整。
當你發揮的時候萬不能離開題旨，
跑到十萬八千里去找一個漂亮字。⑮

這就是說，作品的各個部份要有緊密的組織，它的位置不能隨意更換，內容不能隨意增刪，讓所有的部份圍繞著主旨，組成一個完整的有機體。這樣的結構就是布置得宜的結構。

歐陽修的《峴山亭記》就是一篇結構完美的散文。峴山因羊祜、杜預兩人登山而著名，峴山亭是紀念羊祜的。歐陽修就利用「名」和「思」來作爲脈絡，貫穿全文：開頭，峴山很小，「而其名特著於荊州者，豈非以其人哉？」提出了「名」字，接著引出羊、杜二人。「至於流風餘韻，藹然被於江漢之間者，至今人猶思之，而於思叔子也尤深。」這裡提出「思」字，側重寫羊祜。接下去提出問題：「余頗疑其反自汲汲於後世之名者何哉？」又歸結到「名」字，從而引起第二段的議論。第二段先寫叔子「然獨不知茲山待己而名著也」。山因羊祜而名著就含有後人對他思念的意思。接下去寫杜預銘功於二石，不知石有時而磨滅，又隱含立德比立功更引人思念的意思。於是，文章很自然轉到第三段，由山轉至亭，指出亭的屢廢而復興，是由於「後世慕名而思其人者多也」，從而由立德之名，歸結到「思」字。《文心雕龍·章句》說：「啓行之辭，逆萌中篇之意，絕筆之言，追媵前句之旨，故能外文綺交，內義脈注。」歐氏這篇散文，頭、身、尾互相呼應，用「名」字貫穿兩人，用「思」字單提羊祜，並歸結到羊祜、亭和「思」字上。這篇散文眞稱得上是一篇天衣無縫的佳構。

要求結構是一個完整有機體，特別是中華民族傳統的審美趣味，在現階段還不能貿然地否定它的合理性。當然，這決不是否定結構上的創新。比如，開放性小說的結構，就不一定給作品一個完整的結局。或者，用意識流的手法，通過人物意識的流動，去體驗人物的內心世界，而根本不考慮前呼後應的結構方式，卻是「四面放射」，「滿天開花」。對此，應該鼓勵試驗。我們既不聾不啞，就應該允許創作主體進行藝術創新，只要欣賞主體的審美趣味不是處於僵化狀態，符合文學規律的創新成果終會被大衆了解接受。

㈢從屬於文學體裁

文學體裁不同，在反映生活、表達思想感情方面也具有不同的特點。由於文學體裁是文學作品的具體樣式，一切文學作品都要通過體裁來表現它們的思想內容；所以，結構的樣式也不能不從屬於體裁。這就是說，不同的文學體裁，有不同的結構方法。

由於文學體裁名目繁多，無法備舉，只能就其基本類別，略述如下：

詩歌中的抒情詩，著重抒發詩人的生活感受，一般不是詳細敘述生活事件的過程，當然也不會描寫過多的人物。所以它以情緒爲線索，用節奏和韻律來表現情緒，而沒有複雜的結構。在結構類型上，則也有明線、暗線、單線、複線，運用中心意象結撰或電影分鏡頭方式組合等多種。

小說由於適合展現廣闊的社會生活，表現複雜的人物關係，敘述生動曲折的情節，因而有複雜的結構。再由於它反映生活不受時間、空間的限制，又能兼用人物語言和敘述人語言，所以，可以有多種多樣的結構方式，而且非常自由。

戲劇文學由於要演給觀衆看，所以受舞台條件和演出時間的限制，要求做到人物、故事、場景、時間的高度集中。結構上的分幕、分場，就是爲了把人物的矛盾衝突集中在同一場景、同一時間，以便展開。劇作家應努力做到使每幕每場既是一個精彩的片斷，又是全劇的一個有機組成部份。

電影文學由於主要通過一系列鏡頭的推移來展示生活內容，所以特別重視連接畫面的技巧，這就是電影蒙太奇的使用。同時，由於電影放映時間的限制，它也要求集中，緊湊，所以一開頭就要用視覺形象把時間、地點、歷史背景、人物表現出來，情節要單純、清楚，場景的變換不能過於頻繁，情景說明和人物的對話要相輔相成，構成有機的整體。

散文是文學中的「輕騎兵」，是靈活自由最少拘束的文學體裁。由於它多是通過生活片斷的描述表現特定的情緒，所以除線式結構外，也常以立體式的網狀結構表現「形散」的特色，而以思想感情作爲聯繫各個畫面的紐帶。

不同的文學體裁有不同的性能，因而也有不同的藝術表現的基本方法，這是應該肯定的。但是也要知道，不同的文學體裁之間也沒有不可逾越的鴻溝，所以在藝術手法上也就有相通之處。就以結構而論，如前所說，有些開放性的小說，就用散文「形散而神不散」的辦法來組合表面看來並無聯繫、但在思想意蘊上卻有內在線索的畫面。所以，我們講結構從屬於文學體裁，決不是要約束作家的手腳。作家盡可以在廣闊的天地裡縱橫馳騁，去選擇宜於表現內容的結構形式。

三、怎樣分析結構

柳青在回答《文藝學習》編輯部向他提出的問題時說：「最困難的是結構，或者說組織矛盾。」⑯許多作家都有同感，比如有的說最難的是開頭，有的說最難的是結尾。由此可見作者創作時，都是在結構上花費了不少心血的。因此，我們分析結構，也不能掉以輕心，而應在認眞研究後，再作結論。

分析結構應該考慮：

(一)探求建築物的內在聯繫

有時候看到一部作品的表層並無明顯的線索，於是就認爲作品結構鬆散，這常常是由於沒有深入研究所致。比如對曹禺的《日出》，有人就認爲其第三幕是個游離的存在，不能成爲全劇的「有機體」。這種意見就是犯了表面性的錯誤。列夫・托爾斯泰在寫給拉欽斯基的信中曾談到這點，他說：

您對《安娜・卡列尼娜》的看法我以爲是不對的。恰好相反，我爲自己的建築藝術而感到自豪——圓拱銜接得使人覺察不出什麼地方是拱頂，而這正是我盡力以求的東西。這所建築物的聯接不靠情節和人物之間的關係（交往），而自有其內在的聯繫。⑰

托爾斯泰所談的「內在聯繫」是值得我們注意的。一般戲劇結構都以中心人物和事件貫穿始終。而《日出》第三場，主要人物陳白露沒有出場，於是有人就認爲這場戲是游離於全劇之外。這就是因爲沒有看到建築物的內在聯繫。曹禺曾在《日出・跋》中談到《日出》的結構：

我決心捨棄《雷雨》中所用的結構，不再集中於幾個人身上。我想用片斷的方法寫起《日出》，用多少人生的零碎來闡明一個觀念。如若中間有一點我們所謂的「結構」，那「結構」的聯繫正是那個基本觀念，即第一段引文內「人之道損不足以奉有餘」。所謂「結構的統一」也就藏在這一句話裏。

這就說明，作家爲了表現主旨，也爲了結構上的創新，改變了《雷雨》的湊巧劇的結構方式，而用人生的片斷來表現主旨，用主旨來連接這些人生的片斷。「藏在這一句話裡」就是深層意蘊線，就是建築物的內在聯繫。

作家把陳白露與翠喜、小東西是作爲一組形象來考察的，雖然有高級交際花與低級妓女的區別，但處於賣淫地位卻是相同的。所以，陳白露雖未出場，但她的形象得到了翠喜的映襯和補充。作家的整體構思是用「可憐的動物」的血淚來控訴黑暗的舊社會。刪去第三場，就等於挖去了《日出》的心臟。因爲正是翠喜這些生活在地獄裡的人們，最需要陽光。由此可見《日出》的結構是形散實聚、明斷暗續的。

《安娜．卡列尼娜》與《日出》是小說與戲劇中的精品，它們的結構之妙從表層都難以發現。如果我們不能看到它們的裏層的內容，是會作出錯誤的評價的。

再如，相傳爲李白所作的《憶秦娥》：

簫聲咽，秦娥夢斷秦樓月。秦樓月，年年柳色，灞陵傷別。　　樂游原上清秋節，咸陽古道音塵絕。音塵絕，西風殘照，漢家陵闕。

有人認爲這首詞「破碎」，似「連綴」而成。他們大概是根據此詞上片寫春夜、下片寫秋日兩個不同的場景，每個場景中又筆墨變換（時而摹聲，時而繪色，時而抒情），從而得出錯誤的結論。實際上，這首詞也是由「傷別」這種情緒作爲內在的聯繫（這是深層的意蘊線）來貫串全詞的。其脈絡也是清晰的：一寫春夜的柔情，一寫秋月的蒼涼；一寫「秦樓月」使詞意轉折開出新境界（謝莊《月賦》：「隔千里兮共明月」），一寫「音塵絕」濃縮時空爲一點，將秦娥思親之情提升到吊古傷今的高度，具有了更廣闊的社會內容。而「灞陵傷別」和「漢家陵闕」兩句結穴，也清晰地畫出由傷離念遠到感嘆國家興亡的軌跡。可見研究結構必須精心而不可粗心。

當然這不是說作品的結構都有一條內在的線索，所有的材料都一定是爲了貫徹作家的創作意圖。實際上，有些作品在人物、情節、環境描寫等方面，都存在著不少的寄生物，比如爲使作品生動而加上風景片、不相流貫的像湖泊一樣的小故事，招之即來、揮之即去的「龍套」，就是有機體中的贅疣。對這些眞正是拼拼湊湊的貨色，我們就不必硬去找它們與整體的內在聯繫。

㈡找出作品的焦點

不論是以互不相關的片斷連綴而成的網狀結構，還是以敘述線索縱貫各種材料的線形結構，它們都有一個藝術鏡頭的「焦點」。對這個焦點如果抓準了，就有助於我們瞭解作品的結構。爲什麼這麼說呢？請看看列夫·托爾斯泰的一段話：

請您別忘了糾正文章段落之間連接的筆法。您的文章裡常常碰到不必要的承上啓下之辭……當然，主要之點在於找出焦點以確定各部份的布局，因此，一旦布局正確了，那麼，所有不必要的、累贅的東西自然而然會一概消失掉，一切都會以巨大的明晰度顯現出來。⑱

原來，作家創作時像畫家一樣，先要找出焦點——固定的透視角度，以這一焦點透視畫面上下、左右、遠近的層次和輪廓，從而創造出作品。一旦找出了焦點，確定了各部份的布局，則大瘤會被割棄，一個層次分明、濃淡得宜的有機體將會出現。

劉熙載在《藝概．文概》中也總結了類似的經驗。他說：「揭全文之指，或在篇首，或在篇中，或在篇末，在篇首則後必顧之，在篇末則前必注之，在篇中則前注之，後顧之。顧注，抑所謂文眼者也。」有了「文眼」作品各部份也就得到了觀照。

朱自清的散文《背影》中，父親的「背影」就是作品的焦點。作者找出它之後，根據它對各部份材料進行了安排：開頭回敘父子奔喪的往事，一筆帶過；然後回到現實，筆墨酣暢地敘述父親過鐵道、爬月台艱難行進的背影，從而傳出父子之間的深摯感情；結尾又略述父親的不幸境遇，引出父親充滿感傷的來信，抒寫因父親進入風燭殘年而憂心忡忡的感情。作家就運用「背影」這個特寫式的構圖，把各種材料組織成一個彼此顧注的整體。

《背影》是線形結構，我們再看《冬天》這篇網狀結構的作品。

《冬天》寫了不同年代的三個冬夜的三件事，少年時大家圍坐一桌，父親給大家夾黃豆腐，說：「吃了大家暖和些」。長大了，與朋友同遊西湖，盡興而別。成家後，住在台州時，雖然冬天很冷，但「家裡卻老是春天」；一天夜裡回來，只見母子三人「三張臉都帶著天眞微笑的向著我」。這三件事寫完，結尾亮出了焦點：「無論怎麼冷，大風大雪，想到這些，我心上總是溫暖的。」父親的溫暖、朋友的溫暖、妻兒的溫暖，「溫暖」這個膠合劑把幾個斷片粘結成一個有機的整體。其結構眞是天衣無縫，不同凡響。

當然，有些極短的詩歌也可能沒有固定的焦點。臺灣評論家周英雄在其《試就「公無渡河」論文學與人生的關係》中曾經指出：「民間歌詩缺乏通盤計劃，往往有一行算一行，而焦點也一路改變，這種現象與民間歌詩的創作條件有關，而民間歌詩一路摸索，尋求解決人生難題的方案，也與此不無關係。」⑲周英雄的話雖就《公無渡河》這首短詩立論，還是道出了一種較具普遍意義的眞理。

㈢發現創造性的特色

作品大體須有，定體則無。就是說，雖然要根據一定的要求結構作品，不是準的無依；但是更重要的，又不能千篇一律，搞成一個模式。所以獨具匠心的作家都是依據生活來考慮作品的結構，使之具有創造性的鮮明特色。

茹志鵑的《剪輯錯了的故事》就是作家根據觀察到的交錯顚倒的現實來安排結構的。作品時空顚倒交錯進行的剪接手法，完全適應了內容的要求，從而使結構顯得新穎獨特。

編故事的人，把故事剪輯錯了，這不有點荒唐嗎？可作家在篇首明明寫著：「開宗明義，這是銜接錯了的故事。」更怪的是，她又聲明：「但我努力讓它顯得很連貫的樣子，免得讀者莫名其妙。」我們來看作家怎樣把這銜接錯了的故事弄得很連貫吧。

作品第一節安排了一九五八年大躍進時期，「上面」按高產數字徵購口糧的故事。第二節卻跳到了一九四七年，安排了農民勒緊褲帶，主動獻糧的事。第三節又寫大躍進時「以糧爲綱」，強迫農民毀掉梨園。第四節又寫戰爭時期自覺砍樹支援部隊柴草。第五節接寫主人公因阻砍梨樹受處分。第六節插進一段虛無飄渺的夢幻。第七節又回到「大辦鋼鐵」的現實之中。這眞是一篇顚三倒四的銜接錯了的故事。但現實、歷史、夢幻的交錯，敘述時間的顚倒，卻讓現實和歷史造成了鮮明的對比；讓我們感到不是故事剪輯錯了，而是生活本身錯了，顚倒了的歷史應該再顚倒過來。

再，這種蒙太奇的手法，意識流的線索，又使得這雜亂無章的故事變得有「章」可循。眼前一幕幕的現實引起了老壽對往日的一段段回憶，以及那離奇的夢幻。循著他意識活動的軌跡，我們既看到它內心世界的尖銳衝突，又看到材料剪輯得合理：用意識流動把錯亂的情節組成了拼貼畫。看起來剪輯錯了，實際上剪輯對了，這不正說明結構的新穎獨特，別具匠心嗎！

【附　註】

①《孫犁文論集》，七二頁。

②《高爾基文學論文選》，二九七頁。

③《王朝聞文藝論集》，第一集，二二五頁。

④《短綆集》，中國友誼出版公司，九五頁。

⑤《老舍論創作》，二七五頁。

⑥《論戲劇藝術》，《文藝理論譯叢》一九五八年第一期，一六四頁。

⑦《西方文論選》，上卷，三三二頁。
⑧《文藝理論譯叢》，一九五八年第一期。
⑨《閑情偶寄・詞曲部・結構第一》。
⑩⑪一九八五年一月三日《文學報》。
⑫《迦陵論詩叢稿》，中華書局，二五三頁。
⑬《論劇作》，人民文學出版社，一二四頁。
⑭《中國現代作家談創作經驗》（下），山東人民出版社，八五九頁。
⑮《西方文論選》，上卷，二九五頁。
⑯《文藝學習》，一九五四年第五期。
⑰《列夫・托爾斯泰論創作》，戴啓篁譯，一二九頁。
⑱《列夫・托爾斯泰論創作》，一三〇頁。
⑲盧興基選編《臺灣中國古代學研究文選》，九三頁。

第八章 怎樣評論文學作品（下）

第一節　怎樣評論語言

人們習慣於稱文學爲「語言藝術」，稱優秀作家爲「語言大師」，從這裡可看出語言與文學的緊密聯繫：文學是一種只借助於語言反映生活的藝術。所以高爾基說：「文學就是用語言來創造形象、典型和性格，用語言來反映現實事件、自然景象和思維過程。」「文學的第一個要素是語言。語言是文學的主要工具，它和各種事實、生活現象一起，構成了文學的材料。」①

評論音樂時不能離開音響、旋律，評論繪畫時不能離開線條、色彩，評論舞蹈時不能離開姿態、動作，評論文學時自然不能離開語言。因爲評論任何一種藝術，都不能離開它所使用的物質材料。

一、文學語言的概念

在我國古代，「文學」是哲學、歷史、文學等書面著作的統稱。《論語・先進》篇說：「文學，子游、子夏。」這「文學」就包括了《易經》、《尚書》與《詩經》等所有古代文獻。到近代，文學才專指用語言反映社會生活的藝術，包括詩歌、小說、散文、戲劇（電影）文學等幾種體裁。所以我們所說的文學語言，就指這幾種文學體裁所用的語言。由於這種語言是文學這一特殊種類的藝術的材料，有些文學家又稱它爲藝術語言。

文學語言包括口頭文學語言和書面文學語言。因爲文學語言的特點是加過工的人民語言，在遠古沒有文字之前，就已經有了民歌、神話、傳說等各種口頭文學，像沈約在《宋書·謝靈運傳論》中就指出：「雖虞夏以前，遺文不睹，稟氣懷靈，理無或異。然則歌詠所興，宜自生民始也。」所以，凡是加過工的文學語言，不論它是口頭的，還是書面的，都屬文學語言。這種文學語言，雖然是從群衆的口語中汲取來的，但和它的本源已大不相同，它拋棄了口語的種種缺點，大大地超越了它的本源。

文學語言既是文學的第一個要素，可見其地位之重要。但也有人否認語言文字在傳達文學內容時的作用。像意大利美學家克羅齊的「藝術即直覺」、「直覺的表象，就是表現，不過如此而已（不多也不少）。」②就是有代表性的觀點。按照他的觀點，藝術作品都是在心靈裡創造成功的，拿筆來把腦子裡所已想好的寫在紙上，只是「傳達」或「記錄」，這就像把唱出的歌灌到唱片上去一樣，與藝術創作是無關的。這種觀點，從它要求作家「成竹在胸」來看是有合理性的，但它否定文學作品的思想內容，只有通過文學語言表現出來，才能形成文學作品，則是無理的。因爲無論思想或語言都不能獨自組成特殊的王國，只有當語言給思想以形態時，它們合起來才成爲表現現實生活的材料。既然如此，把文學語言排斥在創作過程之外，就明顯地毫無道理了。正像鏇工要熟悉自己的材料一樣，作家也應熟悉語言文字，如果作家的語言缺乏文學的特性，他的作品也就缺乏文學的價值。

怎樣的語言才算具有文學的特徵呢？或者說：文學語言具有哪些特徵呢？

二、文學語言的特徵

文學語言既不是報紙社論的語言，嚴謹的政治語言；又不是日常生活的語言。它是對人民語言的加工，越過了準確、精煉，達到了更高的境界。

(一)形象性

文學作品的特性，是通過生動具體的形象，反映現實生活；既不是用邏輯推理，也不是用空洞的抒情。因之，它要求語言具有形象性，就是說，它要求將環境、人物、事件具體地顯示在讀者面前，使讀者如歷其境，如見其人，如經其事，從而受到強烈的感染。由此可見，語言的形象性雖然不等於文學的形象性，但它是構成文學形象性的重要因素。關於這一點，王弼在《周易略例．明象》中說得很清楚。他說道：「夫象者，出意者也；言者，明象者也。」這就是說，形象是表現思想感情的，語言則是表現形象的。看到這句話，對語言的形象性與文學作品形象性的關係，還能提出疑問嗎！

怎樣才能使語言具有形象性呢？高爾基的回答是：

一個作家——「藝術家」必須廣泛熟悉我國最豐富的詞匯，必須善於挑選最準確、最明晰而生動有力的詞。只有把這樣一些詞聯接起來，而且按照它們的意義正確地排列起來，才能很好地體現作者的思想，創造鮮明的圖景，刻劃出生動的人物形象，它們是如此具有說服力，似乎讀者可以看到作者所描寫的東西。」③

爲此，我們在選詞造句方面應做到：

1. 突出事物特點

事物是豐富多彩的，文學語言要完整地表現對象，不可能面面俱到、巨細無遺地去描繪，而只能突出事物的特徵：「傳神寫照，正在阿堵中。」只有在寫氣圖貌時做到「情貌有遺」，才能在效果上達到「情貌無遺」。試看喬萬尼奧里在《斯巴達克思》中，對斯巴達克思的肖像描寫：

金黃色的長髮和濃密的鬍子襯托著他那英俊、威武、五官端正的臉。一對炯炯有光的淡藍色的眼睛，充滿了人生經驗、情感和火焰。當他很安靜的時候，那對眼睛使他的臉流露出一種悲哀的善良表情。但是一到戰鬥的時候，斯巴達克思就完全變了樣：在鬥技場的角鬥場上，這位角鬥士就會帶著一副由於憤怒而扭歪了的臉進行搏鬥；他的眼光好像閃電，他的那副樣子就顯得非常可怕了。

這位古羅馬奴隸角鬥士的形象，通過三次關於他眼睛的描寫給寫活了。這是一個正直、富有智慧和精力旺盛的人，又是一個處於奴隸地位而「善良」又「悲哀」的人，更是一個擔任著角鬥士的英勇善戰的人。眼睛是心靈的窗戶，透過這扇窗戶，我們就可以窺見人物的內心。

2.選用含義具體的詞造句

詞的概念性質使得讀者閱讀文學作品時，要運用自己的想像去看到、聽到、摸到作家所要描寫的事物，所以，作家要選用含義具體的詞代替含義概括抽象的詞來造句，使讀者更易產生聯想。就以兩位大作家寫「錢」的句子爲例吧：

據說一位文學青年請俄國作家陀思妥耶夫斯基改稿，陀氏認爲「有個小銀元落在地上」這句不好，應該改成：「有個小銀元，從桌上滾了下來，在地下叮叮噹噹地跳著。」這一改的確改得好；把概括的敘述，改成了繪聲繪色的具體描寫；使我們看到了小錢落地的動態，聽到那叮叮噹噹的響聲。

魯迅寫阿Q「中獎」後去吃酒：「他走進櫃台，從腰間伸出手來，滿把是銀的和銅的，在櫃上一扔說：『現錢！打酒來！』」「滿把是銀的和銅的」在手稿上原是寫「滿把是錢」，這就不具體，而「滿把是銀的銅的」就把錢的種類給寫出來了，因而就使人彷彿看到那白的、黃的，那明晃晃的色澤，聯想到那扔在櫃台上的響聲。這樣一來，阿Q打酒時擺闊氣的神情就活龍活現地展示出來了。

3.運用多種修辭手法

運用比喻、擬人、誇張等修辭手法，可以使語言形象生動，因爲這些手法可以喚起我們的知識、印象、經驗，去想象作家所表現的事物，從而感受得更眞切。

比如孫犁的《山地回憶》，寫到農村姑娘時說：「風吹紅了她的臉，像帶霜的柿葉；水凍腫了她的手，像上凍的紅蘿蔔。」臉和手受寒冷的刺激成了什麼樣子，作家用農村中習見的事物來描繪，比喻用得多麼新鮮、貼切，讓讀者看到的肖像又是多麼逼眞如畫。

再如旅美作家於犁華的長篇小說《變》，寫主人公文璐準備與唐凌私奔：

她熄了煙蒂，開始把衣櫥左方三格抽屜裡的東西拖出來，堆到床上那只開了口等著的皮箱裡。然後把踢在床底下的一雙夏天穿的鏤空拖鞋找出來，原是深咖啡色，半年沒有穿，上面蓋滿了灰塵，變成淺可可的顏色了。她也懶得去拭，將它們對著底，塞在箱子邊上的口袋裡。箱子和她的婚姻一樣，也有十年的歷史了。它還是七成新，箱邊袋口的鬆緊帶還有很大的彈性；而她的婚姻卻舊了、鬆了，而且破了。

在這段文字裡，把箱子和婚姻明顯地造成一對比喻，說明婚姻還不如箱子經得住時間的侵蝕，而那蓋滿灰塵、變了顏色的拖鞋，何嘗又不是婚姻破舊的象徵。這些手法，都使得語言變得形象可感，啓人遐想。

㈡音樂性

文學語言還應該做到抑揚頓挫，具有音樂之美。我國古典詩詞、漢賦講究平仄、韻律，使聲調和諧、節奏鮮明，悅耳動聽。

比如韓愈的《聽穎師琴》：「昵昵兒女語，恩怨相爾汝。劃然變軒昂，勇士赴敵場。」作家使描寫琴音的語言聲韻與琴音本身的音調相配合，如描寫兒女情話時，音調柔和婉轉，作家就用「語」和「汝」來押韻，而且除「相」字外，其他幾個字同「語、汝」一樣，是細柔的齊齒呼，從而很眞切地表現了琴音的情趣。在描寫勇士奔赴殺敵疆場時，音調高亢激越，作家又用開口呼的「劃」字領頭，用同是開口呼的「昂」和「場」押韻，這「場」韻字聲調昂揚，同樣切合戰士衝向敵陣的英雄氣概。

文學語言的音樂性是由聲調、韻律、節奏三個因素決定的。這三個因素在現代詩文中，雖不像古代詩詞那樣要求嚴格，但優秀的詩人、作家，都是非常注意繼承我國古代詩詞注重音律的優良傳統的。像郭沫若在論到節奏對於詩的重要性時，就強調說：「所以節奏之於詩是它的外形，也是它的生命，我們可以說沒有詩是沒有節奏的，沒有節奏的便不是詩。」④不僅提倡，他的詩作也是叮噹作響，流轉自如，像《爐中煤》全詩四節，每節都是五句，每句的音組都是四頓，而第二頓停頓時間較長。如

啊。／我／／年青的／女郎！
我／不辜負／／你的／殷勤，
你／也不要辜負了／／我的／思量。
我／爲我／／心愛的／人兒，
燃／到了／／這般／模樣！

大體整齊的節奏，發音洪亮的「江陽」轍。既有力地表現了詩人眷念祖國的火一般的激情，又使詩歌具有抑揚頓挫、回環往復的音樂美。

再如涂靜怡小姐的散文《不堪回首》中的一段：

是的，期待中的九月，眞的不識愁的來了，我也如約來到了青草湖，可是……可是，孤舟迷航，「

提燈的人」已不知去向，那安全的港岸呢？在何方？沒有了老師的導引，就沒有了方向，……啊！人生，多麼不可思議的舞台啊！在幕起幕落間變幻！啊！無論在這個舞台上，我曾經扮演了什麼樣的角色——歡樂或悲苦。當「幸福」的幕突然滑落時，我所感受到的竟是「無法形容的疲倦！」

這一段，沒有宏麗的詞藻，但氣息醇茂。何以會如此？因爲作家注意了語言節奏的變化，使長短、輕重、徐疾錯綜起來；又爲了加強感情的表現，而重複著「可是」和「啊」這些詞語。這樣，不僅傾瀉了作家的無限悲哀、痛惜、失落之感，而且讓人讀起來覺得口吻調和，有無盡的纏綿。

唐代李德裕在《文章論》中指出：

（文章）鼓氣以勢壯爲美，勢不可以不息；不息則流宕而忘返，亦猶絲竹繁奏，必有希聲窈眇，聽之者悅聞；如川流迅激，必有洄洑逶迤，觀之者不厭。從兄翰常言「文章如千兵萬馬，風恬雨霽，寂無人聲」。蓋是謂矣。

文學語言就應該是這樣既富於變化又優美和諧。

㈢獨特性

優秀的文學作品的形象都是獨特的，這文學形象的獨特性與文學語言的獨特性也是不可分的。心中有話要說，而且是有獨特的話要說，同時又有獨特的說話方式，這樣的作品就能深深地打動人心。如果既無獨特的思想感情，又喜歡堆砌一些陳詞濫調，這樣寫出來的所謂作品，讀者是不感興趣的。

如果思路與別人暗合，更要注意採用不同的說法，以期給人以新鮮感。所以陸機在《文賦》中說：「或藻思綺合，清麗芊眠。炳若縟繡，悽若繁弦。必所擬之不殊，乃暗合於曩篇。雖杼軸於予懷，怵他人之我先。苟傷廉而愆義，亦雖愛而必捐。」在這裡，他強調了思想感情與語言都要避免雷同，強調獨創。特別是把語言與別人的作品雷同，提到等於盜竊的高度，指出必須捐棄。這是很有見地的。

詩仙李白與詩聖杜甫都是非常重視獨創性的。據說李白登黃鶴樓本想題詩，因見崔顥的《黃鶴樓》詩而發感慨：「眼前有景道不得，崔顥題詩在上頭。」杜甫則在《江上值水如海勢聊短述》中，說自己「爲人性僻耽佳句，語不驚人死不休。」

當然，這並不是說凡是「似曾相識」的語言，就一概加以否定。比如陳子昂的《登幽州台歌》，這是唐代古詩中的名篇。當我們讀到「前不見古人，後不見來者，念天地之幽幽，獨愴然而涕下！」都會產生一種悵然若失的感情。但從「必所擬之不殊，乃暗合於曩篇」說，陳子昂的詩意與屈原《遠遊》中的四句幾乎完全一樣。這四句是：「惟天地之無窮兮，哀人生之長勤；往者余弗及兮，來者吾不聞。」雖然如此，我們還是肯定陳子昂的詩，因爲詩裡有他「這一個」人的獨特感情，有他獨特的語言：「獨愴然而涕下！」

敘事性的文學作品的語言是由敘述人的語言與人物的語言兩部份構成的。但只要是優秀的敘事作品，則無論是敘述人的語言，還是人物的語言，就都有其獨特性。

老舍在《人物．語言及其他》一文中說：「文學是語言的藝術，我們是語言的運用者，要想辦法把「話」說好，不光是要注意「說計麼」，而且要注意「怎麼說」。注意「怎麼說」才能表現出自己的語言風格。各人的「說法」不同，各人的風格也就不一樣。」⑤在這段文字裡，老舍指出不同的作家有不同的「說法」，因而有不同的風格；而決定語言風格的東西重要的在於「怎麼說」。老舍的話自然是就文學語言的整體來說的，因爲人物的語言也要服從作家的語言風格，體現作家的語言特色。但根據作家下面兩段話看，在這裡他是重點強調敘述人的語言的。因爲緊接著的一段，他談了自己過去喜歡用方言，而現在注意用普通話。再下去的一段他就談到怎樣寫人物的對話。

敘述人的語言，確實最能顯示出作家的獨特風格。魯迅的作品由於有鮮明的風格，所以換了筆名讀者還是能夠認出是他的作品。趙樹理和周立波都是寫農村題材的好手，但兩人的語言各有鮮明的特點：趙樹理是平實、明朗、雋永，周立皮則是洗煉、清新、地方色彩濃厚。如將《三里灣》與《山鄉巨變》加以對照，就不難得出這一結論。

文學語言的獨特性更表現在作品中人物的語言上。老舍在上面所引的一篇文章中談到寫人物的對話時說：

小說中人物對話是很重要。對話是人物性格的索隱，也就是什麼樣的人說什麼樣的話。一個人物的性格掌握住了，再看他在什麼時間、什麼地點，就可以琢磨出他會說什麼和怎麼說。寫對話的目的是爲了使人物性格更鮮明，而不是爲了交代情節。《紅樓夢》的對話寫得很好，通過對話可以使人看見活生生的人物。

老舍的這段話說明，人物的語言較之敘述人的語言更應具有獨特性。因爲什麼樣的人說什麼樣的話，寫對話（包括獨白）的目的是爲了使人物性格更鮮明。在文學作品中，作家都努力使自己所創造的人物成爲典型，決不會使人物雷同，當然人物所說的話也不會一樣。因爲如果「衆口一詞」，就必然會「千人一面」，使讀者不能分辨出性格的差異。所以，凡是高明的作家，都是根據人物的不同階級地位、身份、所受教養、生活經歷來創造人物的語言，讓每個人物各說符合他們性格的話。即使作品中的同一人物，在不同的時間和地點，由於環境的改變，思想感情的變化，也會說出不同的話來。

語言的獨特決不能通過追求艱深冷僻來達到。宋代的文豪歐陽修就很不滿宋祁的艱深冷僻。一次他到宋祁家，見宋不在，便在壁上題了「宵寢匪貞，札闥洪休」八字。宋祁回家見了很生氣，責問僕人。歐陽修遂告知是自己寫的，並問他這八字是什麼意思？宋祁答：不過是「夜夢不祥，題門大吉」，並批評歐陽修不該用冷僻字眼。歐陽修承認了自己的缺點，乘機提出宋祁也是喜歡這樣做的，像以「震雷無暇掩聰」代替「迅雷不及掩耳」，等等。宋祁聽了，不得不「悅服」。元好問詩：「一語天然萬古新，豪華落盡見眞淳。」又：「論功若準平吳例，合著黃金鑄子昂。」就提倡語言平凡而清新。郭沫若在《怎樣運用文學的語言》中也指出：「語言除掉意義之外，應該要追求它的色彩、聲調、感觸……應該用極平常的字眼而賦予以新鮮的情調。」⑥如果誰的作品的語言達到了這些要求，就可以稱他的語言是文學的語言了。

三、怎樣分析語言

文學作品是通過語言這個媒介來塑造形象，反映社會生活的。沒有語言，也就沒有文學。所以我們分析語言，也就是在分析作家是怎樣在塑造人物形象，反映客觀現實。由此可知，分析語言在文學評論中是占著相當重要的地位的。

分析語言可從以下幾方面著手：

㈠考察敘述語言的膠合作用

在敘述文學作品中，敘述人的語言占了不少的篇幅，特別是小說中更占了大量的篇幅。作家通過它介紹環境、塑造人物、發展情節，並把這些與作家的抒情、議論膠合在一起，構成一幅完整的生活圖畫。所以在分析作品的語言時，不可不對敘述人的語言加以考察。

魏巍的《誰是最可愛的人》被譽為「壯麗的詩」。他的敘述語言的特色，就是筆鋒飽含感情。不論是開頭、結尾，還是在描繪三個典型故事的中間，他都用充滿感情的語言向讀者坦露他的情懷，使全篇的敘述人語言與人物的語言融會在一起，從而有力地表現了志願軍是最可愛的人的主旨。特別是他將第一人稱的角度轉換成第二人稱時，非常自然地與讀者進行感情上的交流，再加上對戰士的崇高的感情已有了充分的描繪，從而對讀者產生了強大的衝擊力量，使讀者久久沉浸在感情的波濤之中。

魯迅的《孔乙己》，分為兩部份。在前後兩部份之間，作家插進了一句話：

孔乙己是這樣的使人快活，可是沒有他，別人也便這麼過。

爲什麼要插進這一句話？原來《孔乙己》前一部份是平敘，後一部份是直敘，從平敘轉至直敘，插入前面的那一句話，一方面把以前的平敘作個小結，一方面又給前後兩部份立下一個明顯的界限。這就說明，這句話在結構上有承上啓下的作用。另外，「孔乙己是這樣的使人快活」，與前面小伙計「只有孔乙己到店，才可以笑幾聲，所以至今還記得」相應。表明小伙計僅把孔乙己作爲可以取笑的資料，從而暗示出作家的批判和同情。而「可是沒有他，別人也便這麼過」則說明別人從孔乙己得到快活，不過是偶然的湊趣，並不是不可缺少的事。因而他的存在與否也與別人毫無關係。這樣，後一部份用孔乙己的欠賬作線索，也就有了確切的根據，成了自然的聯繫。而作者對這個人物在一般人心目中沒有占一點地位的痛惜之情，也在這裡被揭示出來。最後，「別人」也包括小伙計在內，他的「也便這麼過」就是成天幹著「單調」、「無聊」的溫酒的差使，透露出他的寂寞之感，又與掌櫃說「孔乙己還欠十九個錢呢」的寂寞情景相配合，與篇中凡孔乙己引人哄笑的骨子裡都蘊蓄著人生的寂寞相配合，構成了全篇寂寞的空氣。

看，敘述人的一句短短的話，就像粘結素一樣，把全篇膠合成一個完整的有機體。它的作用可謂大矣。

㈡考察對話是否性格化

敘述人的語言很重要，人物語言同樣不能忽視，特別是對話要符合人物性格。章學誠在《文史通義・古文十弊》中說：

> 文人固能文矣，文人之書之人不必盡能文也。敘事之文，作者之言也，爲文爲質，惟其所欲，期如其事而已矣。記言之文，則非作者之言也，爲文爲質，期於適如其人之言，非作者所能自主也。名將起於卒伍，義俠或奮閭閻，言辭不必經生，記述貴於宛肖。而世有作者，於此多不致思，是之謂優伶演劇。

章氏指出：敘事之文與記言之文不同。記言之文因不是作者之言——敘述人的語言，而是人物的語言；因而要恰合人物的身份、經歷，「貴於宛肖」，不能張冠李戴，讓出身貧民的名將、義俠說些飽讀詩書的經生才說的話。這就是說，他認爲人物語言應符合人物的性格，不能由作家任意爲之。

請看曹禺《北京人》第三幕第二景開場時的一段戲：

愫方不覺望著籠裡的鴿子。

曾文清（沒有話說，凄涼地）這，這隻鴿子還在家裡。

愫　方（冷靜地）因爲它已經不會飛了！

曾文清（一楞）我——（忽然明白，掩面抽咽。）

愫　方　文清。

文清依然在哀泣。

愫　方（皺著眉）不要這樣，爲什麼要哭呢？

曾文清（大慟，撲在沙發上）我爲什麼回來呀！我爲什麼回來呀！明明曉得絕不該回來的，

我爲什麼又回來呀！

愫　方　飛不動，就回來吧！

這段戲的對話非常簡短，但卻把兩人的性格和思想感情表現得很是深刻。

曾文清由於沒有志氣，離家出走後又回來了，這就像鴿子一樣又進了昏暗的籠子。所以，當愫方來向他告別，眼睛不覺望著籠裡的鴿子時，他想到了自己就像那鴿子，於是說出了那句傷感的話。愫方呢，在封建精神統治和醜惡勢力的重壓下，她沒有倒地不起，而是覺醒了，特別是看到曾文清回來了，更促進了她的覺醒。她的話充滿了失望與痛苦，因爲這個重新投進籠子的人是她曾經愛過、寄托過自己的希望的人。曾文清的一個「我」字吐出口，表明他聽了愫方的話後，意識到自己已經成爲「生命的空殼」，一個多餘的人，他是多麼悔恨自己啊！看到文清這樣悲痛，愫方並沒有爲之所動，因爲這時她已成熟了，她已邁出了追求光明的堅實步伐，所以，只是懷著平靜的心情喊了一聲：「文清」。但當文清依然哀泣時，她又不能不產生對他的同情，因爲他畢竟是自己愛過的一個善良的人，也因此她勸止他，叫他不要哭。但是曾文清又怎麼能夠抑制住自己的悲痛呢！一連重覆三次的「我爲什麼要回來呀！」正表現了他的覺醒：對自己人生的幻滅。這強烈的充滿悔恨與自責的感情，通過連續重覆三次的一句普通的話淋漓盡致地表現了出來。「飛不動，就回來吧！」愫方這句簡單的話，飽含了對文清的諒解與憐憫。她並不責怪文清，因爲她有賢淑的美德，她又知道是封建家庭造就了他的性格；

同時，她也對他繼續過著牢籠的生活發出了深長的嘆息。

夏衍在談到寫台辭不是一件容易的事情時，說過一段很精彩的話：

劇作家寫台辭不能一般地用自己的語言來表達劇中人的思想，而必須通過角色的特定個性情景，用劇中人的身份和口吻來講話。這本來就不是一件容易的事情，因爲從嚴格的意義來說，一個具有獨自性格的人物，在一定特定的情景中，把他的思想感情既精確而又傳神地表達出來，只能是「這一個」人的「這一句」，而不能是其他。⑦

我們在評論文學作品中人物的語言時，應該用夏衍的「這一個」人的「這一句」來衡量，看看它的性格化達到了怎樣的高度。

㈢考察對群衆語言的提煉

《易．繫辭下》說：「鼓天下之動者存乎辭。」孔夫子說：「言之無文，行而不遠。」（《左傳．襄公二十五年》）這就是說，語言要能夠鼓動天下的人才好；而語言如果沒有文彩，就不能流行久遠，起不到鼓動天下人的作用。

但這「文」千萬不能理解成斯文，理解成知識分子腔。因爲鼓動有力的語言是老百姓的語言。端木蕻良在重慶《詩歌月刊》一九四六年的第三、四期合刊上，曾寫了一篇《詩人和狼》的文章，提倡作家向人民群衆學習語言：

詩人的血液裡，普遍的缺乏一種東西——這種東西仍是屬於曠野、草莽、大海、強盜、狼、毒蛇、蝎子、野生的東西的。詩人們好像是吃家畜的奶長大的，他們的語言都是有教養的斯文的思索的修飾的知識份子的。

當然，未經加工提煉的人民的語言，雖然它豐富生動，富有表現力，但也有粗糙、不明確的缺點。文學家要用它來寫作，應該對之進行加工提煉，不應該照搬。這一工程雖然巨大，有如鑛的開採，但卻是非完成不可的。完成之後，就「言之有文」了。

請看吳承恩《西遊記》第二十三回豬八戒招贅受騙的一段描寫：

> 卻說那豬八戒跟著丈母，行入裏面，一層層也不知多少房舍，磕磕撞撞，盡都是門檻絆腳。呆子道：「娘，慢些兒走，我這裡邊路生，你帶我帶兒……磕磕撞撞，轉彎抹角，又走了半會，才是內堂房屋。」……八戒道：「娘，娘說得是。你請上坐，等我拜幾拜，就當拜堂，就當謝親，兩當一兒，卻不省事？」他丈母笑道：「也罷，也罷，果然是個省事幹家的女婿。我坐著，你拜麼。」

這裡的「慢些兒走」、「磕磕撞撞，轉彎抹角」，「兩當一兒」，都是當時群眾的口語，作家選用了這些「活的語言」，既準確、簡潔，又生動活潑，使豬八戒的性格得到了很好的表現。

再如趙樹理在《小二黑結婚》中描寫三仙姑人老了還愛打扮：「只可惜宮粉塗不平臉上的皺紋，看起來好像驢糞蛋上下了霜。」這些比喻算是把三仙姑的「老來俏」形容到「入骨三分」了。而這個比喻，就是北方農村群眾的美妙口語。姚雪垠在《我怎樣學習語言》中說：「鄉下女人逢年節又黑又粗糙的臉上擦了很厚一層粉，便有一個絕妙的形容語：『驢糞蛋兒上下霜了』……」李廣田在引述這句話的後面注著：「我們那兒卻說『驢糞蛋上掛霜雪』」姚是河南人，李是山東人，這說明這兩地的群衆和趙的山西群衆都有這個絕妙的形容語。

李廣田在同一文章中還強調：「但這樣的語言雖說是俯拾即是，卻不見得樣樣都可拾，還需要加以批判，知所取捨，也正如高爾基所說，是必須經過嚴選的，尤須特別注意其完全性與明瞭性。」⑧趙樹理的文學語言可說是符合這一要求的，即如這一句吧，他把形容一般農村婦女的比喻用到一個上了年歲的婦女身上，就更加強了語言的幽默色彩，讓我們一讀到這個地方，面前就出現了一個老不正經的人物。這說明，趙樹理是善於嚴選群衆語言的。不過，從音樂性方面講，他這句話有點拗口。

當然，評論文學作品的語言也是可以從許多角度立論的，像分析人物的內心獨白我們就可以寫出評論文章。這裡談對群衆語言的提煉，也不排斥從吸取古代和外國的文學作品的語言精華來立論。如果要研究語言大師們的文學作品，比如老舍吧，那他的語言風格：簡潔明快的大白話，含蓄而富於哲理性，幽默且具有音樂美，等等，就可以供我們寫出不少論文。因此，這裡所論也不過是舉其大端。

最後要說明的是，我們這裡所談的對語言的分析，不同於結構主義者對語言的分析。結構主義者注重文學系統的「語言」，不太重視個別作品的「言語」；注意語言普遍性的功能，不大重視語言表現的獨特性。他們只見森林，不見樹木，缺乏深細的藝術觸角，正像我國那些不懂詩的人，將「悠然見南山」改爲「悠然望南山」一樣，拒「悠然忘情，趣閒而意遠」於詩國大門之外。

第二節　評論作品要注意體裁

文學體裁是表達文學作品思想內容的具體樣式。量體裁衣，所有文學作品在形象塑造、結構安排以及語言運用上，都要遵循一定體裁的要求。曹丕在《典論．論文》中就指出：「夫文本同而末異；蓋奏議宜雅，書論宜理，銘銇尙實，詩賦欲麗。」這表明他已認識到不同的文體有不同的要求。評論文學作品，如果不注意文學作品的體裁，就可能提出不近情理的要求，鬧出大笑話。劉熙載在《藝概．文概》中就指出：「晉元康中，范頵等上表，謂陳壽『文艷不及相如，而質直過之』。此言殆外矣。相如自是辭家，壽是史家，體本不同，文質豈容並論。」劉熙載譏笑范頵等是外行，把對辭賦要求拿來批評史書，不懂得體裁不同，語言運用的文與質也有差別的道理。這不明文體的批評自然不能令人信服而又惹人恥笑了。由此可見，明確體裁特點對於評論文學作品之重要。

一、關於詩歌的評論

嚴羽《滄浪詩話．詩辨》說：

夫詩有別材，非關書也；詩有別趣，非關理也。然非多讀書，多窮理，則不能極其至。……近代諸公乃作奇特解會，遂以文字爲詩，以才學爲詩，以議論爲詩。夫豈不工，終非古人之詩也，蓋於一唱三嘆之音，有所歉焉。

嚴羽這段話就指明了詩歌的特點，並批評了宋代一些詩人的毛病。詩人如果有強烈的感情要宣泄，他就會寫詩。因爲感情有如洪濤，想像如天馬行空，所以，詩歌要求用情景交融的意境來表現詩人的思想感情。但是宋代的有些詩人卻違背了這一要求，他們或者是在詩中「掉書袋」，或者是發議論，結果使人感到「味同嚼蠟」。比如楊億的《淚》：

寒風易水已成悲，亡國成人見黍離。
枉是荆王疑美璞，更令楊子怨多歧。
邊笳暮應三撾鼓，楚舞春臨百子池。
未抵索居愁翠被，園荷清曉露淋漓。

眞正的詩應是直抒胸懷，不傍書史；而這首詩堆砌典故，從古人著作裡討生活，自然叫人不堪卒讀。我們如果要評價它，只能說這是一首謎語詩。這首詩再無可取之處了。

再如曾寫過「春風又綠江南岸」的王安石的《擬寒山拾得》：

我讀萬卷書，識盡天下理。
智者渠自知，愚者誰信爾。
奇哉閑道人，跳出三句里。
獨悟自根本，不從他處起。

這首詩全是用抽象概念說理，既無鮮明的形象，又無濃烈的感情，也無飛馳的想像。要說議論有獨到之處吧，也難以找到。正如錢鍾書《宋詩選注．序》所說：「宋詩還有個缺陷，愛講道理，發議論；道理往往粗淺，議論往往陳舊，也煞費筆墨去發揮申說。」王安石的這首正屬於這一類宋詩。

而新詩實績最早的奠基者郭沫若的《天狗》卻是眞正的詩，它燃燒著火一般的激情，輻射著明澈的光輝。「天狗」要「把月來吞了」，「把日來吞了」，而且「把一切的星球」，「把宇宙來吞了」：

我如烈火一樣地燃燒！
我如大海一樣地狂叫！
我如電氣一樣地飛跑！
…………
我便是我呀！
我的我要爆了！

樓棲評價說：「這是個性的春雷，生命的閃電，詩人在「天狗」的形象中充分表現了個性解放的狂熱。這種想吞掉一切星球和宇宙的英雄氣概，充分表現出詩人要破壞一切因襲傳統、毀滅整個醜惡世界的革命浪漫主義精神。」⑨樓棲的評論表明郭沫若的詩是通過形象來表現思想感情的，而且具有突破生活常規的奇麗的想象。這樣的詩與前引的「書抄」與「道德論」眞有霄壤之別。

再如國際桂冠詩人、臺灣新詩學會前會長鍾鼎文先生，寫於一九九〇年的《航行奧勒岡空際——

遙祭阿拉斯加百齡詩母戴維斯夫人》（載《葡萄園》詩刊第一〇九期），這首詩是他聽到了義母卡洛·戴維斯逝世消息後，提前從美返台於飛機上構成腹稿，於九月十五日即戴維斯夫人百齡壽辰完稿的。詩一開始，詩人就寫「是高空也是長空、一片青色的空際／縱與橫無始無終的伸展到無窮」。這是寫景，也是寫情，是抒寫詩人不能再見義母的無限悵惘之情。次節爲加強詩情再度點染：「又一次，我飛行在奧勒岡空際／白雲上，悵然北望；往北的連綿不絕的雲山萬疊／愈北、愈遠，愈遠、愈白／直到山也無痕，雲也無色……」最後在第八節，也就是結尾，這種「喪母之痛」達到最高潮：「七月，懷著祝嘏的喜悅乘興東飛／八月，帶著悼亡的悲傷抱恨西歸／在白雲上，謹以一瓣心香，向空遙寄／追憶二十年來友誼，情同母子／在人世，重作失恃的孤兒」。前兩句對偶，一喜一悲，形成鮮明對比；有了前句的襯托，更顯出後句悲痛之劇烈；末句點題，詩人在一九三四年成爲父母雙亡的孤兒，時隔五十六年，想起與戴維斯夫人「情同母子」，詩人脫口而出：「在人世，又一次，重作失恃的孤兒。」這首詩，字字是血與淚凝成，哪裡是「以文字爲詩，以才學爲詩，以議論爲詩」呢！

透過語言的表層，我們進而分析此詩的主意象，那「伸展到無窮」的「白雲」，分明帶著詩人對義母的無盡的思念。再深入一層分析，詩一開頭，就創造了「空際」遼闊深沉的意境：「古往今來，南來北往的飛鴻」，「從不曾在青空上留下行蹤」，「那連綿不絕的雲山萬疊／愈北、愈遠，愈遠、愈白」……在無窮的空際，連綿不絕的雲山的背景上，詩人以一瓣心香向空遙寄悼念之情，這該是多麼悲涼啊！

如果我們從這條路入手，就可以寫出對詩歌的評論，深淺雖不可知，路卻是走對了的。

二、關於小說的評論

沙汀在《短篇小說我見》中說：「說起小說，一般都會一來就問：『寫的什麼故事？』但是，什麼叫做故事呢？……故事就是人物的行動。因此，我們可以說塑造人物是創作的首要任務。」⑩沙汀的話告訴我們，評論小說，我們可以從故事情節方面入手來對作品進行評論。但是，事是人做出來的，所以小說雖是塑造人物、敘述故事的文學樣式，但塑造人物是較之敘述故事更爲重要的任務。既然如此，我們在評論小說時，就應根據它通過刻劃人物以反映現實的特點，把主要精力放在對人物形象的剖析上。

當然，小說並未封閉在鐵罐子裡，現在也有的小說並未著力塑造人物性格。所以我們談到小說的藝術特色時，也不一定要拿是否塑造出典型形象而對之求全責備，只要能寫出眞實生動的人物形象，就應該予以肯定。

像分析小說的思想內容一樣，分析小說的藝術特色，也可以從主旨、情節、結構、語言等多方面進行分析評論，特別應重視作家在小說技法上的創新。魯迅的《阿Q正傳》是小說，卻不同於我國傳統的古典小說的寫法。正因如此，它才能給人以耳目一新之感。小說是最富於流動性質的一種文學樣式，面對著作家的創新，比如放棄著重行動描寫和組織情節的傳統手法，而著重探求人物的精神世界；不留意人物性格的刻劃，而留意捕捉稍縱即逝的典型情感；不只是提供人物的心理活動並作理性的分析，而是描繪出一系列具體而細緻的感受（當然還不止於此），評論家都不應談「新」色變。

青年作家王安憶發表了自己的第一部長篇小說《69屆初中生》，這是一部很特殊的作品。它不僅把分析當代青年的心理作爲自己的藝術追求，而且採用了全新的寫法。李陀在《「這一個」69屆初中生》中評論道：

王安憶在進行這種心理分析的時候，很少直接出面去對主人公的內心活動進行議論、評價，也很少讓主人公以內省式的大段內心獨白進行自我剖析，甚至在傳統小說中常見的那種大段大段的心理描寫這裡也不多。至於什麼意識流之類的手法，更是連影子也沒有。《69屆初中生》的特色，主要是捕捉那些足以揭示人物內心世界的種種生活細節，以及他們那些相當複雜、微妙，常常轉瞬即逝的感情、情緒和心境，而且輔以一種樸素無華的白描手法。……這就使《69屆初中生》作爲心理分析小說也是特色獨具。這特色幾乎使人看不出它是一部以心理分析見長的小說，反而覺得它難以歸類。⑪

面對著這些「新」的寫法，評論家不是用傳統的文學觀念去責備作家，而是高度評價了作品的認識價值和美學價值。應該肯定，這樣的小說評論，也是「特色獨具」的。

三、關於戲劇的評論

戲劇文學是戲劇表演的基礎。要適合舞台演出，戲劇文學就受到時間與空間的限制，因之人物刻劃、取材和布局都要求集中性。因爲戲劇要能抓住觀衆，就一定要有戲劇性。而戲劇性的基礎，就是生活中的矛盾和衝突。所以，沒有衝突就沒有戲劇。還有，爲了適應舞台演出，劇本的語言，除了少數的劇情說明外，主要靠人物的語言——台詞，來發展情節，刻劃人物。評論戲劇文學，就應該注意這些特點。

崔德志《報春花》就是符合戲劇特性的一個好劇。戲一開始，作家就安排了幾個起伏，後來吳曉峰上場，對李紅蘭當勞模的資格提出疑問，歡樂氣氛一掃而光，挑起一場矛盾，展開了全劇。第二場劇情急速推進。第三場李鍵在短暫猶豫之後，決定宣傳白潔；吳一萍不通，伏下了危機。第四場，白潔自造事故，劇情急轉直下。第五場，白潔爲了國家的發展，爲了別人的幸福，決心犧牲榮譽和愛情。第六、七場，再寫李鍵與白潔，完成主旨：「新的歷史時期開始了，時代的東風，催開了報春的花朶。」由此可知，作家完全是按照戲劇對情節結構的要求來編劇的。

評論家也是根據戲劇的特徵來評論作品的。王朝聞在《寄給北京的信》中評價說：「對於這麼重大問題的反映，在全劇中是通過十分具體的衝突體現出來的，的確不像是令人生厭的『化裝演說』。」⑫這就是贊揚這個劇本有具體的矛盾衝突，有戲劇性。陳荒煤在《關於「報春花」的一封信》中則指出了劇本的美中不足：

李紅蘭爲什麼一定要向白潔檢討、和好，放棄她對吳曉峰的愛情？當然，她對吳曉峰的愛情也並不是眞正的愛情。她又爲何簡單地和韓衛東換回手表？等等。總之，是不是所有的戲劇一定要把戲裡提出的矛盾都要在舞台上當場解決才能結束？⑬

這又是在就矛盾衝突的處理上提出不同的意見。從這裡可以看出這些專家在評論時是注意文學體裁的。

還有一個問題需要我們注意，那就是把歷史劇和歷史這兩個概念區別開來。亞里士多德曾經指出：歷史家和詩人不同，前者寫的是實在的事件，後者寫的卻是可能的事件。但這一點我們有些人卻總是弄不清，所以田漢寫了《謝瑤環》、吳晗寫了《海瑞罷官》，就被認爲是「影射」，因爲和現實太相像了，這些作家也遭到厄運；如果寫得和歷史太不相像呢？又會被說成「歪曲」。像這樣寫評論，莎士比亞也會被貶得一錢不值。因爲在《亨利第四》中，理查第一是一位成年的武士，建立了不少功勳。但查歷史，亨利第四在位的時候，理查第一還是個十來歲的孩子。由此可見，把歷史劇和歷史區別開來，也是十分重要的事了。

四、關於電影的評論

電影文學有和戲劇文學相同的地方，要求具有尖銳激烈的矛盾衝突就是一例。袁文殊在《對於當前電影創作的一些意見》中說：「就我國最大多數觀衆的欣賞習慣來說，影片中的戲劇性的情節，必要的懸念，有個性的人物性格和典型環境的描繪等等是少不了的。不然就有脫離人民的危險。因爲這是關係到民族美學的問題。」⑭這些話是有針對性的，因爲當時有些人提出了「非情節化」等主張。把問題提到民族美學的高度來談，對人們是很有啓發的。在評論電影文學時，能從這方面考慮，可說是抓住了癥結。被艾蕪稱贊爲「電影文化了的《南行記》」的《漂泊奇遇》，正是由於編劇重視了故事的完整性、人物的豐滿性和矛盾的尖銳性，才受到廣大觀衆的觀迎的。就以矛盾的尖銳性來說吧，改編者是怎麼追求的呢？原來，六篇小說都沒有代表黑暗勢力的對立面人物，這就缺乏戲劇衝突，使矛盾無法展開。爲使影片矛盾尖銳化，電影增加了惡霸土司二瘋瘋這個角色，並從他身上引出了夜白飛有個妹妹被他害死，他第二次搶野貓子，小黑牛因野白飛救野貓子而遭厄運，舵把子又因替小黑牛報仇才與二瘋瘋遭遇上等情節。這就說明，由於這個人物的設置，就把整部影片的事件、人物環環扣緊，使矛盾層層尖銳，從而深化了主旨。可見寫電影評論，應該圍繞著電影劇本既有「文學性」，又有「電影性」來立論。

當然，這並不是說沒有尖銳的戲劇衝突，電影劇本就沒有藝術性。比如中日合拍的《敦煌》，就沒有多少戲劇性（雖然影片中有回紇公主與趙行德的愛情作爲胡椒麵，有趙行德這位文化探險者的追求、希望和失落等情節）；但他的散文式的結構，卻贏得了觀衆對它的眞實性的贊賞。

電影文學就形象的個體形式看，又具有造型可見性。所以電影文學又需注意體現視覺形象。張駿祥談到電影劇本創作時指出：「想從事電影編劇的人，一定學會找尋最能說明人物內在活動的外在動作，視覺形象。」⑮這句話指出了電影和戲劇的一個區別：前者主要靠動作，後者主要靠對話。當然這個區別也是電影與其他文學樣式的區別，電影是特別著重用人物的行動來表現人物的性格的藝術。正是因此，《血戰台兒莊》裡，有爲了激發鄉親的抗日鬪志，鬚髮皆白的老漢一頭撞死在石碾上的鏡頭，有身先士卒的師長王銘章，用衝鋒槍對敵掃射的鏡頭，有他大呼「抵住！抵住！死守滕縣！」然後拔出手槍，從容殉國的鏡頭，有王師長靈柩運抵漢口大智門車站，群衆萬人空巷，前往迎靈的鏡頭。正是這些具有視覺形象的鏡頭，才充分展現了中國人民用自己的血肉抗擊日本侵略的凜凜正氣。

王雲縵在《電影「駱駝祥子」改編得失談》中，肯定虎妞形象的創造有「流動感」。他認爲虎妞第一次出場，小說中只是寫她與父親一道吃晚飯，人物處於相對靜止的狀態。而在電影中，虎妞正在小廚房炒菜，一見祥子，就興高彩烈地招呼他，一邊招呼祥子吃飯，一邊又對付外邊的車夫。「這些看來不大的變動，比起虎妞光坐在那裡吃飯的出場，動作性要強烈得多，觀衆隨著人物也立即被帶入到一種流動感很強的生活情景中去。」他進而肯定：「這種流動感，一方面很適合虎妞這種外向性的性格，一方面也是發揮了電影藝術表現人物的特點和長處。」⑯

在評論改編的得失時，標準是主旨表現得怎樣，人物塑造得如何，而這些，都是要考慮電影的特性的。只要評論者記住電影文學劇本是未來銀幕形象的基礎，就應該重視從電影文學劇本能否做到引人入勝，能否使人物具有強烈的行動性來評價它。

五、關於散文的評論

散文講究「形散神聚」，講究「散文筆調」。這就是說，散文要用「意」統帥全文，像一根紅線串起零散的珍珠；又要以自己獨有的姿態和聲音說話。

散文可以寫故事，描寫風景，但它不同于小說之處，在於它不以反映外物的眞實爲主，而以表現作家的主觀情思爲主；即使是描寫人物、事件、景色，也要把自己的熱情滲入其中，而且目的還在於抒寫自己眞摯、深切的感受。

我們讀臺灣著名女作家，不久前去世的三毛《悲歡交織錄》，就是一篇具有這種品格的好散文。這是篇寫她歸國返鄉「悲歡交織」的作品，一開頭，「中國這片海棠葉子，實在太——大了。」中國「地大物博」。這是我們在小學時學來的。這一起起得好，寫出了作家的民族自豪感。接下去，「就這麼決定了，要先對祖先和傳統回歸，對鄉愁做一個交代，然後，才能將自己的心情變成一個遊客。」爲下文的發展理出了一條清晰的線索。於是我們看到她先到上海，再到蘇州、杭州、寧波、定海……一路上，「悲歡交織」。在歡迎她的人群擠了上來之後，「管他是誰，一把抓來，抱住就哭。」「然後，這一路走，妹妹恍恍惚惚，一切如在夢中。將自己那雙意大利短靴重重地踩在故鄉的泥土上，跟自己說：「可不是——在做夢吧？」這情感是多麼眞摯、深切啊！

三毛雖然愛國戀鄉，但她畢竟是數十年生活在海外的人。可貴的是，她向讀者敞開了她的心扉，讓我們看到了她心靈的矛盾：在堂伯母房中，有人捧來洗臉水、一條全新的毛巾，她拿起毛巾，「心下正想臉上還有化妝，又一轉念，這毛巾來得意義不同，便坦坦然洗掉——四十年的風塵。用的是——故鄉的水。」鄉情、親情畢竟濃於水，所以提起一桶井水後，水倒進瓶子裡，「深恐故鄉的水失落。拿起一個玻璃杯，把沒有過濾的、混混的井水裝了」，不顧哥哥一旁阻攔，「一口喝下。」

這篇散文處處皆有「我」在，將作家的人格、性情完全寫進了作品中，甚至有些處所像「絕命詞」，暗示了作家將不久於人世。像「這時候，所有聽到的聲音都說著一樣的話：『不要哭，不要哭。回來了，回來了。好了好了，休息了。好了好了好了好了好了好了……』」像「哭倒在欄干上，自語：『死也瞑目。』」像結尾的：

是了，風雨送春歸，在春樓主走也。是紅樓夢裡，「元迎探惜」之外，多了一個姊妹——在春。走了，走了。好了，好了。不再胡鬧了。

這篇散文發表於一九八九年六月號的《皇冠》，不久，三毛便眞的「走了」，大概她認爲這樣便「好了」罷。所以這篇文章，簡直是不祥的讖語。

我們評論散文，就該把它作爲作家的「自敘傳」和「內心獨白」來品賞。

再看郭風的《葉笛集．閩南印象》：

這裡有榕樹。這裡有玫瑰。這裡有向日葵。這裡草地上十二月裡還開放著鮮花。這裡的老人像榕樹那樣強壯。這裡的少女像玫瑰那樣艷麗。這裡兒童的眼睛像向日葵那樣明亮。這裡，人民的智慧開放著有如鮮花。

榕樹、玫瑰、向日葵、鮮花、老人、少女、兒童、人民的智慧，這八個鏡頭是怎麼連接起來的？表面上看起來，這些鏡頭是孤立的，但實際上它們有「神合之處」，作者賴以焊接各個鏡頭的是熾烈的感情，那對農村明媚的發自內心的熱愛。正是這，使得作品明斷暗續，成爲一完整的有機體。也就是說，這篇作品是形散神聚的，是「神」或說是「意」這條暗線，把各個鏡頭緊密而巧妙地焊接在一起。

各種體裁都有一些與眾不同的特點，以上的論述僅僅是舉例性質。目的是說評論文學作品不能忘記體裁的特點，以免提出不合情理的要求，從而不能準確地評價作品。

【附　註】

①《高爾基文學論文選》，二九四頁。

②《世界藝術與美學》，第一輯，文化藝術出版社，三七、五六頁。

③《高爾基文學論文選》，二六三頁。

④《郭沫若論創作》，二四七頁。

⑤《老舍論創作》，上海文學出版社，二七八頁。

⑥《郭沫若論創作》，七五頁。

⑦《夏衍論創作》，五七八頁。

⑧《李廣田文學評論選》，七五—七六頁。

⑨《論郭沫若的詩》，上海文藝出版社，十六頁。

⑩《沙汀研究專集》，一〇八頁。

⑪《文藝報》，一九八五年第一期。

⑫ 一九七九年九月二〇日《遼寧日報》。

⑬《劇本》，一九七九年第十一期。

⑭《電影藝術》一九八四年第一期。

⑮《論劇作》，人民文學出版社，二五三頁。

⑯《文學評論》，一九八三年第一期。

第九章　文學評論的寫作過程

蕭殷在《如何寫作品評論》中告訴我們：「只有把一個作品的內在規律分析透徹了，才有可能使認識深化到應有的高度。」又說：「如果不對作品所反映的千變萬化的、豐富多彩的生活進行具體分析，要想使自己的評論寫得豐滿而有說服力，是辦不到的」①蕭殷的話，說明了分析作品對於文學評論的重要意義，現在我們既已大略知道了分析作品的知識，也就可以學寫文學評論了。

但是，眞正寫出既豐滿而有說服力的文學評論，並不是一件很容易的事。它需要評論者在寫作的前後做很多工作，付出艱巨的勞動。因此，了解文學評論的寫作過程是有必要的，明確了寫作階段要完成哪些任務，要注意什麼問題，才可能寫出有較高水平的文學評論。

第一節　準備階段

寫文學評論的人，並不是心血來潮，隨意地對一種文學現象來發表意見的，更不能信口開河地褒貶是非。所以，他應該做好以下幾個方面的工作。

一、確定課題

課題是評論的主要問題。它揭示評論的對象和範圍。如文藝如何有益於大衆是個課題，怎樣才有創作自由是個課題，評李賀是個課題，評《茶館》也是個課題。

怎樣確定課題呢？

㈠滿足現實社會的迫切需要

文藝應當有益於人，這個問題絕大多數作家是清楚的，但文藝怎樣才有益於人，卻不是每個從事寫作的人都清楚的。詩風應該明朗，這樣才能使讀者感到親近，但只有提倡建立中國風格的新詩，這個問題才能徹底解決，這又不是每個詩人都能明瞭的問題。諸如此類的課題的解決，就能滿足現實社會的迫切需要。因之，有能力解決這類問題的人寫這類文章，就很有必要。因爲它的解決將使文學創作和文學評論都得到提高。

影片《人到中年》放映後，一直受到廣大群衆的好評，並獲得一九八二年度的文化部優秀電影獎。但是，許春樵卻對之否定，斷言影片有「嚴重的問題」。面對著否定《人到中年》的「老調重彈」，閻綱寫了《爲電影「人到中年」辯》②，提出了與許文針鋒相對的觀點。閻綱爲什麼選擇《人到中年》這部影片作爲課題，一方面是要回答影片《人到中年》到底是一部好影片，還是一部壞影片？另一方面，「對一部作品的看法分歧如此之大」，「主要的是如何看待我們的生活現實和如何理解文藝的現實主義的問題」。這就告訴我們：評論家之所以要參加這一短兵相接的論戰，還不僅是對一部影片的評價不公引起他的寫作欲望，更重要的是他感到有不少人身上還殘存著「左」的政治觀點和文藝思想，而這種東西對文藝的繁榮是有害的，因而他不能沉默，要旗幟鮮明地表示自己的態度。閻文選擇這一課題來予以評論，就讓廣大讀者清晰地看到許文的病根所在，從而解除了他們的焦渴。這一課題確定得實在太好了。

從五十年代開始，臺灣詩壇晦澀成風。有些詩人寫詩，心中並沒有非說不可的話，又要「反理性」、「反邏輯」，於是只好用一些曖昧游移的詞句，寫出虛無怪誕的詩歌。爲了破除時弊，溝通詩人與讀者的思想，文曉村和他的詩友們，創辦了《葡萄園》詩刊，並且明確地提出了自己的主張，「這是第一次正式提出現代詩應走『明朗化』道路的主張」。這個主張就寫在文曉村撰寫的《創刊詞》中。他之所以寫這篇論文，高舉「明朗化」的大旗，就是看到許多原本喜愛新詩的讀者，因爲覺得現代詩難懂，從而對現代詩感到困惑、失望，甚至望詩生畏，不敢親近。面對著這令人憂心忡忡的詩壇現狀，他覺得自己有不可推卸的責任，與自己的同道們，挽狂瀾之既倒。由此可見，文曉村選的論題，是滿足了時代和廣大詩歌愛好者的需要的。

㈡選擇力所能及的課題

評論文學現象需要具備一定的條件，從主觀條件來說，作者對這一課題已有的認識，能夠搜集到必需的材料，完成論題的寫作有充裕的時間等，均在考慮之列，對這一課題如果缺乏必要的知識儲備，那就會感到無處下手。對這一課題如果難以搜集到必要充足的材料，論文的價值等於建築在沙灘上。如果沒有充分的時間消化作品，反復思考，倉促寫成的東西難免內容有疏漏，形式上欠完美。可見，評論文學現象，需要評論者具備相當豐富的知識，而評論內容廣泛的課題更需要具備多方面的修養。所以選定課題前，了解自己的「家底」，做倒「心中有數」是很重要的。如果自不量力，選一個很大的題目，自己理論儲備不夠，很多知識沒掌握，搜集材料又有困難，其結果常常會很不美妙；或者是半途而廢，或者是草率了事。前者是浪費了寶貴的光陰，後者則爲別人提供了靶子。比如有人寫《崛起的詩群——評論我國詩歌的現代傾向》，他選這一課題恐怕就沒有考慮自己能否勝任。他在文中說：「現代傾向的興起，在新詩歷史上是意義重大的」，因爲「中國社會整體上的變革，幾億人走向現代化的腳步，決定了中國必然產生與之相適應的現代主義文學。」又說：「建國以來……我們嚴重地忽視了詩的藝術規律，幾乎所有詩人都沉溺在『古典十民歌』的小生產歌吟者的汪洋大海之中」。從引文可以看出，評論者寫這一課題，牽涉到精神生產與物質生產的關係，中國古典詩詞、民歌、新詩等多方面的知識，而且不能僅僅是涉獵，應有相當深入的研究。可惜，評論者在這些方面的儲備並不是很充實的。所以楊匡漢在《評一個現代詩論》中批評說：「若無優秀古典詩歌和民歌傳統的哺育，豈有新詩的發展和詩人的成長？這是一個毋庸置疑的基本事實。」又說：「《詩群》將我國古已有之的『象徵』、『變形』、『通感』、『虛實結合』、『情緒節奏』等等技巧，或當做『舶來品』，或稱做『崛起的新大陸』，這類常識性的錯誤，倒是反證了不能很好地繼承古典詩歌和民歌的優秀藝術傳統，就談不上探索和革新。」③這就是說，對文學史的一些基本事實，牽涉面很廣的知識，或者沒有掌握，或者採取「不承認主義」，而又要來論述它的規律性的東西，就難免捉襟見肘，漏洞百出，於是難免爲衆矢之的。當然，一哄而起形成圍攻是不好的。這裡談的主要是寫文學評論的人不能夠不顧自己的條件，一味去貪大求全，標新立異。王力先生在談到寫論文時，就指出論文的範圍不宜選的過大，提倡「小題目做大文章」。這就是提倡從實際出發。因爲寫文學評論，應該見前人所未見，發前人所未發。而根據自己的條件選擇課題，能夠發揮自己的優勢，易於寫出具有突破性的文章來。

對初學寫作文學評論者來說，最好先從評論作品的某一局部開始練筆（或評主旨，或評人物，或評情節，或評結構，或評語言），因爲這樣的評論內容單一，不需找很多材料；重點突出後有利於深人闡發，可寫出一定的新意。待水平提高後，再可對一篇作品進行全面剖析，以後再可進入到作家論。總之是應該考慮到教育學上的「量力性」原則，不可好高騖遠。

二、多讀深思

由於文學評論重點是作品論，而初學者也易從這裡入手，所以我們就從作品評論如何多讀深思展開論述。

(一)泛覽和精讀

讀書是評論的前提。要評論作品就要讀作品；不光讀作品，還要讀與作品有關的材料——作家的其他作品，他人的對作品的評論，作家的傳記類的材料，等等。

但讀書不能平均使用力量，而應分清主次。對所評的作品要精讀，已有的關於作品的評論應與作品對照閱讀，對作家的其他作品（不是作爲評論對象的作品），以及寫作的背景等材料，則可泛讀。

泛讀的目的在於對評論對象有個總體的印象。把評論對象放在作家一系列作品的系統中來考慮，更易於把握，作品的特點以及藝術上的創新。所以泛讀可使評論者處於高屋建瓴的態勢，便於全面地準確地評價作品。

精讀是更重要的一個環節，要想給作品一個恰當的評價，就非得認眞地閱讀作品，不是走馬觀花，一目十行；而是專心致志，字斟句酌。就像牛吃草一樣，咀嚼了又咀嚼。這樣把枝枝節節全搞清楚了，就可以達到透徹的理解。爲了掌握全篇的精神，再從頭到尾一貫到底地讀它幾遍。這樣反反覆覆地讀它個五遍、十遍，就會有越來越多、越來越深的體會。冶秋的《「阿Q正傳」讀書隨筆》說：讀《阿Q正傳》這篇名作，絕不是看一遍全能消化的，他描述看每一遍的心理過程是：

看第一遍：我們會笑得肚子痛；

看第二遍：才咂出一點不是笑的成份；

看第三遍：鄙棄阿Q的爲人；

看第四遍：鄙棄化爲同情；

看第五遍：同情化爲深思的眼淚；
看第六遍：阿Q還是阿Q；
看第七遍：阿Q向自己身上撲來；
看第八遍：合二爲一；
看第九遍：又一次化爲你的親戚故舊；
看第十遍：擴大到你的左鄰右舍；
看第十一遍：擴大到全國；
看第十二遍：甚至洋人的國土；
看第十三遍：你覺得它是一個鏡；
看第十四遍：也許是警報器：
……④

只有這樣精讀，評論起來才有資格發言。不然，閱讀得草率，又要指手劃脚，就難免褒貶失當，貽害作者和讀者。

㈡想像與深思

前面舉的讀《阿Q正傳》的例子，就包含了想像與深思，也就是在鑒賞和評論作品。劉勰《文心雕龍·知音》說：「夫綴文者情動而辭發，觀文者披文以入情，沿波討源，雖幽必顯。」這就說明閱讀文學作品，要通過語言的媒介，來探尋作家的思想感情。而語言這一媒介，卻缺乏直觀性，所以必須借助讀者的想像才能感受到文學作品中的形象。況周頤《蕙風詞話》卷一，談到閱讀作品的方法時就強調了這一點，他說：

讀詞之法，取前人名句意境絕佳者，將此意境締構於吾想望中。然後澄思渺慮，以吾身入乎其中而涵泳玩索之。吾性靈與相浹而俱化，乃眞實爲吾有而外物不能奪。

所謂「締造於吾想望中」就是想像，所謂「澄思渺慮」就是深思，所謂「入乎其中」就是深入感受和體驗。對文學作品必須採取這種使文學語言「形象化」，即在腦海裏顯現出電影鏡頭的「還原」方法，才能對作品有深刻的感受。這就是形象思維的妙用。但爲了能對作品的形象體系所表現的本質有所瞭解，就還要掩卷深思，運用邏輯思維來探求寄寓於形象體系之中的主旨，深藏於偶然現象之中的必然性。

由此我們可知，理解包括形象與意蘊兩個層次的理解。在淺層次是組塊的過程，即是把分散的信息組織成較大的信息單元。如將杜牧的《清明》一詩，按詞的形式作模塊組合：

清明——時節——雨／紛紛——路上——行人，／欲斷魂。／借問——酒家——何處？／有——牧童——遙指／杏花村。

通過組塊，我們從文字看出了一幅圖畫。

但理解不能止於這一層次。因爲形象的顯現，只是中介，需從能指進入所指，從形象層次進入內涵層次，才是眞正的理解。嚴羽《滄浪詩話．詩辨》說：「詩者，吟詠情性也。盛唐詩人惟在興趣，羚羊掛角，無跡可求。故其妙處透徹玲瓏，不可湊泊，如空中之音，相中之色，水中之月，鏡中之象，言有盡而意無窮。」美國桑塔雅納《詩歌基礎的使命》說：「看得見的景象還不是詩歌眞正的客體。」（《美國作家論文學》，一三三頁）因此，我們要聯繫作品的全文、作家的世界觀和心理結構、寫作環境來對作品進行考察。比如我們讀臧克家的《老馬》：

總得叫大車裝得夠，
它橫豎不說一句話，
背上的壓力往肉裡扣，
它把頭沉重地垂下！

當運用想像在我們面前展現出一個不勝重負的老馬以後，我們還要揣摩一下：這只是爲了寫一匹老馬，還是別有深意？深思的結果，我們體會到詩人是在托物言志；再看看詩人關於此詩的解釋，我們就知道這詩是表達他對忍辱負重的勞動人民的崇敬與同情。只有在這個時候，我們才可以說：寫作文學評論之前的準備階段已經走完了，下一步我們就可以運用一定的理論觀點，來對作品的價值作出評論，並把它見諸於文字。

但在這一階段，容易犯不求甚解的毛病，就是深思做得不好，對評論對象還沒有透徹的理解。比方《詩經．關雎》，朱熹曾向一位讀書人請教，那人連詩中詞句還沒完全搞懂，就用孔子「樂而不淫，哀而不傷」來蒙騙他。朱熹有了這個教訓之後，讀書就更仔細了。但是，就連朱熹這樣的大學問家，也難免犯「學而不思」的錯誤：他解釋這首詩，說君子未求得淑女時悲哀得不過頭；求得淑女後，高興得也不過分。但這首詩中只有想念深切，卻無哀傷的意思，眞正講通孔子這句話的是劉台拱的《論語駢枝》。他指出《關雎》是指《關雎》這組詩的音樂，音樂是三篇爲一組，即《關雎》、《葛覃》、《卷耳》這三篇的音樂爲一組，就稱爲《關雎》。第一篇寫君子求得淑女，第二篇寫婦女回家探望父母，第三篇寫婦女懷念遠行的丈夫，詩裡有「維以不永傷」的話。所以前兩篇樂調是「樂而不淫」，後一篇樂調是「哀而不傷」。《論語．泰伯》引孔子的話：「《關雎》之亂，洋洋乎盈耳哉！」「亂」是音樂的末一章。由此可知，孔子講《關雎》是指音樂說的，不是指《關雎》這首詩的文意說的。

這一多讀深思的過程，就是入乎其內，出乎其外的過程。南宋陳善在《捫虱新話》中曾談到讀書之法：「讀書須知出入法。始當求所以入。終當求所以出。……惟知出知入，乃盡讀書之法。」所謂「始當求所以入」，就是指先要進入作品的境界，對作品有眞切的感受，深刻的理解。所謂「終當求所以出」，就是指在「入」的基礎上，通過研究，對藝術品的成就和不足，有居高臨下的審視和符合實際的判斷，比如詩文評點這類鑒賞式的評論，就是評論家在閱讀時對某些部份的內容形式，在深刻感受後思考的結果。而對整篇作品作綜合評價的評論，則是在對全篇作品的題材、主旨、情節、結構、人物、語言作了周密分析後，或者與別一篇文學作品比較後得出的審美判斷。所以說，沒有透徹地讀懂一篇作品，沒有進入作品境界，沒有深入作者內心，是無法對作品進行評論的。

但事情都怕走極端，所以，在講深思時要注意避免：

1.任意揣想。想像要有根據，不能胡思亂想。比如傅庚生教授在《杜詩析疑》中，時而說：「諷刺詩可分爲兩部份：多數是站在個人立場上的失意的怨刺，少數是同情人民的正義感的映現。」⑤時而說：「佳人一詩雖有寄托，仍然是詩人自己在政治上失意而發牢騷，倘得意時，也將易『哭』爲『笑』了。」⑥這些話都是沒有根據的主觀臆說，那「多數」與「少數」是傅教授未作統計就妄下的結論。杜甫一生在政治上從未得意過，傅先生又憑什麼揣想他得意時一定易「哭」爲「笑」呢！

2.附會政治。從原則、概念出發，穿鑿附會，尋找作品的微言大義。如漢儒認爲《詩經》是「經夫婦、成孝敬、厚人倫、美教化、移風俗」（《詩・大序》）的工具，於是將《關雎》說成政治詩，或說是諷刺康王，或說是諷刺康后，又有人說是贊美「后妃之德」。當然這不是說不能講寄托象徵，只是說不能離開形象，任意比附。

3.違背文藝特點，用科學觀點評論作品。如明代狀元楊愼《升庵詩話》卷八評道：

唐詩絕句，今本多誤字，試舉一二。如杜牧之《江南春》云：「十里鶯啼綠映紅」，今本誤作「千里」。若依俗本，千里鶯啼，誰人聽得？千里綠映紅，誰人見得？若作「十里」，則鶯啼綠紅之景，村郭、樓台、僧寺、酒旗皆在其中矣！

這就是用科學觀點來論詩，他把千里江南實指作一處來理解了。

第二節　構思階段

列奧納多在爲「聖母修道院」畫《最後的晚餐》時，曾在這幅畫的畫幅前站了許多天，但畫幅上卻未著一筆。結果弄得修道院院長大驚小怪。列奧納多解釋道：「當才華高的人們做著少量的外部工作時，他們的智慧在發明上是非常活動的。」列奧納多站在畫幅前好像無所事事，實際上他在積極地進行創造性的思維，也就是在構思作品。人們常說「十月懷胎，一朝分娩。」作品的構思階段，就是懷胎的過程。不僅創作是這樣，評論創作也是這樣。

一、醞釀感情，明確觀點

評論家對評論的對象必須用自己的心靈去感受，用自己的頭腦去思考。一定要有科學工作者的內在的自由。作爲帶有強烈主觀感情色彩的文學評論，沒有這種自由的心境是不行的。

文學評論活動本身不同於一般的科學活動，它的整個過程都不離形象，因而也伴隨著情感。評論家對評論的對象決不會是冷漠無情的，而是充滿愛或恨的。如果評論家抱著一種什麼「零度風格」寫作評論作品，那寫出來的東西一定是冷冰冰的，乾巴巴的，沒有人要讀。相反，如果對評論的文學現象，比如作家或作品懷有深厚的情感，所寫的文章就會思致風發，興會淋漓，耐人回味。所以，優秀的文學評論家寫作時都是有激情的，同作家一樣，是有著不吐不快的寫作衝動的。閻綱在他為張一弓辯護的《「高尚的聖者和殉道者」》一文中，就敘述了他的這種心境：「當我在《收穫》第三期上讀到作者又一篇作品《犧牲》（短篇小說）時，就再也按捺不住為《犯人李銅鐘的故事》作辯護的衝動了。」⑦這篇評論之所以能寫得分析精細深透，筆端感情濃烈，與作者具有眞知灼見與寫作激情分不開。陸機《文賦》說：「悲落葉於勁秋，喜柔條於若春」，寫文學評論如果沒有「悲」或「喜」，同樣是不能動人的。

在構思階段醞釀感情有利於評論自由。如果面對著作家或作品，自己的感情老像溼草在冒煙，總是透不出火苗，這就表明自己未將感情突入對象。在這個時候，就是「寫不出」的時候，就不應該硬寫。如要硬寫，難免會寫出矯情之言和違心之論。

對這樣的文學評論加以分析，常常可以發現評論者本身的思想還沒有解放。如果社會環境不能保證評論者暢所欲言，則這種不自由的評論會出現得更多。

有些所謂的文學評論，是「唯左」、「唯上」的產物。在前一階段，有些人頭腦中「文革遺風」陰魂不散，喜歡念「緊箍咒」；有些文藝部門的行政領導由於不懂業務，慣於對富有創造性的文學勞動橫加干涉。這樣，有些人沒認眞閱讀作品，就給作品扣上了帽子，揮舞起棍子。

有些所謂的文學評論，是「唯派」、「唯親」的產物。是自己一派的，是自己的朋友就無原則地吹捧；或者雖覺得吹捧不對，但「盛情難卻」，還是要說些溢美之辭。對不是自己親近者的作家或作品，則是出於私心的壓抑。有時明知自己的論文不能以理服人，但爲了牽制對方，不讓他在創作的道路上跑得更快，也就不顧忌「攻其一點不及其餘」的弊病。

當然也還有一些文學評論，是「唯命是從」的產物。編輯部催命似地要稿，評論家被逼得沒法，又要應付差事，只好「唯務折衷」，說些言不及義，不冷不熱的廢話。

明確觀點也是構思階段需要著重考慮的環節。

觀點首先要正確。《荀子·非相》說：「凡言不合先王，不順禮義，謂之姦言；雖辯，君子不聽。」如果觀點不符合客觀實際，不是眞理，即使再會詭辯，今天的君子也是不會聽信的。

但是，要寫一篇文學評論，如果我們的觀點都是老生常談，盡重複別人的話，所謂「鸚鵡學舌」，讀者也是不願看的。

因此，要寫文學評論，除了首先保證自己的觀點揭示了某些客觀的眞理，還要把自己的觀點篩選一下，看看自己在哪一點上有所突破。既不是故作新奇，又確實是自己的眞知灼見。那麼把這一點拿來立論，文章才能給人以新意。因爲「明理之文，大要有二，曰：闡前人所已發，擴前人所未發。」劉熙載在《藝概·文概》中所說的這句話表明，有識見的評論才是有價值的評論。

有識見的評論的標誌是：

1. 論文中有所發現，或是探求到新知識，或是糾正了前人認識的偏頗，以至錯誤。也就是說，文學評論中有不同於前人的觀點。例如楊牧的《驚識杜秋娘》一文，一反前人的金縷衣爲富貴的象徵說，而提出了金縷衣是死亡的象徵說，這就與前人的觀點迥然不同。

2.論文的觀點雖然不新，但提出了新的事實根據，而材料又屬於尖端性質，富有學術價值。也就是說，這篇評論提供了新材料。如劉以鬯先生的《蕭紅的「馬伯樂」續稿》一文，就「《馬伯樂》續稿是蕭紅最後發表的作品」而言，是提出了新觀點，就發現《馬伯樂》續稿來說，是爲蕭紅研究提供了新資料。

3.既未提供新觀點，也未提供新資料，但對某一問題研究的現狀，作了全面而準確的論述。如黃開發的《新時期周作人研究述評》⑧就對自一九八〇年以來，評論家對周作人在中國文學史上的意義、附逆問題、散文創作等方面的研究進行了評述。

金人瑞之所以受到文學評論界的重視，就因爲他的識見高於常人，正如廖燕在《金聖嘆先生傳》中所說：「（先生）善衡文評書，議論皆發前人所未發。」「先生所評諸書，領異標新，迴出意表，覺作者千百年來，至此始開生面。嗚呼，何其賢哉！」舉例來說，《劉九法曹鄭瑕丘石門宴集》一首，許多注家都認爲杜甫是參與宴會的，金人瑞則相反，認爲杜甫未曾與宴。他的根據是「題中無『枉』字，又無『陪字』，然則先生不與宴集矣」，「詩極難看，從看題得之。」再如他對《雲安九日鄭十八攜酒陪諸公宴》的解說：「人徒知萬國戎馬，故淚垂。即豈復成詩者耶？萬國戎馬而此獨酣歌，是以不得不淚垂耳！我見題中有『諸公』字，便知先生是日必無好氣也。」⑨他能透一層描摩出杜甫深沉之感慨，極富新意。所以，高明的評論家總是選取自己有獨到見解的觀點來立論。

觀點還要求鮮明，不能鈍刀子割肉。魯迅的《野草·立論》中有一段話說得妙極了：

「我願意既不謊人，也不遭打。那麼，老師，我得怎麼說呢？」

「那麼，你得說：『啊呀！這孩子啊！您瞧：多麼……。阿唷！哈哈！Hehe！ he！he！hehehe！』」

立論應該說真心話、老實話，不應該抱著利己哲學，像上面的那位老師教學生那樣，說些不痛不癢的話。魯迅在三十年代初把鄭板橋的對聯「搔癢不著贊何益，入木三分罵亦精」，書贈給日本青年增田涉，也是提倡觀點鮮明，見解深刻，與《立論》的主旨相同。我們寫作文學評論，應該具有敢想、敢說的大無畏精神，做到直率、明朗，沒有理由呑呑吐吐，「限語但書」。

但是，這決不意味著文學評論可以主觀片面。尖銳並不等於說過頭話，鮮明並不等於以偏概全。詩人雁翼在《詩與批評》一文中曾說到某些詩歌評論，對於魯迅、郭沫若、艾青等人時而肯定，時而否定，他們的頭腦中沒有客觀標準。詩人大聲疾呼：「詩要說眞話」，而

評論詩要敢於實事求是。

好的敢於說好。

壞的敢於說壞。

不好不壞敢於說不好不壞。⑩

就拿對陶潛來說，我們也不能說這位詩人的偉大，是由於他渾身是「靜穆」。因為這觀點雖然新鮮，

但它是從衣裳上撕下的一塊繡花，是沒有顧及「全篇」、「全人」的「摘句」法的產物，因而是主觀片面的立論。

由此可見，在提出觀點時，全面衡量是很重要的。有時，就評論對象的局部立論，孤立起來看，好像也言之成理；但窺豹一斑，不能通觀全篇，不能顧及作家全人，就常常難免拘執的毛病。這是立論時應該愼重考慮的問題。

構思時之所以要明確觀點，是因爲觀點乃文學評論的靈魂。它居於統帥的、舉足輕重的地位。材料的選擇與安排，以及表現形式的採用，都以觀點爲轉移。牽一髮而動全身，觀點一動，全局都得隨之變動；原來的重點可能變得不是那麼重要了，先前的精彩片斷或許應該割愛，前後的次序可能需要顚倒，新的意思或許與原來的意思接不上頭……所以，構思時一定要從一團亂麻中理出頭緒，對內容和形式進行一番冷靜的分析，追求「柳暗花明又一村」的效果，然後伸筆展紙。切忌在思路阻塞時提筆硬寫，結果寫出來的文章，理不通，文也不通。

二、選擇、組織材料

評論家在確定了觀點之後，還應考慮他的文章要具有一定的理論深度、邏輯力量和藝術美感。因爲只有具備了這些素質，他的文學評論才會使人信服，並且叫人喜愛。爲此，對選擇、組織材料，就應該認眞考慮，不能馬虎從事。

文學評論要傳達出評論家對作品活潑而親切的印象，就需要節錄一些作品片斷來加以證實，有時爲了筆墨的經濟，則採用復述的方式。不論是節錄或復述，都要考慮節錄哪些片斷、復述那些內容才能有力地證明觀點，從而使讀者信服。同時，還要考慮哪些材料更富有魅力，能像磁力場一樣緊緊地吸引住讀者。

文學評論終歸要對作品作出判斷。爲支持這種判斷，就需要引證一些符合辯證規律的學說。選擇哪些理論作爲自己立論的根據，從而加強文學評論的理論色彩和說服力量，這也是構思時必須考慮的問題。

比如李希凡分析《西遊記》中豬八戒的形象時，有這樣一段話：

豬八戒的這種對取經事業的缺乏堅定性，還不只是表現在遇到困難就動搖散伙回家上，同樣也有時表現在實際的戰鬥行動裡。不肯賣力或臨陣脫逃，這是豬八戒在遇到強敵時的家常便飯。在萬象國他吹下了老豬會降妖的大話，可等到和黃袍怪作戰「漸漸釘鈀難舉，氣力不支」的時候，他就撇下沙僧，僞稱「讓老豬出恭來」，「一溜往那蒿草薜蘿、荊棘葛藤裡，不分好歹，一頭鑽進；那管刮破頭皮，搠傷嘴臉，一咕轆睡倒，再也不敢出來。但留半邊耳朵，聽著梆聲。」在枯松澗看到紅孩兒放出火來，他就說聲走，也不顧行者就跑過澗去了。在平頂山，孫悟空讓他去巡山，他認爲是「罷軟的老和尚，捉掐的弼馬溫，面弱的沙和尚」在捉弄他。說「大家取經，都要望成正果，偏偏要我來巡什山……曉得有妖怪，躲著些兒走，還不夠一半，卻教我去尋他，這等晦氣哩！」想去「哪裡睡覺去，睡一覺回去，含含糊糊地答應他，只說是巡了山，就了其帳也。更可笑的是，他沒有巡山反而編謊。……⑪

這一段文字選擇了豬八戒在萬象國、枯松澗、平頂山幾處臨陣脫逃和不肯賣力的行動表現，證明了他對取經缺乏堅定性。這些事例選擇得非常典型，有力地表現了豬八戒作爲孫悟空對立面的性格特點——動搖性。這些文字本來分散在不同的章節，評論家用自己的語言，把節錄貫串成一段前後銜接的文字，又讓復述和節錄交織在一起，共同完成了證明觀點的任務。評論家爲什麼選擇這樣一些事件而不選擇其他的事件，這表明他是經過深思熟慮的。

秦牧在《辯證規律在藝術創造上的運用》一文中，談到掌握藝術表現方法上矛盾統一的規律，以避免簡單化和絕對化時，首先引用了列寧的話：「就本來的意義說，辯證法就是研究對象的本質自身中的矛盾」，來說明客觀事物既然存在內部矛盾，表現它們的藝術方法就不能夠簡單化和絕對化。這短短的一句經典言論，勝過許多筆墨。評論家在構思時，肯定是考慮再三，才選用這句引文的。

爲了證明古代的藝術家，也在若干程度上接觸了藝術表現手段上矛盾統一、相反相成的道理，他又列舉了柳宗元「抑之欲其奧，揚之欲其明」、蘇軾「用事當以故爲新，以俗爲雅」、王若虛「定體則無，大體須有」、方以智「不以平廢奇，不以奇廢平」、袁枚「變唐詩宋元也，然學唐詩者，莫善於宋元」、齊白石「山水筆要巧拙互用」、「作畫妙在似與不似之間」等言論。這些引文有力的說明「抑揚之間，雅俗之間，平與奇，巧與拙，似與不似，有體與無體，師承與變革……這些看似兩極的事物，實際上卻相反相成、矛盾統一。」評論家在引用這些例子之前說：「下面是隨手拈來的幾個例子」，可以想像，像這一類的例子是很有一些的，選取哪些，舍棄哪些，評論家先是斟酌了一番的，然後他才能「隨手拈來」，絕不是臨時靈機一動，「隨手拈來」的。⑫

材料的組織在構思時也要想好。王力在《談談寫論文》中說：

寫起論文來，要層次分明。先說什麼，後說什麼，這很重要。……你應該按照你研究的過程來引導讀者的思路，你怎麼研究的，就怎麼寫，從頭講起，引導讀者逐漸深入，逐漸到你的結論上來。」⑬

這種引導讀者思路的組織材料的方法，是科學的。寫文學評論前，就應該構思好。

孟照的《「在其香居茶館裡」藝術欣賞》在安排材料方面就是這樣做的：評論者先指出沙汀選擇了一個狗咬狗的爭吵事件，又把這個事件集中在茶館來描寫，是給自己出了一個難題，需要精心地藝術構思，接著，評論者分析了作品的結構特點：一、「是以錯綜複雜的場面描寫推動故事情節的發展，把主要人物的活動和群衆的熱烈場面緊密地結合在一起」。二、「是情節的波瀾起伏扣緊了人物的性格特徵」。三陳新老爺的出場「把剛才由於當面爭吵收縮起來的情節鋪開了」，「這場吵架又增加了豐富的內容」。在進行了具體的藝術分析後，評論者作出結論：「這場爭吵時緩時急的經過了多少個回合，終於開打，最後以原來不過如此（人已經放出來了）的尷尬場面結束，眞是寫得淋漓盡致，在結構上亦步亦趨，逐漸深化，實在無懈可擊。」評論者的構思也是「逐漸深化」「無懈可擊」的，它層次分明，由淺入深，一步步地引導讀者的思路，直至作出結論。從成文的評論，我們可以推想出評論者在構思階段是下了很大功夫的。不然的話，他就可能把第二個或第三個結構特點，放到第一點的位置上來寫。這樣一來，明顯地犯了層次顚倒的毛病，因爲後兩點較之第一點，均爲較深的層次。

選擇、安排材料，不妨想得細一些。有人說，沒有想好文章的結尾，就別忙動筆寫第一句。這話是有一定道理的，這就是要求做到「胸有成竹」。

三、考慮表現手法

一篇好的文學評論，當然首先要內容好，應該做到觀點正確，材料充實。但是，如果不考慮表現手法，就難免抽象，容易叫人感到枯燥乏味。所以，形式問題也是評論家構思時十分重視的問題。秦牧在《藝海拾貝．跋》中，談到有些理論文章，「由於不很注意筆調的優美和行文的情趣，結果使大量渴望掌握這種知識的讀者望而卻步」。而他在寫《藝海拾貝》時，爲了讓讀者閱讀時沒有那種「硬著頭皮，正襟危坐」的滋味，就借用了「飽滿的形象和美妙的譬喻」來談文藝理論。他說：「我想寓理論於閒話趣談之中。」對於這種表現手法，他具體地闡述道：

這些文章的內容，大抵是從一些具體事物出發，然後接觸到文藝問題的。例如，從鮮花百態，各有妙處談到藝術風格多種多樣的可貴；從並蒂蓮、比翼鳥能夠給人以美感，而雌雄終身擁抱不離的血吸蟲卻只能使人厭惡，談到思想美是藝術美的基礎……這裡談的事情許多都離不開譬喻，這也許可以豐富人們的聯想，使道理和事物生動鮮明起來。」

《藝海拾貝》爲什麼能夠達到印數接近七十萬冊的巨大數字，爲什麼許多青年在寄給作者的信中夾了錢幣或郵票，委託作者代他們買書？很明顯，這與作者所採用的輕鬆風趣、活潑生動的筆調有關。而作者之所以運用這樣的表現手法，是因爲他在構思時就考慮了這樣做可以滿足讀者需要。如果作者在寫作前就害怕「趣味主義」這頂大帽子，不敢寓藝術道理於談天說地之中，恐怕他的書也只能印到三千冊吧！

考慮表現手法主要是爲了加強評論的形象性，這一問題下面還將論及，這裡就不多加闡發了。

構思的方式因人而異，據說寫了《滕王閣序》這篇名作的王勃，在寫文章之前，墨磨好了之後，就蒙頭大睡。睡了一段時間就起床，坐下來就揮筆疾書，一氣呵成。他這蒙頭大睡，恐怕就是在排除外界干擾的情況下，精心構思。

魯迅的構思方式是躺在躺椅上，把要寫的大綱起腹稿。或者是一言不發，默默地思索，或者是遇見朋友就談起寫作的打算。即使是寫三五百字的短評，他也不攤開紙就動手，而是經過長時間的醞釀。

前蘇聯作家柯恰爾描述自己構思的情況時說道：當別人向他提出約稿要求時，他三四天不走近桌子。別人以爲他對讀者沒有什麼可說，或者是在偷懶。「可是實際上，在這三四天裡，我是在心裡『寫作和修改』文章的。」他這種構思方式，看來很適合於寫作篇幅不大的文學評論。

第三節　寫作階段

王充《論衡．佚文篇》說：「論發胸臆，文成手中。」在對作品精讀深思之後，有了發現，這只是「眼中之竹」；待明確了觀點，選準了材料，考慮好寫法之後，算是有了「胸中之竹」；「胸中之竹」還不是「手中之竹」，要使文學評論成爲具有科學性、說服力的「評論文學」，就要看寫作階段的功夫了。如果這一道功夫不過硬，那麼胸中的八寶樓台，到手中可能成爲一片瓦礫；這該是多麼令人惋惜。郭沫若談到文學評論的寫作時曾經說過：「沒有充分的研究，通盤的衡量，適度的表達，批評實在是不容許輕易寫作的。」⑭所以有了充分的研究和通盤的衡量，只是爲寫作文學評論創造了良好的基礎。要想把文學評論寫好，還要注意這「適度的表達」幾個字，絕不輕視這寫作階段。

在構思階段只是爲寫作階段勾劃出大致的路線，具體地寫些什麼，怎樣寫這類問題還是要在寫作階段解決。而且，在寫作時，新的觀點和材料，可能像旋風般衝來，導致評論家不得不改變原先的構思。這種情況也是常有的事。所以，在寫作階段，絕不是把構思階段的設想原封不動地搬進文章就能了事；何況寫較長篇幅的文學評論，就是再詳細的寫作提綱也需要充實血肉。

在這個階段要注意解決以下三個問題：

一、以理服人

文學評論是要對所評的文學現象下斷語的，但是，絕不能武斷。壓服是不能服人的，只有靠說服，別人才會心悅誠服。

㈠進行「論述活動」

臺灣的李瑞騰博士，曾經接受林承璜的採訪，當林承璜問到評論文學作品，如何才能不帶偏見時，李瑞騰答道：「我們必須做到主觀認定客觀化，我們對一個事物的認識和感受，就是主觀的認定，但是你要說服讀者，使讀者認定你說的有道理，我們便必須進行『論述活動』。『論述活動』就是求證自己的認識和感受是如何符合實際情況的。這就是主觀認定客觀化。」⑮

好一個「主觀認定客觀化」！我們對作家作品的評價是否爲眞理，不是依自己的主觀意志爲轉移的。我們不能搞「唯我獨尊」，搞「一言堂」，如果想這樣，作家、讀者也不會買你的賬。唯一叫他們信服的辦法，就是展開「論述活動」，證明自己的認識是符合客觀情況的。這樣，他們想不信服也不可能。

㈡抓住事物的本質進行分析

馬克斯在《黑格爾法哲學批判．導言》中說：「理論只要說服人，就能掌握群衆；而理論只要徹底，就能說服人。所謂徹底，就是抓住事物的根本。」⑯這段話就指明了以理服人的辦法。

我們在評論文學現象時，可以對之進行多方面的分析；但要評價它時，只要抓住它的本質特徵，就可以得出令人信服的結論了。

例如臺灣「紀念李清照學術討論會專輯」論文，鍾玲的《李清照人格之形成》，方瑜在「講評」中指出：

> 例如文中引《清波雜誌》周煇語：「頃見易安族人，言明誠在建康日，易安每值天大雪，即頂笠披簑，循城遠覽以尋詩，得句必邀其夫賡和，明誠每苦之也。」再配合宋室南遷的時代背景，以及清照當時由山東青州南奔建康，家中收藏全毀的個人經歷，證明李清照性格之堅強、達觀，頗有說服力。⑰

對於鍾玲論證「原屬舊黨的李格非竟將愛女嫁給新黨趙挺之的兒子——趙明誠」，方瑜講評時肯定前三項理由「都頗有證據，足以支持其說，但其後兩項：徽宗親政後，新舊黨並用，直至一一〇一年底。挺之可能以為舊黨會得勢，故樂於聯姻。挺之看重清照才學，希望她嫁來趙家可助明誠整理趙家收藏。則未免推論性過濃，似乎缺乏有力證明。」⑱

從方瑜的「講評」我們可以知道，抓住了事物本質的分析具有說服力，而不能把論點、論據間的邏輯關係論述清楚，僅靠「可能」、「希望」來推論，就不能以理服人。

㈢遵守論證規則

「擺事實，講道理」，這句俗話就道出了論證的規則。寫文章就應該用正確的理論和眞實的事實來論證觀點的正確。如果不遵守這一規則，就是說論據是虛假的，或者論點與論據之間沒有必然聯繫，那麼論點就不能得到證明，文章就缺乏說服力。

有一位青年作家討論《文學創作的「二律背反」》⑲，他引用嚴羽《滄浪詩話》的言論作根據，他引的是，「詩有別裁，非關書也；詩有別趣，非關理也。」他就用這斷章取義的辦法證明自己觀點的正確。他的觀點是：「作者的理論框框多了，倒常常造成思想束縛形象，造成概念化和圖解化」；而不讀理論書，也「常常『嚓』地一下放出個小說『衛星』」。我們單看作者所引的文句，的確可證明創作無須多讀書。但是一查對原文，嚴羽緊接著說了下面的話：「然非多讀書，多窮理，則不能極其至。」郭紹虞《「滄浪詩話」校釋》認爲《詩人玉屑》的引文：「而古人未嘗不讀書，不窮理」，較今本爲優。但不論是今本，還是《詩人玉屑》引文，都沒說讀書妨礙作詩，而是說讀書可使才學相濟，不致陷於片面性（今本），或說明讀書要讀得破，使書爲詩用，而不是抄書作詩（《詩人玉屑》引文）。可見，這位青年作家的論據是片面引用來的「虛假論據」，他的論斷自然就缺乏說服力量了。

諸如「論題轉移」、「論證方式不合推理規則」等錯誤，評論家都應力避在自己的文學評論中出現。這樣，才能保證自己的文章具有雄辯的說服力。

二、順理成章

文學評論作爲具有科學性的議論文，必須遵循提出問題、分析問題、解決問題的結構原則，把事物的內部聯繫抓住，作爲思路，從而使各部份的內容組合成完整的篇章，這就是順理成章。

劉勰在《文心雕龍．熔裁》中談到這個問題時說：「是以草創鴻筆，先標三準；履端於始，則設情以位體；舉正於中，則酌事以取類；歸餘於終，則撮辭以舉要。」他分作文法爲三步：第一步設情位體，把情理本體安排好；第二步斟酌選取需要的事類。這兩步對文學評論來說，正是提出觀點，進行論證的步驟。第三步則是考慮恰當的語言。

要做到順理成章，需做到

㈠綱舉目張

《熔裁》說：「熔則綱領昭暢，譬繩墨之審分，斧斤之斲削矣。」這就講到應該使文章有個總論點，能夠統帥各個分論點，有如一根紅線將各個分散的論點貫串成一個有機的整體。

例如鄭明娳的《談哲理小品》⑳，其第一部份是個總綱，論述了哲理小品的特徵，它與情趣小品、具有思想性的散文、哲學論文的區別。接著指出：

> 哲理小品因表達方式的不同，大致可分爲三類：第一種是直接式說理，第二種是抒情性說理，第三種是敘事性說理。

接下去，評論者就用三個部份來談這三類哲理小品：先明確概念，然後就範文進行分析。

在分析了哲理小品的三個類型之後，評論者又用三段文字，對以上的文字進行綜合，並指出了哲理小品作者應該具有的修養。

《文心雕龍・諸子》說：「然治聞之士，宜撮綱要」。《談哲理小品》的中腰部份就是在主幹的統率下各就其位的。也就是說，評論者把中心論點——「綱」，作為分論點——「目」的結合點，從而使觀點與材料有機地結合起來，並使文章前後貫通，渾然一體。

(二)順序合理

人們認識事物是有順序的，如現象和本質、前提和結論、原因和結果、部份和整體等類關係的順序，這些反映在文學評論中，就表現為論點之間的層次與順序。

辯證分析的最基本的職能是深入事物內部，了解它的矛盾因素、方面和發展階段，掌握它的內部聯繫和層次，從現象深入到本質，認識事物的發展規律。寫文學評論，就應該分清總論點與分論點的從屬關係，分論點之間的並列或從屬的關係；分清哪些論點是處於初級本質，哪些是處於二級本質；哪些論點應該先說，哪些論點應該後說。這樣，展開議論就會合乎人們認識事物的順序，而不會把「眉」放在「目」下，或者只是「甲乙丙丁，開中藥舖」。

杜埃的《評論陳國凱的「代價」》㉑一文，就是一篇順序合理的文學評論。他在開頭一段對《代價》作了總的評價後，第二段就通過對小說內容的概括復述，指出小說對十年浩劫中血淋淋的現實作了較有深度和廣度的藝術概括，反映出我國人民在這場巨災中付出了無可估量的代價。

三四兩段通過反面人物丘建中的「化骨龍」性格的剖析，證明作者對這個人物的投筆是入木三分、鋒利尖刻的，從而引起了讀者對這個醜類的憎恨。

五六七三段從作者方面說，指出作者認識到人民的利益高於個人的利益，認識到自己的社會責任，有膽有識，才寫出這樣的作品。

第八段從小說寫的是悲劇著筆，指明它的結局給人以鼓舞力量，這樣的悲劇值得贊許。

最後三段從丘建中和余麗娜這兩個人物展開討論。評論家認爲，這兩個人物從典型環境中的典型性格來考查，都是塑造得成功的。但他並不自以爲是，而是說，究竟如何評價，還是可以探討、商榷的。

從以上簡介我們可以看出，評論家對所寫到的各個論點，是進行了排隊的。第二段的論點，由於闡述的正是第一段的內容，所以緊挨著第一段。

因爲小說是用藝術形象來反映社會生活的，作家主要靠通過人物形象的塑造來反映社會生活。所以評論家接下去深入一層地對主要反面人物進行剖析，贊揚作家對人物的刻劃是成功的。

作品是作家的產兒，它的得失與作家的人格有密切的聯繫，水管裡流出的是水，血管裡噴出的是血，所以評論家進而又深入到作家的心靈，贊揚作家具有可貴的品質。

對兩個形象的塑造是有爭論的，文學評論有針對性，才更有指導作用。所以評論家又從典型理論的高度對兩個形象的塑造表明了自己的觀點，這就使評論加強了理論色彩。

由此可見，這篇文學評論是層層深入地展開議論的，它既不是踏步不前，也不是任意跳躍；而是走完一步階梯，再踏上另一步階梯，步步登高。從而讓讀者隨著自己的思路，暢通無阻認識《代價》的價值。

三、說理有味

劉熙載《藝概．文概》說：「論不貴強下斷語，蓋有置此舉彼，從容敘述，而本事之理已曲到無遺者。」劉氏很懂得說理的奧妙：不直接說理而採用「曲徑通幽」的方式把道理說透。

㈠取喻明理

這種寫法，就是在構思階段談到的秦牧所用的，「寓理論於閒話趣談之中」的方法，也就是取喻明理的方法，它把摹擬形象與精辟的論述揉合在一起，既給人藝術上的美感，又給人哲理上的啓迪。

像秦牧這樣寫文學評論的評論家，在我國還是不少的，中國新文學評論的泰斗茅盾就是其中的一個。據楊健民《茅盾的新文學作家論》㉒說，茅盾的筆調豐富而生動：

在六篇作家論中，他採用了不同的敘述方式：根據對作家某人某文的印象一氣呵成的如《魯迅論》；以看似閒筆，實則重彩，看似饒舌，實則有味的起筆引出全篇的如《王魯彥論》；……以亭子間裡一席情趣別緻、充滿哲理的對話爲論述方式的如《落花生論》，眞是千姿百態，變化不居。

吳調公的《李商隱研究》把文學評論寫得如同散文，抽象的道理被說得娓娓動聽。如他將李商隱風格的形成和發展，借用李詩中的形象，描繪成三幅圖畫：屢遭摧抑終於茁壯成長的竹笋，在風雨朝夕和千門萬戶中苦悶歌吟的黃鶯，令人緬懷華年的錦瑟。

這種方法也就是古人所說的「開合」。所謂「欲擒故縱」、「先實後虛」、「欲揚先抑」等都是這種手法。它的好處就是使說理不是直來直去，而是曲折生動。

(二)引而不發

避免對作品的煩瑣解說，使作品分析具有啓發性，也是使文學評論說理有味的辦法。「吃別人嚼過的饅頭沒味道」，不管是復述、節錄，還是引用、論證，都不能不加節制。過多的論證會使人感到枯燥，故意加「作料」也會使評論乏味。王朝聞在《乍看無端，尋思有味（代序）》中說：

> 我以爲，不論是寫讀後感還是寫文藝批評，都不必企圖代替聽笑話者自己的認識。……所謂「有味」，是「尋思」的結果。當作一個從感覺到理解的認識過程，它往往是由「無端」的「乍看」發展到「有味」的。當作品評介可能引起讀者自己的「尋思」時，我以爲讀者對評介就會覺得它更有趣了。㉓

他的意見特別適合青年讀者，因爲他們更喜歡依靠自己的努力，來掌握文學作品的底蘊。

孫犁的文學評論喜歡引導讀者去「尋思」，讓他們通過自己的努力去獲得發現的樂趣。就拿這段評論來說吧：

作家在小說語言上的嚐試，引起我很大的興趣。他的語言，採取了長段排比，上下駢偶，新舊詞彙並用，有時寓莊於諧，有時寓諧於莊，聲東擊西，虛實相伴，抑揚頓挫，變化無窮的手法。這種手法，兼併中西，熔冶今古，形成了一種富有生活內容和奇妙的思路、感染力很強的語言藝術。這是作家研究吸取了外國古典文學語言，特別是中國的詞賦、小說、話本，以及民間演唱材料的結果。當然，這種運用並不是每一處都那麼自然，有時也顯得堆砌、生硬或晦暗，有個別用詞顯得輕佻。㉔

這一段文字，是孫犁評論舒群小說《少年chen女》的語言風格的。評論家自己的語言很美，我們暫且不論。這裡要談的是他的「引而不發」，他既未節錄，也未復述，更未分析；他是要讀者自己到作品中去尋找。在評論家的指引下，我尋思的結果，發現了「兼併中西，熔冶今古」的所在，現摘引一節一下：

現在一談起來，彼此還在強詞奪理，辯駁不休，我只得模擬足球裁判員，首先向玉芝擺擺手掌——出示「黃牌」，發以警告；可他只是住嘴片刻，卻又舌戰起來。我再度仿效法庭審判長，晃晃拳頭，搖響「警鈴」，加以制止；而她以原告人的身份，不肯誠服；依舊頑固地氣沖沖地大告特告媽媽的狀。我拿這個小楞頭兒青沒辦法，只好讓她上訴吧。

像這一節，我看就是採取了「長段排比，上下駢偶，新舊詞彙並用」，亦莊亦諧的文字，不知讀者以爲然否？

如果能夠做到以理服人、順理成章、說理有味，則文學評論與評論文學將合二爲一，它再不會成爲文學家和讀者的不受歡迎的客人了。

我們在這裡把寫作過程劃分爲準備階段、構思階段、寫作階段，其實還應該有一個修改階段。之所以沒有將它列出，是因爲一般寫作書籍多有專章論述，我們不擬重複。

所論三個階段，只是大致地劃分，並無明顯的界溝。實際上它們是文學評論活動的三步手續，評論家評論文學現象的過程就是準備階段：讀書——構思階段：在心裏寫作——寫作階段：見諸文學。

由此可見，有志於寫作文學評論的青年，大可不必在文學評論的門前望而生畏。只要我們拿著一篇文學作品不是作爲消遣品，而是眞正有會於心，那麼就可說已在文學評論的征程上起步。循此已往，文學規律性的理論隨之浮現於意識之中，再用這種種法則對文學作品加以評判，則文學評論的「作品」可望胎育而出。當然要想成爲一個文學評論家，那還應該使自己具有更多方面的修養。

【附　註】

① 《文藝報》一九八一年，第四期。

② 許文、閻文載《文藝報》一九八三年，第六、七兩期。

③ 《文藝報》一九八三年第三期。

④ 路沙編《論阿Q正傳》，草原書店，九八—九九頁。
⑤⑥ 見該書一三七頁、四八頁。
⑦《小說論集》，二三八頁。
⑧ 載《文學評論》，一九九〇年，第五期。
⑨《杜詩解》，十一頁，一五九頁。
⑩《詩的信仰》，花城出版社，九四頁。
⑪《論中國古典小說的藝術形象》，上海文藝出版社，一九八頁。
⑫《藝海拾貝》，上海文藝出版社，二二八—二二九頁。
⑬《寫作論譚》，四四八頁。
⑭《郭沫若論創作》，七四三頁。
⑮ 見《臺港文學選刊》，一九八九年，第四期。
⑯《馬克思恩格斯選集》，第一卷上冊，九頁。
⑰⑱ 見《中外文學》，第十三卷，第五期，中華民國七十三年十月號。
⑲《上海文學》，一九八二年，第十期。
⑳《文藝月刊》二一五期，中華民國七十六年五月號。
㉑ 見《談生活、創作和藝術規律》，人民文學出版社出版。

㉒《中國社會科學》，一九八三年第二期。

㉓《文藝鑒賞指導》㈠，中國青年出版社出版。

㉔《孫犁文論集》，三六一頁。

第十章　文學評論家的成才條件

文學評論家是不好當的，因爲他要擔負既光榮又艱巨的任務。弄得不好，作家害怕他，讀者討厭他。但如果稱職，作家和讀者都會把他看做是自己的良師益友。所以當一個文學評論家並不像當一個讀者那樣容易，他需要具備許多條件。別林斯基在《論「莫斯科觀察家」的批評及其文學意見》中談得很透徹：

批評家的才能是稀有的，他的道路是滑腳的、危險的。事實上，從一方面說來，該有多少條件匯合在這個才能卓越的人身上：深刻的感覺，對藝術的熱烈的愛，嚴格的多方面的研究，才智的客觀性——這是公正無私的態度的源泉，——不受外界誘引的本領；從另一面說來，他擔當的責任又多麼崇高！人們對被告的錯誤習見不以爲怪，法官的錯誤卻要受到雙重嘲笑的責罰。

①

別林斯基的話指出批評家的才能是稀有的，不具備許多條件就不適合於當批評家。如果不具備條件硬要充當法官就很危險；因爲作家有錯誤大家習以爲常了，而擔任裁判的批評家有了錯誤，人們就會感到太不應該，要給以雙重嘲笑。但是，這並不是說就沒有人能當沒有人能當好批評家，別林斯基不就是一個深受人們尊敬的法官麼！可見只要你夠條件，人們是會熱愛你的。

如果說別氏的話是從反面說明修養的重要，那麼夏衍的這段話就是從正面來說明修養的重要了，他在《生活、題材、創作》一文中說道：

我們希望有好的批評家，要具有思想水平高，懂得藝術規律，又深知作家甘苦的批評家。批評家要比作家站得更高一些，看得更遠一些，懂得更多一些。……作者所要求的是建設性的批評，作者所希望的是「打中要害」和「搔到癢處」的批評。只要打中要害，說中了作者創作過程中所最難解決的問題，只要搔到癢處，說出了作者所要解決而未能解決的問題，那麼我想，即使批評的要求嚴格一點，措詞尖銳一點，作者還是會心悅誠服地將這種批評家當作自己的良師益友的。②

這就是說，批評家如果具備了應有的修養，他就會贏得作家的尊敬。作家得到了教益，就會創作出更多的好的作品，讀者自然也就會感激那公正無私的法官了。所以，歸根結蒂，文學評論工作者應該努力提高自己的修養，使自己能夠比作家站得更高一些，看得更遠一些，懂得更多一些。這樣，才能夠算得名實相副。

第一節　品德修養

我國有「文如其人」的說法，認爲有什麼樣的人品，就有什麼樣的文品。只要我們不把這一觀點絕對化，應該承認，它還是有一定道理的。所以王充在《論衡・書解》中強調：「人無文德，不爲聖賢。」

啓蒙時期的重要文藝理論家、德國大作家歌德也指出：

一些個別的研究者和作者們人格上的欠缺，是最近我們文學界一切弊病的根源。特別在批評方面，這種缺點對世界很有害，因爲它不是混淆是非，就是用一種微不足道的眞相去取消對我們更好的偉大事物。③

中外的這兩位評論家都如此強調人品和文德的重要性，可見，品德修養是文學評論家成才條件中一個非常重要的部份。

那麼具備哪些品質才能算做具有文德呢？我們認爲應具備以下的一些品質。

一、評論家要有一顆公正的心

評論家在評論作家作品時，一定要有眞誠的信念，善良的願望，要出以公心。車爾尼雪夫斯基在正直以及文學的利益高於作家個人的感觸。」④這就是說，不拉小圈子，不排斥異己，公正無私地對《論批評中的坦率精神》中說：「然而不要急匆匆不容分說地褒貶一切批評。每個人都會同意，公平待一切人的評論家，是應該褒獎的。我們說，車氏自己正是這樣的一位評論家。

他與涅克拉索夫是親密的朋友，但在評論涅克拉索夫時，他個人的感情不起作用，「朋友」關係不起作用；起作用的是作品本身的價值，是「歷史學家」和「美學家」的身份。這與我們有些評論家就不一樣：他們是互相吹捧，你說我的作品寫得好，我回敬一篇則加上一些更高級的形容詞，投桃報李，使評論庸俗化。

車爾尼雪夫斯基也不爲尊者諱、賢者諱。在他從事評論活動的時期，俄國的評論界存在著嚴重的以名論文的現象。他對此極爲不滿，質問那些重名輕文的人道：

一旦碰到問題涉及「有名」作家的作品的時候，不帶恭維的直率的批評是不是可以允許呢？難道您打算只允許「攻擊父母雙亡、無依無靠的孤兒」嗎？⑤

他認爲文學評論不能只批評那些弱小無力的作家的作品，對大人物的不好的作品應明白尖銳的抨擊，例如對歌德的《赫爾曼與竇綠台》，就應該指出其思想內容上的有害傾向。車氏認爲這是評論家的責任。

在我國文學評論界，爲尊者諱、爲賢者諱的現象比爲親者諱似乎還要嚴重，對他們的失誤或者是避而不談，或者避重就輕；再就是等人死後再指出他的差錯，如對郭沫若、茅盾就是這樣。這當然比不指出要好，因爲可以爲後人提供借鑒。但如果能在名人生前提出，讓他改正，這於作者，於讀者，不是更有意義嗎！像對柳青的《創業史》第一部的「重要的修改」，對第二部中的不成功處，我們就只看到了閻綱的初步批評。這表明我們的評論家還沒有充分意識到肩上的重任。

前些年，在臺灣和大陸都曾一度出現過「席慕蓉熱」，對這位著名女作家，臺灣的女文學評論家鍾玲，在其所著的《現代中國繆司——臺灣女詩人作品析論》中提出批評，說她的情詩中「第一人稱的女主角常心甘情願自處於謙卑的地位」，又說她的「大部份詩作都有誇張泛情之弊」⑥這一批評是否正確，我們暫且不論；但鍾玲這種對「有名作家的作品」作「不帶恭維的直率的批評」的精神，卻是值得提倡的。

一九五六年十二月，舒蕪在《新港》上發表了《對論敵也要公平》一文，稱頌了車爾尼雪夫斯基對論敵波列伏依的公正評價。波列伏依的評論是重浪漫主義，輕現實主義，他重視普希金的浪漫主義作品，不理解普希金的現實主義作品；對於果戈里的現實主義作品完全持否定的態度，如對《欽差大臣》和《死魂靈》，從題材、主旨、人物，直到語言，都貶得一錢不值。雖然如此，車氏還是認爲他不是出於個人的恩怨，只是一位指錯了路的教師。同時，車氏又指出，也不能認爲他現在犯了錯誤就忘卻他歷史上的功績。舒蕪通過車爾尼雪夫斯基對波列伏依的評價，指出我們對論敵應給予公正的評價，既嚴肅地批評，又給予應有的尊敬。這種看法正是具有文德的表現。章學誠在《文史通義．史德》中說：「夫文非氣不立，而氣貴於平。」「文非情不深，而情貴於正。」他認爲「似公而實逞於私，似天而實蔽於人，發爲文辭，至於害義而違道，其人猶不自知也。故曰：心術不可不慎也。」章氏提出要出於公平正直之心來寫文章，不可出於私心。這與車氏的主張是不謀而合。

由此可見，舒蕪的經驗是對中外文德理論的總結，是有助於我們正確地展開文學評論的良藥。不幸的是，他這篇文章竟成了將他打成右派分子的「罪證」。不過，這倒從反面印證了要公正地對待論敵觀點的正確。

「文人相輕，自古而然。」曹丕在《典論．論文》中所說的這句話，在我們今天文學評論界的適用範圍應該是越來越小了。爲了抬高自己的身價而壓低別人，把別人作品的優點說成缺點，把別人缺點無限誇大；或者把別人的批評文章說得一無是處，以證明自己立論正確的文學評論，雖不能說完全絕跡，但終歸是較少見到了。但是，出於對作家或評論家政治態度或思想觀點的看法，而求題外之義的評論，還是有的。

《喬廠長上任記》繼「傷痕文學」之後，異軍突起，對某些尖銳的社會問題提出了回答，塑造了一位工業實幹家的形象，引起了廣大群衆的歡呼。可是有些人，竟在《天津日報》上發表《評小說「喬廠長上任記」》和《喬廠長能領導工人實現四化嗎？》等評論，說作品主旨是對清查「四人幫」爪牙「表示異議」。說喬光樸是按照「幫式文藝」創造的所謂「第一號英雄人物」，「是一個被神化了的人物，是一個游離生活、無可仿效的『聖人』，是一個專橫跋扈，不可一世的『英雄』，是形而上學、唯心主義世界觀的擬人化」。這種批評，完全是毫無根據的「瘋人院裡的不幸病人」的囈語！這些批評之所以出籠，據說是作者認爲蔣子龍是某某的「紅人」，是反對清查運動的，喬光樸解說脫鄰望北並用其所長，「正反映了作者的立場」。批評者就是這樣把對作者的看法（還不知道是否正確）帶到文學評論中，用私人的好惡來左右自己的文學評論，這不能不說是「似公而實逞於私，似天而實蔽於人」。

只要出以公心，批評錯了人們是不會怪罪的。北宋尹洙，與范仲淹是好友。仲淹遭貶時，他上書言「願得俱貶」。但對《岳陽樓記》，他則曰「傳奇體耳」，並不贊賞。這種「不阿所好」的精神值得效法，雖然他的評價並不正確。大家知道，從南宋林之奇編選的《觀瀾文集甲集》和呂祖謙編選的《宋文鑒》這兩種選本開始，在歷代絕大多數的散文選本中，《岳陽樓記》都是作爲名篇被選入的。

狄德羅在《論戲劇藝術》中，把品德修養提到很高的地位，他說：「眞理和美德是藝術的兩個密友。你要當作家、當批評家嗎？請首先做一個有德行的人。」⑦「首先做一個有德行的人」，這句話說得多好！缺乏這個首要條件，別的方面修養再好，也是不行的。我們應該記牢這金玉良言。

二、不唯上、不媚俗

「混淆是非」的批評，還表現在有些人寫評論文章不喜歡用自己的頭腦思考，或是憑借「長官意志」，或是根據「市場行情」來作判斷。巴金在《作家的勇氣和責任心》一文中，對這種現象痛下針砭，他寫道：「我們也有一些專門看風向、摸『行情』的批評家。」「單憑一時『行情』或者個人好惡來論斷，捧起來可以說得天上有地下無，罵起來什麼帽子都給人戴上，好像離了捧和罵就寫不成批評文章似的。」⑧巴金所指的這種文學評論界中的「風派」人物，在「四人幫」粉碎以後並沒有絕跡。有些人慣於「聞風而動」，「見風使舵」，今天刮東風，他是東風派；明天刮西風，他又成了西風派。轉眼之間就來個一百八十度大轉彎，所作所爲很有點像契訶夫《變色龍》中的奧楚蔑洛夫。

本來，藝術作品的好壞，不應由長官回答，而應由人民大衆回答。但是，有少數領導人就是喜歡干涉作家的創作，而有些評論家也喜歡把「長官意志」作爲評判作品的準繩。正如高爾基在《蘇聯的文學》中所說的：

批評家們對作家說：「這作得不對，因爲我們的導師們關於這點是如此這般說的。」但是他們不能說：「這是不對的，因爲現實的事實是跟作者的敘述相矛盾的。」⑨

我們希望評論家們能根據自己對生活的觀察來判斷作品，而不是以別人的思想爲思想。當然，這與文化領導部門某些人的封建主義思想作風也有關。如果個別領導人不再對文藝作品拍板定生死，作家也就不必害怕評論家批評後面的「背景」了。

群衆的欣賞趣味對創作有巨大影響，進步的評論應該把群衆的健康的審美要求傳達給作家，而對群衆不健康的藝術趣味則要予以批評，並幫助作家正確地對待群衆的欣賞要求。莫泊桑在《「小說」》（一八八七年）中就曾指出：

總之，公衆是由許多人群構成的，這些人群朝我們叫道：

安慰安慰我吧。
娛樂娛樂我吧。
使我憂愁憂愁吧。
感動感動我吧。
讓我做做夢吧。
讓我歡笑吧。
讓我恐懼吧。
讓我流淚吧。
使我思想吧。
只有少數出類拔萃的人物要求藝術家：——根據你的氣質，用最適合你自己的形式，給我創造一些美好的東西吧。⑩

作爲評論家，就應幫助作家，使他們不致於在不同人群的要求下無所適從，並鼓勵他們按先進人物的要求創作。這樣，評論家才算有「不受外界誘引的本領」，才算比作家站得更高一些，看得更遠一些，懂得更多一些。也才能說評論家既代表了優秀讀者又高出於一般讀者。可是我們有些評論家卻不是這樣，他們跟在群衆後面，做群衆的尾巴。色情的、凶殺的、流露出低級趣味的作品暢銷，他們就爲這樣的作品大唱贊歌，結果使作家受到消極的影響。再如，十年浩劫時期，「四人幫」倒行逆施，陷人民於水火之中。所以，「四人幫」被推上歷史的審判台之後，社會上出現了一股人道主義思潮，群衆就把揭露「四人幫」非人道行爲的文學作品，理解爲人道主義潮流。而有些評論家也就認爲當代文學中有一股人道主義潮流。上述的作品就是「人道主義的文學」。把人類歷史傳統中的人道主義與當前的社會現實聯繫起來，這不能不說是遷就群衆的膚淺認識的作法。

迎合群衆、媚悅群衆，這對他們是毫無益處的。所以作爲文學評論家，應該對歷史負責，對大衆和後代子孫負責，以高度的社會責任感來從事文學評論的寫作。只有這樣，文學評論才可能在康莊大道上迅跑。

在近年來的文學評論中，「戴花環」、「抬轎子」的評論，「撫摸式的評論」、「甜言蜜語」的評論還是不少。這些用語大多是作家想出來的。它們非常形象地描畫出評論界還有庸俗捧場的風氣。這表明他們都不滿意這種說過頭話的現象。鄧友梅曾說過：有時好話說過了頭，教人怪難爲情的。李國文說得很誠懇：「好的評論應當像良友秉筆，該說好的就說好，該說壞的就說壞，這才眞正有益於創作。把一部作品的價碼定得太高，往往對作者沒有什麼好處。」⑪這表明作家們都知道這種好話對他們沒有用處。他們希望評論家加強責任感，能講眞話。

讀者也希望評論家要看作品的價值，不能只看作家的名聲。有時候評論家把一部作品捧到天上，群衆慕名而來，讀了之後大失所望。他們從此對文學評論產生了「信仰危機」。對這一點，評論家應有充分的認識。

《論語・憲問》記載：「子曰：有德者必有言，有言者不必有德。」高爾基認爲別林斯基之所以能在俄國文學評論界起巨大的作用，是「因爲他的思想的力量和人格的魅力」。我們應該做具有這種力量和魅力的「有德者」。作家、評論家都是人類靈魂的工程師，「缺德」是不行的，除非你不願做一個對大衆有用的人。當然，「缺德」一詞或許言之過重。在這裡，不過是作爲「拈連」這一修辭手法來使用，目的在加強語言的表現力。

第二節　深入生活

一、熟悉生活才能正確地評價作品

讀者和文學評論工作者在批評文學作品時，常常以作品不能眞實地反映生活埋怨作家，要求作家深入生活。這無疑是正確的。但是，評論家也要對自己提出這一要求。因爲評論家不熟悉人物，不了解時代潮流，要想正確地評論作品是做不到的。丁玲指出：

作家要讀書，批評家也要讀書；作家要深入生活，理解社會，熟悉人物；批評家也要有廣闊的生活知識，掌握時代的脈搏。在和勞動人民的共同鬪爭中，作家要使自己具有勞動人民的品質和感情；批評家也應這樣。只住在高樓大廈裡，空談闊論，指指點點，吹毛求疵，是不會被歡迎的。⑫

這就是說，評論家只有深入生活、熟悉社會，才能使自己具有良好的品德，才能使自己避免隔靴搔癢式的不切實際的評論。關於這一點，茅盾在《需要腳踏實地的批評家》一文中提得更尖銳，他說：「一個批評家對於一篇作品裡所描寫的生活如果並不熟悉，那他就免不了誤解、主觀，以及隔靴搔癢。他的批評將不是指導，而是『押寶』。」⑬「押寶」就是「碰運氣」，談不上科學性。作家眞實地反映了時代脈搏，評論者提出質問：「難道生活是這樣的嗎？」作家靠文件和報刊社論去寫作，評論家卻譽之爲「時代的鏡子」。這樣的賭徒還不輸個精光！

昭明太子蕭統，選錄我國自先秦至梁代的各種重要文體的代表作，編成我國現存的第一部文學總集《文選》，這是他在中國文學史上立下的偉績。不過他雖然對文學特點有足夠的認識，把經、子、辭、史排斥不收，卻缺乏對社會生活的了解，因此他對王羲之的《蘭亭集序》看不上眼，認爲「天朗氣清」不是「暮春之初」的景色。蕭統居於深宮內院，對人世閱歷不深，所以憑概念判斷作品。金人瑞則不同，他有豐富的生活經驗，所以，他認爲「天朗氣清爲右軍入化之筆」，並作詩譏諷蕭統：「逸少臨文總是愁，暮春寫得似清秋。少年太子無傷感，卻把奇文一筆鈎。」兩相比較，我們可以明顯地看出：金人瑞的批評眼光是比蕭統略勝一疇的。而這，正是由於金人瑞的生活經驗比蕭統豐富所致。

五十年代初，某個中等師範的同學們給孫犁的小說《荷花淀》提意見，其中有一條是因爲小說中描寫在戰鬪中一群婦女來看她們的丈夫，並送來衣服。戰鬪後區小隊的隊長問水生：「都是你村的？」水生答：「不是她們是誰，一群落後份子！」同學們就認爲這是對女人的「嘲笑、咒罵」，是作家「加上了些如何對自己的愛人要兇以襯托水生的英姿」。這些中學生大半是沒有戀愛、結婚，所以對夫妻間表達感情兇的方式自然缺乏體驗，因而他們的批評是主觀獨斷的。孫犁教導他們說：

水生這句話可以說是嘲笑，然而在當時並不包含惡意，水生說話的時候，也沒有表示「兇相」。他這句話裡有對女人的親愛。這並不等於給他們做鑑定，肯定她們是「落後份子」。在日常生活裡面，夫妻之間是常常開這樣的玩笑的。

我們看作品，不能僅僅從字面上看，還要體味一下當時的情調，理解人與人之間的關係。不只和概念理論對證，還要和生活對證。就是查一查「生活」這本大辭書，看究竟是不是眞實，如果不是這樣，許多事情都是無法理解的。⑭

如果自己缺乏類似的生活體驗，就無法正確地理解作品，就無法透過字面，了解到隱藏在字面背後的情調。這些青年學生，原先不懂得這些，這「幼稚」並不可笑。當他們看到孫犁老師「點破迷津」的信，可以想到：他們是得到「豁然開朗」的大歡喜的。

如果說在任何時候，要評論文學作品就應該深入生活，深入了解作家的生活，深入了解作家所反映的生活；那麼，在當今這個瞬息萬變的時代，深入生活就更有其特別重要的意義。

二、適應瞬息萬變的現實的需要

我們生活在一個開放的世界裡，現實生活與人們的意識都在不停地急劇變化。面對著瞬息萬變的改革浪潮，不根據由觀察澎湃的生活進程而得到的事實去評價作家和作品，必然會「東向而望，不見西牆」。

評論作品，就要分析作品的主旨、人物、表現形式，等等。而所謂分析，就是分析事物的矛盾。只有熟悉生活，才能有中肯的分析。現在農村生活變化迅速，有如萬花筒使人眼花繚亂。評論家如果住在城市的高樓大廈裡，脫離農村實際，要分析農村題材的作品能夠不鬧笑話嗎！你要分析主旨，主旨是從展示矛盾來，不了解矛盾就抓不住主旨。你要分析人物形象，不了解他的所作所為怎麼體認他的精神境界？比如你十年浩劫中曾在農村插隊，現在卻一直生活在城市，那麼要你寫評論鐵凝的《村路帶我回家》，可以肯定，你分析喬葉葉在農村安家，成為「紮根派」時，可以寫得有情有理。但當分析到責任制破除了大鍋飯後，喬葉葉從外貌到心理都發生了顯著的變化，你就捉襟見肘了。原因就是你不熟悉沒有主見、缺乏獨立生活能力的人在時代潮流衝擊下無法生存的農村現實。相反，如果你生活在農村，或者經常下去「走馬觀花」，那麼，你對作品的主旨和人物形象，就會有更真切的了解。

深入生活不僅要深入作品所反映的生活，還要深入讀者群眾的生活。

深入生活不僅可以使評論家對作品的生活畫面有發言權，而且可使他對評價作品的藝術表現方面擺脫傳統觀念的局限。評論家走到群眾之中，可以深入了解他們變異了的審美情感，從而對文學作品的創新，作出正確的估價。

我國群眾的傳統習慣，是喜歡欣賞有頭有尾、情節曲折的故事，對時空觀念要求明晰，對結構要求「無巧不成書」。但作家中有些人現在卻走上了另一條道路。作家何士光在《感受、理解、表達》中說：「我也不打算編一個波瀾起伏的故事，因為和芸芸眾生日復一日的刻板的生活相比，那樣的故事畢竟過於五光十色。從某種意義上說，能有一個五光十色的故事的人差不多是幸運的，更多的人卻無此榮幸。在日常生活中每時每刻地大量發生著的，不過是些東零西碎的事情，但就是在這些既不是叱咤風雲的，又不是纏綿悱惻的日常生活中，正浸透著大多數人們的眞實痛苦和歡樂，其嚴峻揪心的程度，都絕不在英雄血，美人淚之下。」⑮著名作家汪曾祺也說：「我也不喜歡太像小說的小說，即故事性很強的小說。故事性太強了，我覺得不大眞實。」⑯生活中並沒有那樣多的五光十色的故事，篇篇文學作品都寫那驚心動魄的事件，過多地使用巧合來加強戲劇性，就會給人造成虛假之感。這不只是這些作家的審美情感，它同樣是群眾的審美情感（當然是一部份群眾，而不是全體）。社會變革的進展，異常神速，生活內容又是豐富多彩，使得短小的故事不能充份眞實地表現出時代的整體性風貌。飽經憂患的人們從自己的生活實踐中體驗到善惡相報的因果關係，並不能解釋歷史的災難，現實中的「故事」並不像作品中的「故事」那樣完整、激烈。於是，複雜的、交錯的抒情線代替了明晰的、單一的故事線，在情節鬆動的地方，擠進了詩意、哲理、諷刺、幽默，……複線條結構、放射性結構、自由聯想、時空變換，使人們在短小的篇幅裡瞥見了浩瀚的生活海洋。當我們投身到這改革潮流中後，就會看到我國大多數讀者的趣味也在發生變化。這樣，我們也就不會再以審美習慣的老眼光來看待文學創作中的新事物了。當然，這樣說並不意味著完全拋棄我國民族文化和審美心裡，全用那「洋」的一套，那樣做也會脫離廣大群衆的。因爲人們感知文學作品時的知覺結構既是「新能生喜」，同時也是「熟能生喜」。他們感興趣的是那「熟悉的陌生人」。

第三節　知識結構

許多作家都自覺地提出了「作家學者化」的任務。如果說作家要擴大知識面，要更新知識；那麼，評論家在這一方面的要求就應更高。因爲作家只有較低文化程度，也可以寫出相當好的作品，但評論家的文化水平也較低，那就無法寫出判斷作家、作品成敗得失的評論。

評論家應該具有精深的專業知識，廣博的相關知識和盡可能多的一般知識。

一、專業知識

文學評論家的專業知識，包括掌握文學評論的概念體系、理論體系、研究方法、研究工具、基礎資料、本學科的歷史演變、研究現狀及發展前景等方面的知識。這些方面的知識，是從事寫作文學評論的基礎。

外行是不能評論的，內行才能評論。分析哪些人物形象塑造得好，就得有文學方面的專業知識。不具備這方面的知識，你是大哲學家，大政治家，也不能寫出像樣的文學評論。

日本的中國文學研究團體「季節之會」的組織者飯塚容，在其《奧尼爾、洪深、曹禺——奧尼爾戲劇在中國的影響》⑰一文中，認爲洪深的《趙閻王》借用了奧尼爾《瓊斯皇帝》的結構，但並非毫無獨創性，因爲他「獲得了較之《瓊斯皇帝》更爲緊湊嚴肅的主題。」又認爲曹禺的《原野》是「原封不動地繼承了《天外》和《榆樹下的欲望》的結構形式。」「但其中表現出來的畢竟地地道道是他那獨特的作品世界。」他還指出《原野》、《天外》、《榆樹下的欲望》「這幾部作品都有意識地採取了用時間的順序暗示戲劇內容的技巧。而且，這也是豪普特曼在《日出之前》（一八八九年）使用以後，而成爲人們所慣用的技巧之一。」從論文可以看出，作者對中國現代戲劇、美國和德國的現代戲劇的知識是非常雄厚的，正因如此，他才能寫出這篇論證有力的比較文學論文。

再如杜甫的《古柏行》：「霜皮溜雨四十圍，黛色參天二千尺。」沈括《夢溪筆談》云：「四十圍乃徑七尺，無乃太細長乎？」……此亦文章之病也。」楊倫《杜詩鏡銓》不同意沈括的批評，說：「此特形容柏之高大，不必泥。」近人多同意楊倫等人的觀點。但仔細考慮沈括的意見，他也不是過於拘泥。實際上他是從景與情要相配，也就是形象要與思想感情和諧一致的角度提問題的。因爲杜詩末句是「志士幽人莫怨嗟，古來材大難爲用！」所以用細長的古柏是不能很好地表現諸葛亮的高大形象的。批評沈括的一些人好像是從文學與數學的特點不同出發的，因而是具有文學評論的專業知識的。然而從物與人的關係看，他們還是沒注意到形象思維的特點。

當然，沈括也不是完全正確的，因爲「圍」在古代是個計量圓周的約略量位，歷代有兩種說法：

一是指兩手的拇指和食指合攏起來的長度，一是指兩臂合抱的長度。沈括據前說故得出「徑七尺」的結論，這與「二千尺」連在一起，自然是「細長」了。但要把「二千尺」與「四十人合抱」連在一起，則又恰好表現出「高大」的形象。所以從專業知識的角度看，沈括是不錯的；但從一般知識的角度看，他又有所欠缺了。

具備精深的專業知識，是很不容易達到的目標。即使是著名專家有時也在一些細尾末節上出點毛病。比如唐人暢諸有《登鸛鵲樓》一詩，但《全唐詩》的編者們把作者誤爲暢當。作者是暢諸，沈括《夢溪筆談》早已指明。王重民在《補全唐詩》暢諸《登觀鵲樓》的按語中說：「按《全唐詩》題作《登鸛鵲樓》，較佳。但僅存中間四句（首尾各缺兩句），載入《暢當集》中。王仲聞先生云：『亦見宋無名氏《墨客揮犀》卷二，亦止四句，云暢諸作。』惜編《全唐書》者止鈔詩而誤主名。」⑱這就說明王重民與王仲聞又作了確證。但有的學者在《鑒賞與比較》⑲一文中，還是說暢當的《登鸛鵲樓》與王之渙的同題詩比較起來，如何如何，就表現出基礎資料掌握不全的缺陷。

只有掌握了文學創作的規律知識，知道文學的特徵，又知道各種文學體裁的獨有特點，才能對各種不同的文學作品提出合理的要求，作出恰當的評價。如果不是這樣，就會爲文學創作設置種種清規戒律，就會對某些作品作出錯誤的判斷。

就拿詩來說吧，我們在前面說過，不宜多發議論，特別是沒有獨到見地的議論。應該說這種看法是掌握了詩歌體裁的獨有特點的。但是，有些詩論家，卻走了極端，認爲詩「切忌議論」，一發議論，就沒有詩味了。持這種意見的代表人物方東樹，就在他所著的《昭昧詹言》中說：「作詩切忌議論，此最易近腐，近絮，近學究。」又說：「以議論起，易入陳腐、散漫、輕滑。」這種看法就太絕對化了。

詩是需要抒情的，議論是抒情的一種方式，特別是在抒情詩中，怎能完全杜絕議論呢？錢鍾書在《談藝錄》中指出：「（詩）惟一味說理，則於興觀群怨之旨，倍道而馳」。他反對的是「一味說理」，而不是反對說理！又說：「若夫理趣，則理寓物中，物包理內，物秉理成，理因物顯。」⑳他反對的是空泛說理，而不是反對「詩中言理」。他又在《宋詩選注》的序文中指出：「宋詩還有個缺陷，愛講道理，發議論；道理往往粗淺，議論往往陳舊，也煞費筆墨去發揮申說。」他反對的是愛講道理，愛發議論，且道理議論又粗淺陳舊，而不是反對深刻的、新鮮的見解。所以他肯定蘇軾的詩，正如蘇軾評吳道子的畫，是「出新意於法度之中，寄妙理於豪放之外」，並選了蘇軾的《題西林壁》。由此看來，我們對於詩中的議論，應該主要看它是否有眞知灼見，是否有思想意義，是否有感情——寓理於情，寓情於理。切忌的是空泛的、標語口號式的議論。

這樣，我們就爲詩人和讀者撥開了迷霧。

二、相關知識

文學評論由於研究文學現象，而文學是人學，所以相關學科可說是太多了。比如英國著名詩人葉芝的後期代表作《基督重臨》，寫到基督教的傳說：基督將在世界末日重臨人間主持審判。那麼，宗教與文學評論相關，所以它也是文學評論的相關學科。其他如哲學、政治學、藝術、歷史、心理學……等等，都是相關學科。這些相關學科的知識，是專業知識的延伸，它有助於專業知識的發揮。平常說擴大知識範圍，當「雜家」，就指擴大相關知識的範圍，掌握廣博的相關學科的知識。

哲學是最主要的相關學科，因爲理論是評論的靈魂。只有掌握了先進的世界觀和方法論，評論文學現象才有了望遠鏡和顯微鏡。別林斯基在《關於批評的講話》中說道：「二者都是對於時代的認識；不過，批評是哲學的認識，而藝術則是直感的認識。」㉑這就突出了哲學在相關學科中所占的主導地位。

一位作家根據康德在《判斷力批判》中所提出的「二律背反」，也提出了四組命題，其中一組是：

作者必須有較高的理論素養；

作者無須有較高的理論素養。㉒

這位作家要別的作家根據自己的情況「各得其宜」，就是說，他認爲有些作家無須有較高的理論素養，也可以寫出的好作品。這個觀點自然是錯誤的。但評論家要說服這位作家迷途知返，自己就得有較高的理論修養。不然，作家就不會信服。錢念孫在《文學創作中「二律背反」的出路》㉓一文中，引用了黑格爾《邏輯學》中的一段話，指出這位作家的錯誤，在於把本來統一爲一體的矛盾的兩個方面，割裂開並孤立地進行考察。正確的做法應該是不僅看到每一文藝現象中都蘊藏著矛盾的兩面，而且要以唯物辯證法去具體深入地研究矛盾，從正反兩方面，在矛盾的對立、推移和轉化中把握文藝現象，從而達到眞理性的認識。由此可見，評論家掌握了正確的觀點和方法，就能幫助解決作家創作思想中糾纏不清的疑難問題。當然，光提出正確的理論也是不行的，還要運用這理論對別人提出的問題這行分析。錢念孫的文章也做到了這一點，這裡就不贅述了。

缺乏理論修養，難以寫出價值高的文學評論。我們應該把「介紹文章」和「文學評論」區別開來。介紹文章是一些欣賞式的評論，滿足於就事論事，談一些表面現象，不能進行深入的分析，抓不住問題的實質，對總結規律性的東西無能爲力。有一定鑒賞能力的讀者不願看這種缺乏理論概括的文章，他們要看說出作品何以是美的、如何是醜的這樣的文學評論，即既能說出「當然」又能說出「所以然」的文章，還要看能總結出創作規律的文章。而缺乏理論修養，是不能滿足這些讀者的需要的。

懂得藝術中其他門類的理論與實踐，對文學評論也是大有裨益，因爲繪畫、音樂、舞蹈與文學都是相通的。唐代張彥遠《歷代名畫記》說：「（顧愷之）」畫人數年不點睛，人問其故，答曰：『四體妍蚩，本無關於妙處，傳神寫照，正在阿堵之中。』顧愷之的抓住人物特徵，以形寫神的經驗，明代的李卓吾，金人瑞都借用到小說評論中。如《水滸傳》第三十七回，寫戴宗正與宋江說到「心腹相愛之處」，李逵在樓下鬧起來了，「戴宗便起身下去，不多時引著一個黑凜凜大漢上樓來。宋江看見，吃了一驚」。此處，明萬曆袁無涯刻本的《出像評點忠義水滸傳》所題李卓吾眉批評道：「只三字神形俱現。」明崇禎貫華堂刻本的《第五才子書施耐庵水滸傳》裡，金人瑞的雙行夾批道：「黑凜凜三字，不惟畫出李逵形狀，兼畫出李逵顧盼、李逵性格、李逵心地來。下便緊接宋江吃驚句，蓋深表李逵旁若無人，不曉阿諛，不可以威劫，不可以名服，不可以利動，不可以智取。宋江吃一驚，眞吃一驚也。」就只「黑漂漂」三字，能夠既寫出李逵的形狀，又寫出李逵的精神，這就是抓住「阿堵」，以少總多的功效。如果對李卓吾與金人瑞是否從古代畫論得到啓發還有懷疑，則魯迅可以為我們作出有力的證明。魯迅在《我怎麼做起小說來》中指出：「忘記是誰說的了，總之是，要極省儉地畫出一個人的特點，最好是畫他的眼睛。我以爲這話是極對的，倘若畫了全副的頭髮，即使細得逼真也毫無意思。」魯迅的觀點，明顯受到我國古代畫論的影響。他由於熟諗繪畫藝術及其理論，所以他的創作經驗，總結了藝術的共同規律——典型化。

歷史知識也很重要。有個話劇叫《吳王金戈越王劍》，其中台詞說：

宮女：西施姑娘狠狠地把金戈轉動著向前一推……

范蠡：怎麼樣？

宮女：金戈刺透了吳王的心臟。

戈是類似於鐮刀的雙鋒橫刃兵器，只能向後鈎、砍來殺傷人體。話劇作者把它等同於劍，這是缺乏歷史知識所致。評論家如果也缺乏這方面知識，當然無法指出作品的毛病。另外，文學現象都是歷史現象，不了解歷史，就不能對它進行科學的評論。

文學與心理學有著共同的基礎：它們都研究人的精神活動。作家的創作心理，讀者的鑒賞心理，評論家的評價心理的深入研究，有助於對作品作出準確而又深入的判斷和評價，也有助於向讀者和評論家提供更多的有關作品本文的知識，因此，安海姆在其《藝術與視覺心理學》的導論中，指出：

凡討論藝術之創作過程或美感經驗者沒有不談到心理學的（當然，此處所謂「心理學」乃指各種心智表白的科學，而非僅指通俗所謂的「情感」之類）。有些藝術理論家採用心理學做爲幫助，有些則不甚了解甚至不願接受或承認，雖然他們的確不自覺地在使用心理學。㉔

這就說明，不管你自覺還是不自覺，你研究藝術都會運用心理學的知識的。

過去我們由於主要從社會學的角度研究文學，對心理學不夠重視。在創作過程中主要強調世界觀對創作的指導作用，而對想像談得不夠，特別害怕談創作靈感，好像那是唯心主義的東西。其實它們在創作過程中是有著很重要的作用的。古今的作家，文學理論家都曾論及。前面我們曾經談到著名科學家錢學森認爲靈感是社會實錢的結果，應該有規律；茅盾和黃秋耘都通過研究作家的創作心理，對作家和作品作出了令人信服的評論。這都說明心理學是文學評論的相關學科，而且由於過去重視不夠，它應該成爲相關學科中我們應予特別注意的學科，就像過去看重社會學一樣。

三、一般知識

一般知識包括除了專門知識和相關學科知識之外的所有知識。它決定一個人的知識圈。這個圈的地盤大，會給評論家以潛移默化的影響，能拓展他的思路，觸發他的思想火花，使他的評論文章寫得深刻、新穎、生動。在一般知識中，最主要的是語法、修辭和邏輯知識。

秦牧在《表達意思是一件容易的事情嗎？》一文中，引用了十九世紀時俄國詩人納德松的很奇特的話：「世上沒有比語言的痛苦更強烈的痛苦。」他解釋道：「這句古怪的話，含義是：人在意思無法恰當表現出來時的痛苦，是難以形容的。」㉕他接下去又舉例說明表情達意有時的確會出現困難。例子是：廣州有一間著名的菜館，是專門出售蛇肉做成的餚饌的。從前它叫做「蛇王滿飯店」。十年動亂期間，被改名「衛東飯店」。後來，它又再改名「蛇餐館」。秦牧分析道：賣蛇肉的館子可以叫做「蛇餐館」，那麼依此類推，賣豬肉狗肉的館子，不是應該叫做「豬餐館」、「狗餐館」嗎！這樣的酒家名稱，客觀的效果是「對於顧客的作弄和戲謔」，雖然命名的人原本無這樣的用心。

當然，秦牧舉的例子是很極端的，我們寫作文學評論的人，詞不達意，病句連篇的情況是沒有的。但是，也不能說所有的文章都沒有語法錯誤；至於概念不明確、判斷不恰當、推理不合邏輯，語言乾巴巴，枯燥無味，就不能說絕無僅有了，即使是很有修養的專家，我們也常常看到他們在這些方面出毛病。

有一位評論家，既說「呼喚詩美的崇高感，就不能不呼喚史詩」，又說：「眞正的史詩代表一個民族詩歌的藝術水平」，從而在邏輯上出現了失誤。原來，前面的一句「史詩」，指的是比較全面地反映一個歷史時期社會生活的優秀長篇敘事作品，既包括長篇敘事詩，又包括長篇小說。而後一句的「史詩」，則指的古代敘事詩中反映重大歷史事件和英雄傳說，充滿著幻想和神話色彩的長篇作品。在一篇評論中把廣義的概念和狹義的概念並用，犯了轉移論題的錯誤。

季紅眞的評論《無主流的文學浪潮——論「尋根後」小說㈠》㉖一文，論述的是「尋根文學」以後出現的一種文學現象。這些小說沒有共同的文學主張與美學追求，所以評論界只好以「尋根後」這一標明共時性的概念，來概括這一文學潮流。評論家把描述和歸納「尋根後」小說的形態及特質作為自己的任務，她分析了以下幾個方面：一、從「尋根」到「尋根後」。說明「尋根後」小說與「尋根文學」雖有千絲萬縷的聯繫，但更為顯著的是它與「尋根文學」的差異，正是這些差異構成了它的特質。二、文化失範的現實契機。說明「尋根後」小說產生、成熟於短暫而畸形的商業文化的鼎盛時期，無主流、無中心、片斷式、無深度的社會生活，構成了這批作家成長的現實契機。三、多元的文化轉承。說明小說家主體性由整體向個體的蛻變，最直接表現在對傳統文化和外來文化的不同擇取上。四、絕對個性化的感知方式。說明小說家的感知方式是個性化的，作品多有自我表現的性質。五、破碎的世界圖像。說明他們的作品所呈示的世界圖像，異常的混亂和破碎，而這正好和混亂的世像相對應。在作了這樣的分析後，評論家歸納道：「無論是從『尋根後』小說出現的現實契機與文化轉承，還是它自身所提供的狀態，都使這個無主流的浪潮，至少在形式上帶有後現代主義文化及文學的部份特徵。」這篇文學評論，由於通過許多個別事例，歸納出其共性，從而得出一個一般性的結論，也就是說，通過個別論證了一般，因而是有說服力的。

這位評論家雖然還不到四十歲，但從她的評論看，她是較早地擴大了閱讀了的範圍，廣泛涉獵了專業以外的讀物，採取了「先博後約」的閱讀戰略，所以一般知識是比較豐富的。在此基礎上，她「由博返約」，集中於小說研究這個目標，奮力突破，取得了不小的成績，這表現出她的專業知識也精進了。總起來說，她得力於自己有一個良好的知識結構。

第四節　智能結構

知識與智能是兩回事。有了知識不會運用也是枉然。別林斯基曾談到這樣的一位批評家，他把希臘雕刻的性質描寫得頭頭是道，卻指給你看一個打破了的煮湯的瓦罐，並賭咒說這是一隻希臘花瓶。這位批評家就是我們現在所說的「高分低能」的人，他死記了一些知識，可是不會運用，一用就要鬧笑話。這種人缺乏評論家所應具備的能力。

別林斯基指出：「在美文學方面，只有當理智和感情完全融洽一致的時候，判斷才可能是正確的。」㉗這就是說，評論家要具有敏銳的感受力和高度的思考力。

這是因爲文學家在進行藝術創造時也需要這兩種能力。黑格爾在談到藝術家的「創造想象」時說：

在這種使理性內容和現實形象互相滲透融會的過程中，藝術家一方面要求助於常醒的理解力，另一方面也要求助於深厚的心胸和灌注生氣的情感。㉘

這就是說，藝術家在創作時，理解力並沒有睡大覺，而是醒著，在履行它的職能。而表象運動、抽象思維和情感活動密不可分地起著作用。

一、敏銳的感受力

別林斯基在前引的文中接著說：「敏銳的詩意感覺，對美文學印象的強大感受力——這才應該是從事批評的首要條件……也只有在這樣的條件下，強大的才智、淵博的學問、高度的教養才具有意義和重要性。」

爲什麼別林斯基把對美文學的強大感受力稱作從事批評的首要條件？就是因爲評論要建立在鑒賞的基礎上。而感受是對生活進行認識、體驗和發現，只有經過感受才能產生美感，才能通過對藝術形象的體驗而獲得深刻的認識。而有些文學評論家常常習慣於把文學作品當作沒有生氣的歷史資料，一接觸就要對其進行理性分析。試問：如果對文學作品連印象都沒有，怎麼能夠作判斷呢！

敏銳的詩意感覺來源於豐富的形象思維的能力。評論家通過自己的想像活動來接受作品，但他不是完全被動地接受，而是用自己的想像來補充，豐富並再現出作品中的形象，從而獲得美感享受，同時理解作品的思想底蘊。評論家的感受力要高過一般讀者才行。不然，彼此彼此，讀者就不勞評論家來揭示作家爲文之用心了。鄧剛的《迷人的海》，一般讀者看了只覺得好，卻不能一下子就抓住美在甚麼地方。丁玲則不愧別具隻眼：

> 我喜歡這篇小説。這篇小説給人以全新的感覺。你覺得自己也在奔馳於懸崖絕嶺，飛旋於電掣雷鳴的暴風雨中。你也會感到腰間插了利劍，潛入海底直衝鬼門關，即使血肉橫飛，筋斷骨碎，也

無所顧慮。我們嚮往海碰子們爲了實現理想、奪取勝利的堅韌不拔的精神……海底被寫活了，海底不只是人們在日常電視中看到的特技攝影表現出來的絢麗美妙的珊瑚、游魚等，我們看到的是人，是勇敢無畏的人來征服冷酷無情、嚴峻無比的海底的戰爭。㉙

丁玲這種在思想感情交流中所產生的美感的愉悅，一般人是難以企及的。

藝術的感受力雖是對作品的整個直觀能力，好像是心電感應般的迅速作出了反應。但實際上它是包含了理性認識在內的，並不單純是一般的感性知覺。正如一瞬間劃破長空的閃電，來之於較長時間的雷電醞釀。詩意的敏銳感覺，離不開生活的經驗和認識能力的積澱。

敏銳的感受力並非來自遺傳，而是後天的訓練和培養。如果多多觀察生活，閱讀優秀作品　就會鍛鍊出這種能力。

敏銳的感受力是文學評論的起點。評論如果不從它出發，在缺乏對作品眞切、具體的感受的情況下，依靠外在的抽象的概念去套作品，就難以搔著癢處。《紅樓夢》第四十六回有香菱論詩一節，很能說明問題：

我看他《塞上》一首，内一聯云：「大漠孤煙直，長河落日圓。」想來煙如何直？日自然是圓的。這「直」字似無理，「圓」字似太俗。合上書一想，倒像是見了這景的。要說再找兩個字換這兩個，竟再找不出兩個字來。再還有「日落江湖白，潮來天地青。」這「白」、「青」兩個字，也似無理。想來，必得這兩個字才形容的盡；念在嘴裡，倒像有幾千斤重的一個橄欖似的。還有：「渡頭餘落日，墟里上孤煙」這「餘」字合「上」字，難爲他怎麼想來！我們那年上京來，那日下晚便挽住船，岸上又沒有人，只有幾棵樹，遠遠的幾家人家作晚飯，那個煙竟是青碧連雲。誰知我昨晚上看了這兩句，倒像我又到了那個地方去了。

香菱論詩，只憑概念去套作品，感到「直」、「白」、「青」等字下得無理。待她張開了想象的翅膀，憑借已往的生活經驗，對王維的詩歌有了深切的感受，再來評論，就覺得如食橄欖，甚有滋味；而且認爲王維的「煉字」進入爐火純青的境界，「必得這兩個字才形容的盡」，「要說再找兩個字換這兩個，竟再找不出兩個字來。」這時她才懂得詩中「三昧」：「詩的好處，有口裡說不出來的意思，想去卻是逼眞的；又似乎無理的，想去竟是有理有情的。」

二、高超的思考力

只有敏銳的感受力還不能成爲評論家；因爲它偏重於事物的形象，當眞理隱藏在現象之中的時候，它並不是一眼就能作出正確的判斷的。依靠感受力可以欣賞作品，感受力敏銳可以寫出印象式、導遊式的文學評論。但要把作品散見各處的光束凝聚爲一個焦點，透過表象準確地把握到本質，加強評論的理論性，就不能不依靠高超的思考力。

感受力依靠心靈，思考力依靠頭腦。只有兩者結合——感情與理智融洽一致，文學評論才能成爲科學。

張一弓的《犯人李銅鐘的故事》發表後，作者惴惴不安，因為有人以於安定團結有礙加以非議。其理由有二：一、「動公倉」、「搶皇糧」，有助長不安定因素之嫌。二、為「犯人」謳歌，於安定團結有礙。這時，敢於仗義執言的評論家閻綱寫了《「高尚的聖者和殉道者」》㉚，對張一弓作了充分的肯定，稱贊他的作品是「革命的、深化了的現實主義」。閻綱的文學評論不是「狂捧自己教區的人」，不是「抒情地抒發一下感情」，而是「通過對事實的認識，來闡明問題的實質。」㉛在文中，他首先根據作品的內容論證搶皇糧「那算什麼『搶』啊！」在千鈞一髮、萬般無奈的情況下，李銅鐘「動」了「公倉」，借出活命之糧能說是犯法嗎！死活定於一瞬，一身繫得安危，燃燒自己！照亮人民，無異乎煮自己的肉給別人吃，眞眞的捨己為人。為這樣的人謳歌，這算得什麼為犯人謳歌！在這樣具體分析的基礎上，閻綱得出結論：「看，他們何等地安定團結！」為了加強論證力量，閻綱還引證馬克思的畢業論文序言，證明李銅鐘是「高尚的聖者和殉道者」。這樣，作品的人物塑造與生活反映都到了肯定；而這一肯定是通過逐層深入的論證來實現的，因而令人信服。閻綱的所有這些判斷，自然不是僅靠有敏銳的感受力就可獲得的。它靠的是認眞的調查研究，以及在此基礎上的縝密的思考。

閻綱在這篇評論中，不僅就作品論作品，他還接觸到文學規律的問題。他認為我們的文學可以寫悲劇，但要寫得成功，就要善於把「眞實」和「崇高」藝術地結合一起，或者說做到「具體的歷史內容，眞摯的骨肉之情和為人民服務的道德信念三者相融合」。這種概括，自然要靠評論家的哲學頭腦了。

高超的思考力依賴發達的理論思維能力。評論家依靠對作家作品具體、深入的分析，才能總結經驗。這就表明，他要熟練地運用分析和綜合、歸納和演繹，從抽象上升到具體的方法、邏輯的與歷史的方法，以便能從具體的事實中研磨出一般的法則。

高超的思考力同樣要靠學習與鍛鍊。學習哲學、學習邏輯是非常重要的。這樣才能使自己的思維合乎規律。同時，應該多多練習從感性事物中抽繹出本質和各種屬性的內在聯繫。

文學評論家不能像一般科學家那樣片面發展理論思維的能力，從而使形象思維的能力萎縮。因爲那樣一來，審美的興趣淡漠了，感受力也隨之遲鈍，作品的「美」之所在就難以發現。即使有所發現，寫起文章來，又容易犯「經院哲學」的毛病，喜歡在概念上兜來轉去，使文學評論枯燥乏味，難以卒讀。所以，文學評論家應該認清自己的智能結構，善於發展自己的能力，把它們組織好，使之適合從事文學評論專業的需要。

以上我們只是談了感受力和思考力，並不是說做一個文學評論家只需要具備這兩種能力就夠了。茅盾能夠背誦一百二十回本的《紅樓夢》，這驚人的記憶力自然也是他成爲著名評論家的條件之一。只是由於篇幅，我們不再對想像力、語言感等展開論述。

郭沫若在《謝陳代新》中有一段話，全面闡述了研究工作者應有的修養，讓它來作爲這一章，也是本書的結束語吧：

我們應該要比專家還要專家還家，比內行還要內行，因此不可掉以輕心，隨便地感情用事。不要讓感情跑了理智的前頭，不要強不知以爲知。一切的虛矯、武斷、偷巧、模棱、詭辯、謾罵，都不是辦法。研究沒有到家最好不要說話。說了一句外行話，敵對者會推翻你九仞的高山。㉜

【附註】

①《別林斯基選集》，第一卷，三二四頁。
②《夏衍論創作》，五八五頁。
③愛克曼輯《歌德談話錄》，人民文學出版社，九〇頁。
④《車爾尼雪夫斯基論文學》，（中）一六八頁。
⑤《車爾尼雪夫斯基論文學》（中），一六七頁。
⑥見該書第三四二——三四四頁。
⑦《西方文論選》，上卷，三七六頁。
⑧《巴金論創作》，五〇六——五〇七頁。
⑨《高爾基文學論文選》，三五四頁。
⑩《文藝理論譯叢》，一九五八第三期，一六七頁。
⑪見《文學評論》一九八四年第五期。

⑫《我所希望於文學批評》，《生活、創作、時代靈魂》，七八頁。
⑬《茅盾文藝雜論集》（上），五九七頁。
⑭《孫犁文論集》，五一四頁。
⑮《山花》，一九八二年第一期。
⑯《汪曾祺短篇小說選·自序》
⑰見《國外中國文學研究論叢》，中國文聯出版公司一九八五年版。
⑱《全唐詩外編》（上），三三頁。
⑲《文藝理論研究》，一九八三年第二期。
⑳《談藝錄》，六十九《隨園論詩中理語》。
㉑《別林斯基選集》，第二卷，上海譯文出版社，五七五頁。
㉒《文學創作的「二律背反」》，《上海文學》一九八二年，第十一期。
㉓《上海文學》，一九八三年第二期。
㉔李長俊譯，雄獅圖書公司經銷。
㉕《語林採英》，上海文藝出版社，七頁。
㉖《當代作家評論》，一九九〇第二期。
㉗《別林斯基選集》，上海譯文出版社，第一卷，二三四頁。

㉘《美學》第一卷，三四九頁。

㉙《漫談「迷人的海」》，載一九八四年四月三〇日《人民日報》。

㉚見《小說論集》，湖南人民出版社。

㉛《別林斯基選集》第二卷，三八四頁。

㉜《沫若文集》第十三卷，一四八——一四九頁。

後記

《文學評論發凡》是我爲中文系高年級學生開設選修課而寫作的教材。從一九八三年開始準備寫作，到一九八五年完成。以後在某文學評論雜誌和我校學報刊載了五萬餘字，爲學生授課五輪。其內容在這期間不斷有所增益。本來想作爲文學評論的開山之作出版的意圖，卻因遵守一稿不二投的準則，加之一些客觀原因，而未能實現，深以爲憾。

本書以文學評論爲研究對象，以大專學生爲讀者對象，既注意理論問題的闡述，又重視評論方法的具體指導。其體系根據學科的特點和青年認識活動的軌迹構築。先客體後主體，先理論後實踐，循序漸進，由淺入深。學生聽課後反映：教材既有一定的理論深度，又有較強的實踐性。修完這門課程，既拓寬了理論視野，又初步掌握了寫作文學評論的知識和技能。

上月在臺灣參加兩岸詩學研討會時，經詩友文曉村兄的推薦，我拜會了文史哲出版社的彭正雄先生，彼此都相見恨晚，言談甚歡。彭先生在出版學術著作、宏揚中華文化方面是有口皆碑的。今年八月，在他赴新國贈書八百餘冊給新加坡國立大學漢學中心之後，便又積極進行拙作的出版。在經濟不景氣、文藝理論書籍市場蕭條的情況下，彭先生諸項舉動，實在令人感佩。

我感謝所有幫助過這本書出版的人。

我希望得到方家和讀者的不吝指正。

王常新　一九九五年九月於桂子山